北京开放大学首都终身教育研究基地资助

开放教育实践课程教学改革研究与实践

李学华 著

延边大学出版社
延吉

图书在版编目（CIP）数据

开放教育实践课程教学改革研究与实践 / 李学华著．
-- 延吉：延边大学出版社，2023.5
ISBN 978-7-230-04904-7

Ⅰ．①开… Ⅱ．①李… Ⅲ．①开放教育－课程教学－教学研究 Ⅳ．①G728

中国国家版本馆 CIP 数据核字(2023)第 087950 号

开放教育实践课程教学改革研究与实践

著　　者：	李学华
责任编辑：	翟秀薇
封面设计：	文合文化
出版发行：	延边大学出版社
社　　址：	吉林省延吉市公园路 977 号　　邮　编：133002
网　　址：	http://www.ydcbs.com　　E-mail：ydcbs@ydcbs.com
电　　话：	0433-2732435　　传　真：0433-2732434
印　　刷：	天津市天玺印务有限公司
开　　本：	787 毫米×1092 毫米　1/16
印　　张：	14.25
字　　数：	280 千字
版　　次：	2023 年 5 月第 1 版
印　　次：	2024 年 3 月第 2 次印刷
书　　号：	ISBN 978-7-230-04904-7
定　　价：	72.00 元

前　言

近年来，国家对成人高等学历继续教育提出了更高的质量发展要求。从《普通高等学校本科专业类教学质量国家标准》《中国教育现代化 2035》等高等教育指导性文件，到近期的《教育部关于新时代高等学历继续教育改革实施意见（征求意见稿）》《教育部关于推进新时代普通高等学校学历继续教育改革的实施意见》等一系列文件，不断强化并推动高等学历继续教育持续改革的步伐。开放教育是高等学历继续教育的重要组成，也须适应时代的发展要求，不断开拓进取，向着更高目标迈进。

在此环境下，国家开放大学及各省级开放大学陆续推出综合改革方案，探索开放教育发展新模式，提出人才培养新标准，改革实践课程的运行与质量评价策略，引导开放教育实践课程的研究与实践步入一个崭新的阶段。

近些年，笔者主要从事开放大学学历教育工作，参与相关制度研究，负责和主持开放教育本科专业的专业建设、校政企合作、实验实训以及毕业实习等实践环节的任务落实。笔者基于工作实践和研究思考，立足北京开放大学安全工程（专升本）专业，不断推进教学改革和运行管理实践，坚持教学研究和实践的融合与共进。

首先，笔者从成人继续教育尤其是开放教育的历史发展背景出发，探寻实践课程在整个开放教育发展过程中的地位与特色模式，结合现今教育发展形势和教育主管部门阐释的实践课程在人才培养中的重要作用和意义，提出针对开放教育实践课程运行的问题与思考。其次，通过对开放教育资产属性以及典型专业的案例研究，尤其是结合学分银行相关建设成果，初步研究得出实践课程量化标准体系，并运用到开放大学教学改革评价工作中，指出专业实践课程在运行和实施中的整体优势与问题思考。最后，针对每一实践环节的现状，阐释和提出具体的改革措施，探索典型专业实践课程更为科学的运行路径，为开放教育相关专业实践课程的实施提供一些研究方法及实践过程参考。

教学研究和实践工作相辅相成，需要持续和不断积累。笔者将一如既往地坚持研究与实践并重，在教育主管部门及学校统一部署下探索专业发展更优方案。专业的运行与实践工作凝结了集体智慧与力量，笔者在此感谢科学技术学院和学校相关部门的支持，感谢参与专业运行的教师和工程管理系团队侯彦华、章东明等老师。

  本书是北京市教育科学"十三五"规划项目的阶段成果，在撰写过程中参阅了大量的文献资料，引用了诸多专家和学者的研究成果，在此表示最诚挚的谢意。由于作者水平有限，书中的不足之处，敬请专家、学者及广大读者批评指正。

目 录

第一章 开放教育实践课程的沿革 1
  第一节 专业实践课程的地位 1
  第二节 成人高等学历继续教育实践课程发展情况 5
  第三节 开放教育实践课程发展历程 25
  第四节 开放教育实践课程改革与研究的问题 36

第二章 开放教育实践课程改革的应用研究 38
  第一节 开放教育实践课程研究概述及现实问题 38
  第二节 实践课程的制度规范与研究现状 42
  第三节 普通高校和高职院校实践课程的实施调研 55
  第四节 开放大学建设初期课程改革研究 59
  第五节 开放教育实践课程开展的资源禀赋 65
  第六节 开放教育实践课程实施的现状与思考 78

第三章 开放教育实践课程量化指标构建与应用评价 86
  第一节 实践课程量化指标体系的理论构建 86
  第二节 专业培养方案修订与指标体系的初步评价 93
  第三节 评价总结与展望 109

第四章 学分银行是开放教育实践课程建设的特色 113
  第一节 学分银行建设与开放教育实践课程融合初论 113

第二节　学分银行建设与受益对象 ·· 119
　　第三节　受益对象在学分银行建设中的成本与收益 ···················· 123
　　第四节　学分银行在开放教育实践课程中的作用 ······················· 131

第五章　开放教育实践课程改革的基本内容 ································ 134
　　第一节　专业培养方案修订的具体内容 ···································· 135
　　第二节　教学综合改革试点 ·· 140
　　第三节　学分银行建设与学分认定工作的重新规划 ···················· 144

第六章　开放教育实践课程改革实施效果与评价 ··························· 148
　　第一节　招生环节的管理设计 ·· 148
　　第二节　课程实验、实训 ·· 157
　　第三节　社会综合实践 ··· 170
　　第四节　创新与创业 ·· 175
　　第五节　实习（工作实践）··· 182
　　第六节　毕业设计（论文）··· 194
　　第七节　实践课程预计运行效果综评 ······································· 201

参考文献 ·· 203

附件 ·· 207

第一章　开放教育实践课程的沿革

第一节　专业实践课程的地位

20世纪末至21世纪初，我国高等教育历经大规模合并浪潮，各地、各类高等教育机构的规模得以迅速扩大，如何提升我国高等教育发展的水平和质量成为一项跨世纪的任务。在党和国家教育方针、教育战略规划的引领下，通过制定质量标准体系实现规范办学是一项重要举措。由于实践教学是高校培养人才的关键环节，也是培养学生实践操作能力与创新能力的重要方法和手段，因此与实践课程相关的标准建设和措施制定十分重要。

一、国家教育发展战略的组成部分

《国家中长期教育改革和发展规划纲要（2010—2020年）》提出了"坚持教育为社会主义现代化建设服务，为人民服务，与生产劳动和社会实践相结合，培养德智体美全面发展的社会主义建设者和接班人"的指导思想，提出了"着力提高学生的学习能力、实践能力、创新能力，教育学生学会知识技能，学会动手动脑，学会生存生活，学会做人做事，促进学生主动适应社会，开创美好未来"的战略主题。同时，提出了在人才培养高质量发展方面要"加强实验室、校内外实习基地、课程教材等基本建设""支持学生参与科学研究，强化实践教学环节，加强就业创业教育和就业指导服务"。

为完成创新人才培养模式的任务，中共中央、国务院印发《中国教育现代化2035》并提出，要"建立完善的学生实习实训和社会实践保障激励机制，落实社会企事业单位育人责任""全面推行科教融合、产学研用协同育人的高等教育人才培养模式，推进研究生教育综合改革，改进培养方式，着力提高研究生的创新能力和实践能力"。在教师队伍建设方面，继续鼓励"建立培训学分银行，促进教师培训与学历教育相衔接。健全职业院校专业教师到行业企业实践机制，使专业教师普遍成为'双师型'教师"。

在思政课程建设和实施方面，教育部提出：改革创新课堂教学，推动高校严格落实思政课实践教学学时学分。用好社会大课堂，围绕脱贫攻坚、乡村振兴等主题，会同有关部门联合设立一批"大思政课"实践教学基地。

总之，实践性教学环节日益得到重视，今后也将成为高校的重要工作。正如《教育部关于全面提高高等教育质量的若干意见》（教高〔2012〕4号）中指出的，"制定加强高校实践育人工作的办法。结合专业特点和人才培养要求，分类制订实践教学标准。增加实践教学比重，确保各类专业实践教学必要的学分（学时）"。其具体措施包括：配齐配强实验室人员，提升实验教学水平。组织编写一批优秀实验教材。加强实验室、实习实训基地、实践教学共享平台建设，重点建设一批国家级实验教学示范中心、国家大学生校外实践教育基地、高职实训基地。加强实践教学管理，提高实验、实习实训、实践和毕业设计（论文）质量。支持高职学校学生参加企业技改、工艺创新等活动。把军事训练作为必修课，列入教学计划，认真组织实施。广泛开展社会调查、生产劳动、志愿服务、公益活动、科技发明、勤工助学和挂职锻炼等社会实践活动。新增生均拨款优先投入实践育人工作，新增教学经费优先用于实践教学。推动建立党政机关、城市社区、农村乡镇、企事业单位、社会服务机构等接收高校学生实践制度。

通过一系列文件要求和具体措施的落实，将使高校的专业实践课程得以科学规划和实施。实践教学将成为高等教育教学质量提升的关键因素。

二、高等教育国家标准的重点内容

为了提高人才培养质量，牢固树立人才培养在高校的中心地位，巩固本科教学的基础地位，不断提高高校教学水平，建立健全教育质量保障体系，教育部高等教育司组织高等学校学科专业教学指导委员会于2017年研究制定《普通高等学校本科专业类教学质量国家标准》（以下简称"《国标》"）。《国标》是我国首部高等学校本科专业类教学质量国家标准，《国标》的颁布有助于加快形成具有中国特色的高等教育教学质量标准体系，对提高我国高等教育人才培养质量具有重要意义。

《国标》内容涉及学位、学制、教学任务、培养目标、师资数量、实验教学仪器、实践基地、图书数量、使用教材、教育经费使用等，并涵盖 92 个本科专业类，包括目前 587 个本科专业（后续有调整扩充）。

《国标》注重激发学生的学习兴趣和潜能，通过创新形式、改革教法、强化实践，推动本科教学从"教得好"向"学得好"转变。《国标》在强化实践教学方面做了详细的规定，明确了实践教学环节的相关要求，提出的实践环节包括课程实验、课程实训、感官认知实验、专业实验实习、社会综合实践、创新创业、毕业设计与论文等内容，对实践教学环节提出了总量要求（实践课程课时量不低于总课时量 20%）以及相关的落实措施。《国标》是 21 世纪本科教学具有操作性的指导文件，也是本科教育质量评价的重要参考文件。

三、高等专科（职业）学校专业课程标准的重要内容

《高等职业学校专业教学标准（试行）》对绝大多数职业教育专科的培养目标、培养规格、课程设置与学时安排、教学基本条件、质量保障等环节做出了详尽的规定，也对实践教学的实施内容提出了具体要求，而且统一要求各专业实践教学环节的学时总数不低于专业总学时的 50%。实践教学的内容主要包括实验、实训、实习、毕业设计和社会实践五类。

另外，教育部在针对每一专业发布的《高等职业学校××专业教学实训教学条件建设标准》等一系列专业化标准体系文件中，更是详细举例了专业实训的场所、设备和管理的量化指标以及相关参考标准。

有关专业实践课程的开展与实施的文件和制度规范越来越详细，大学在举办专业时需要对比标准，衡量自身条件和能力，并对实践课程的实施效果予以更高层次的重视。通过实施高标准的实践课程，让实践教学成为高校培养人才的重要环节，成为本科教学的重中之重。实践课程将是培养学生实践能力和创新能力的主要方法和手段，是培养具有一定创新意识的高素质工程技术人才的重要环节。

四、支撑应用型大学建设的方向

推动大学教育尤其是本科教育向应用型转变，是教育领域人才供给侧结构性改革的重要内容。《国民经济和社会发展第十三个五年规划纲要》明确提出"推动具备条件的普通本科高校向应用型转变"。《国家职业教育改革实施方案》进一步提出具体指标，"到 2022 年，职业院校教学条件基本达标，一大批普通本科高等学校向应用型转变，建设 50 所高水平高等职业学校和 150 个骨干专业（群）"。近几年来，教育部也通过部门协同、部省合作，持续推动转型改革向政策保障、深度转型、示范引领迈进。

《国家教育事业发展"十三五"规划》将推动具备条件的普通本科高校向应用型转变，作为高等教育结构调整的重要举措，明确提出引导高校从治理结构、专业体系、课程内容、教学方式、师资结构等方面进行全方位、系统性的改革。教育部、国家发展和改革委员会、财政部联合发布了《关于引导部分地方普通本科高校向应用型转变的指导意见》，对高校转型改革进行了顶层设计，提出了本科高校转型发展的主要任务、配套政策和推进机制，为应用型本科高校发展指明了方向。

虽然有些政策并不是专门针对成人高等学历继续教育制定的，但高等教育的整体改革方向应该是一致的。所以，重视实践课程的建设和实施是成人高等学历继续教育培养真正有用人才的必然路径。成人高校应在成人学习者已经具备一定技术知识的基础上，通过系统的实践课程拓宽和加深学习者的工作实践能力或技术水平，实现成人高校应用型培养水平的提升。

五、符合应用型高校教师的任务和发展要求

教师是学生成长的引领人，也是教学知识内容的实践者。为更好地发挥教师的引领作用，国家通过文件和制度不断加大规范力度。《国家中长期教育改革和发展规划纲要（2010—2020 年）》指出："教育大计，教师为本。有好的教师，才有好的教育。"并提出一系列要求加强教师队伍建设，提高教师整体素质。2011 年教育部印发的《全国教育人才发展中长期规划（2010—2020 年）》明确提出，通过创新教师教学形式，实现"创新培养模式，增强实习实践环节，制订教师教育质量评估标准"。同时期颁布的《教师教育课程标准(试行)》明确指出，教师教育课程的基本理念是实践取向，教师在教学中

应强化实践意识，发展实践能力，形成个人的教学风格和实践智慧。这里的实践既要求教师参与和完成实践性课程教学任务，也要求教师在教学实践中不断提升教学水平。教学水平本身包含强化教师实践教学课程、实验、实习、创新等的能力。

教师发展涉及教育教学、科研创新和承担社会服务等多方面。近些年，我国在职业教育领域重点打造"双师型"教师队伍，并配套相关的评价考核体系，将体现技能水平和专业教学能力的双师素养纳入教师日常考核和职称晋级考评。鼓励职业院校、应用型本科高校将校企合作、技术服务、社会培训、自办企业等所得收入按一定比例作为绩效工资来源，实践技能型教师获得的科技成果转化奖励收入不纳入绩效工资和单位工资总额基数。

国家出台的一系列的政策将引导职业教育和应用型本科高校的教师，重视社会服务和实践创新，参与实践教学环节。在促进教育事业进步、提升学校整体实践性创新培养能力的同时，实现教师个人职业的更好发展。

第二节 成人高等学历继续教育实践课程发展情况

高等学历继续教育通常是相对于全日制高等教育形式而言的。由于本书研究的实践课程主要针对的是成人教育学习者，故高等学历继续教育主要限于成人高等学历继续教育。成人教育由于不限年龄、性别、地域、时间的特点，从一开始即被广大民众接受，随着社会分工程度的更加精细化以及人们工作生活的进一步高效化，成人教育形式必将继续发挥优势并对社会成员的知识诉求起到重要的补充作用。成人高等学历继续教育使社会成员中被视为"成人"的个体学习者增强了能力、丰富了知识、提高了技术和专业资格级别，或使他们转向新的领域和方向，使其在人的全面发展、参与社会经济生活不同领域而独立发展两个方面的态度和行为得到改变。

一、成人高等学历继续教育发展现状

新中国成立以来，伴随我国经济社会的变革与发展，我国成人高等学历继续教育发展历经多次调整和变化，彰显了时代特色。

（一）发展历史

成人高等学历继续教育发展历史阶段划分呈现多样化，不同学者从不同角度，根据不同标准进行了划分。结合郝克明、张有声、谈松华、韩民、吴遵民等多位教育专家和学者的划分方式，综合划分如下。

1. 第一阶段，建国初期至改革开放之始

这一阶段是成人教育的起步阶段，其结束时间比较模糊，不同划分方式下的结束时间存在差异，但一般都认为结束于改革开放之始。

这一阶段，在党和国家一系列恢复发展经济和提高工农群众"基础文化和岗位技术教育"知识政策的鼓励和要求下，我国的夜大学和函授教育制度得以建立，出现了我国远程教育的最初形式——电视大学。我国第一所电视大学——北京广播电视大学于1960年成立，开启了我国综合运用广播、电视、音像和印刷等多种媒体教材进行远距离教学的先河。这时的电视大学招收的学生是具有高中或相当于高中文化程度的在职人员，且在职人员也主要是城市国有企业或集体企业的职工以及机关事业单位的干部职工。之后，上海、沈阳、长春、哈尔滨、广州等城市相继成立电视大学，吉林、重庆等地成立业余广播大学。此阶段并无明确的成人教育和继续教育的划分和表述。

2. 第二阶段，改革开放初至改革深化时期

这一阶段是探索与快速发展并进的阶段。此阶段和经济体制改革同步，国家出台大量引导和鼓励成人教育发展的文件，促进了成人教育在探索中快速发展。1983年2月1日，国务院办公厅转发教育部《关于职工大学、职工业余大学、高等学校举办的函授和夜大学毕业生若干问题的请示》的通知；1985年，中华人民共和国国家教育委员会（以下简称"国家教委"）成立；1986年，成人教育协调指导工作委员会成立；1987年，国家教委发布《关于改革和发展成人教育的决定》。一系列重大文件和改革事件初步构建起成人继续教育体系框架和体制机制。这一阶段的电视大学也呈现出新的发展特征。1995年8月，国家教委批准了广播电视大学招收高等专科"注册视听生"的试点方案，

利用当时广播电视大学的广播、录音、电视、录像等现代化教学手段和教育资源,招收高中或相当于高中的在职人员和社会青年免试入学,学习高等专科课程。学习方式主要是自学、收听和收看并接受教学辅导,首次实行学分制,并由国家教委组织考试。此阶段,成人教育生源规模也发生了巨大变化,1982—1985年,成人教育报考人数持续增长,1985年达到巅峰值,报考人数达170余万,当年录取78.8万。即使后来几年成人教育报考人数有所下降,但1992年成人高等学历教育报考人数仍有144.3万,录取人数达59.2万。同时,此阶段还明确了成人教育的表述。

3. 第三阶段,1992年—2009年

此阶段是成人继续教育快速发展与转型发展并进的阶段。此阶段是基于市场改革、注重教学质量、空前和快速的发展期,在此阶段的成人教育发展既重视数量,又重视质量。1993年,中共中央、国务院发布的《中国教育改革和发展纲要》明确指出,成人教育是传统学校教育向终身教育发展的一种新型教育制度,对不断提高全民族素质,促进经济和社会发展具有重要作用。1994年7月3日,国务院发布关于《中国教育改革和发展纲要》的实施意见,确定了"大力发展成人教育"的方针。1995年3月,《中华人民共和国教育法》颁布,以立法形式明确规定"国家实行职业教育和成人教育制度"。1996年4月,《全国教育事业"九五"计划和2010年发展规划》颁布,提出进一步发展各种类型的职前、职后培训和继续教育,基本形成学历教育和非学历教育并重,不同层次教育相衔接,职业教育和普通教育相互沟通的职业教育制度和体现终身教育特点的现代社会教育体系。1998年国家颁布了《中华人民共和国高等教育法》,明确提出"高等教育包括学历教育和非学历教育""国家实行高等教育自学考试制度"。2004年2月,教育部颁布《2003—2007年教育振兴行动计划》,提出大力发展多样化的成人教育和继续教育等等。此阶段明确了成人教育和继续教育的划分和表述。

此阶段的一系列文件促使成人教育得到高度重视,从而在高速发展的同时逐步开始转型。这一时期是快速发展与加强立法与制度建设、学历教育与非学历培训并重的时期,尤其指明了终身学习理念和成人教育发展之间的关系。1999年经中华人民共和国教育部批准的"中央广播电视大学人才培养模式改革和开放教育试点"(简称"开放教育试点")项目,推出了具有全新的教育理念、教学模式和运行机制的人才培养模式,广播电视大学迎来了快速发展阶段。

这一时期的快速发展还体现在招生方面。1993年,成人教育的报考人数达170万,录取86.3万;1994年,成人教育的报考人数达189万,录取近90万;1995年,成人教育的报考人数达 216.6 万，录取 91.4 万；1997 年，成人高校录取新生首超 100 万。同时，1995 年，自学考试的报名人数也猛增到 365 万。

    4.第四阶段，2009 年至今

    此阶段明确了成人高等学历继续教育概念，是成人高等学历继续教育的深化发展与高质量发展阶段。此阶段的标志之一是 2010 年 7 月《国家中长期教育改革和发展规划纲要(2010—2020 年)》（以下简称《纲要》）的颁布。《纲要》是我国教育领域的纲领性文件，提出了我国教育未来的方向：基本实现教育现代化，基本形成学习型社会，进入人力资源强国行列。此阶段有一项重大事件，即 2012 年起国家先后批准包括国家开放大学、北京开放大学、上海开放大学、广东开放大学、江苏开放大学以及云南开放大学等 6 所试点开放大学正式成立。同时，国家在此阶段开始狠抓成人教育质量，尤其针对广泛存在的全国普通高等院校举办的网络教育形式进行了一系列规范管理。

（二）成人高等学历继续教育发展存在的问题

    我国成人高等学历继续教育的整体发展对人口质量提升、对经济发展的间接贡献都被广泛肯定，尤其在新中国成立初期以及改革开放等特殊发展时期，更是对经济建设起到了巨大的支撑作用。成人高等学历继续教育以各种便捷且广泛的模式为社会各行各业提供了急需的管理和技术人才，也为个人发展提供了更多机会，在增加全社会民生福祉方面具有不可或缺的地位。但伴随我国高等教育普及化程度的不断提高，成人高等学历继续教育也逐渐产生许多问题。

    1.办学宗旨缺位，社会认可度亟待提高

    从历史上看，成人高等学历继续教育虽然贡献巨大，但基于现代高等教育发展的现实，高校内部领导和教师，甚至包括成人教育工作者在内，产生了成人教育不被重视和不重视成人教育的想法。具体表现在以下几点：

    第一，非正规。普通高等教育和职业教育才是正规的、正宗的教育。同普通高等教育相比，成人教育是一种非正规、非正宗的教育形式，是普通高等教育的补充，最终随着普通高等教育或职业教育的不断扩招与普及而被取代。

    第二，被挤占。政府和社会对普通高校以及职业院校较为重视，若成人教育获得大发展，必然会挤占全日制高校的办学资源，冲击国家大力发展的普通教育和职业教育，甚至会影响这两类教育形式的教学质量。

    第三，创收说。由于普通高校举办成人教育往往都是由继续教育学院或网络教育学院等单独实施的，并未纳入高校的专业学院实施教学管理，所以普通大学的成人教育单位所拥有的教育资源远没有专业学院丰富，甚至这类二级成人学院仅仅是为了替大学实现增收目的或是为了弥补大学教育经费不足而设置的。

第四，文凭论。成人学习的目的往往被社会视作为了拿文凭或评职称，因此教学管理松懈；不少成人教育单位为了后续能扩大生源而发生非良性竞争，个别成人教育单位在考试时放水。

由于上述问题的存在，再叠加各成人教育单位并未严格制定和遵循成人教育办学宗旨，也未严格按照制定的教育宗旨建立科学的过程和结果考评机制，使得成人教育的办学未走上正确的方向，办学过程"走了样""变了味"。

2.招生变化影响办学质量

近些年，成人高等学历继续教育的招生情况虽然整体呈现数量上升的趋势，但成人高等学历继续教育同普通高等教育及职业教育相比具有很强的学历补充属性。这种补充作用体现在招生领域：成人高等学历继续教育专科学习者来自普通高等教育及职业教育录取任务完成后的落榜高中毕业生或职业高中毕业生（21世纪初之前尚有部分专科生源来自已经毕业的中等专科学校毕业生），成人高等学历继续教育的本科生来自自身专科学习者和高等专科毕业生（普通专科和高职）。当然，也有少部分高起本成人高等学历继续教育专业的生源和成人教育专科学习者一致。这导致成人高等学历继续教育的入学门槛和成绩考核要求逐年降低，生源的变化直接影响成人高等教育学习者的学习效果。

在学习者学习质量发生下滑的同时，生源数量变化也开始对成人高等学历继续教育的长期发展造成不利的影响。以成人高等学历继续教育专科为例，影响生源数量的因素之一，即体系，体现在我国历年高考参加考试人数和录取人数的增减变化上。观察表1-1，历年高考参加人数与录取人数基本呈上升趋势。

表1-1 我国历年高考参加人数和录取人数情况（1977—2021）

单位：万人

年份	1977	1978	1979	1980	1981	1982	1983	1984	1985	1986	1987	1988
参加高考人数	570	610	468	333	259	187	167	164	176	191	228	272
高考录取人数	27	40	28	28	28	32	39	48	62	57	62	67
高考录取比例	4.74%	6.56%	5.98%	8.41%	10.81%	17.11%	23.35%	29.27%	35.23%	29.84%	27.19%	24.63%
高考未录取人数	543	570	440	305	231	155	128	116	114	134	166	205

续 表

年 份	1989	1990	1991	1992	1993	1994	1995	1996	1997	1998	1999
参加高考人数	266	283	296	303	286	251	253	241	278	320	288
高考录取人数	60	61	62	75	98	90	93	97	100	108	160
高考录取比例	22.56%	21.55%	20.95%	24.75%	34.27%	35.86%	36.76%	40.25%	35.97%	33.75%	55.56%
高考未录取人数	206	222	234	228	188	161	160	144	178	212	128

年 份	2000	2001	2002	2003	2004	2005	2006	2007	2008	2009	2010
参加高考人数	375	454	510	613	729	877	950	1010	1050	1020	946
高考录取人数	221	268	320	382	447	504	546	566	599	629	657
高考录取比例	58.93%	59.03%	62.75%	62.32%	61.32%	57.47%	57.47%	56.04%	57.05%	61.67%	69.45%
高考未录取人数	154	186	190	231	282	373	404	444	451	391	289

年 份	2011	2012	2013	2014	2015	2016	2017	2018	2019	2020	2021
参加高考人数	933	915	912	939	942	940	940	975	1031	1071	1078
高考录取人数	675	685	694	698	700	705	700	791	820	968	1001
高考录取比例	72.35%	74.86%	76.10%	74.33%	74.31%	75.00%	74.47%	81.13%	79.53%	90.38%	92.86%
高考未录取人数	258	230	218	241	242	235	240	184	211	103	77

另一方面，伴随高考扩招，未录取的普通高考考生人数整体呈逐年下降趋势，如图 1-1 所示。

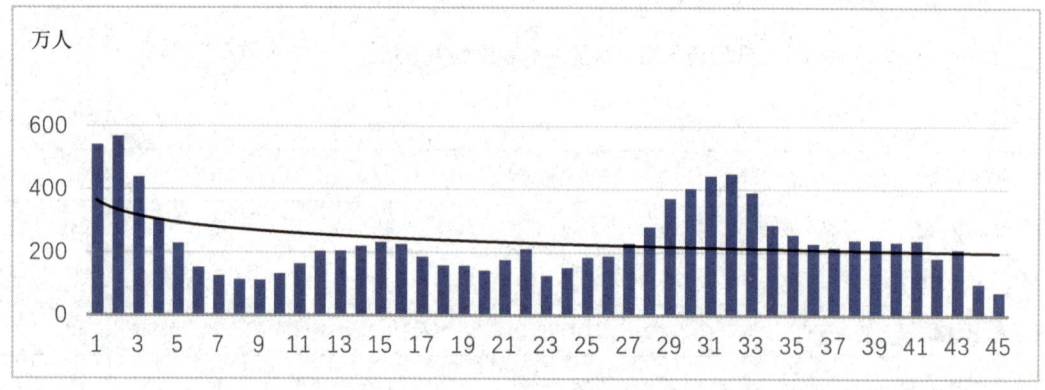

图 1-1　我国 45 年间（1977—2021）高考未录取人数变化情况

由于未被录取的高中毕业生并没有全部参加成人高等学历继续教育类的学习，且由于高考未录取人数逐年降低，使得潜在的成人教育生源减少，招生变得更加困难。

当然，招生方面的好消息是，我国高等职业教育现今仍以专科层次为主，且数量呈增长趋势。2021年，教育部公布的高职招生人数达到557万，相当于十年前的1.8倍，这部分高职学校的学习者是未来接受成人高等学历继续教育的主要生源。同时，根据教育部的相关文件，2021年我国中职招生规模实现了增长，招生数量达到了489万，这也为成人高等学历继续教育生源提供了较好的保障。

3.学习者学习状况待改善

我国成人高等学历继续教育的学习者通常为在职人员。当今社会，人们生活节奏快，工作上的竞争日趋激烈，甚至某些成人学习者首先要"听命于"单位管理层，首要任务是提升自己的工作业绩，其次才能抽出时间来完成自己的学业。由此产生了一系列的不利于保障学习效果的问题。

第一，"工、学"矛盾突出。学习者由于工作原因不能到校参加面授课程学习的情况比较普遍，学习者学习出勤率低。

第二，学习者学习的目的和心态各异，不利于教学安排。虽然很多学习者都想通过学习获取知识，提升自己的理论和工作技能水平，以便更好地做好本职工作。但不得不承认的是，仍然有部分学习者抱着混文凭的态度。因此，如果不从教学源头加强管理，想让学习者成为与其文凭相称的、对社会有用的人才，难度是非常大的。

第三，不同学习者的已有知识和技能水平差异较大。专本科学习者之间的差异、不同出生时代和年龄层次学习者之间的差异、不同工作行业的差异都是非常大的。上述现象的客观存在，无形中给成人教育的教学与管理带来了较大困难。

4.教育教学实施过程存在不科学、不严谨之处

第一，全局和总体意识淡薄。教学过程是纷繁复杂的，涉及学生、教师、课程安排、教材购买、班级管理、教室安排、考试安排等方方面面及各个环节。个别环节没安排好或某个环节工作不到位都容易出现问题。所以，科学的总体教学安排和部署非常重要及必要，只有总体安排得当，计划才能得以顺利执行。从现实情况来看，不少学校的教学恰恰缺乏总体安排，大多数学校都只是在面授任务来临时才匆匆安排课程和教师，这样既缺乏系统性、连贯性，又容易产生工作安排上的差错，无形中增加了工作的难度。另外，这样的安排导致教师没有时间备课，教师很难把握教材的深度和难度，也很难做到因材施教。

第二，教学计划制定缺乏规范。教学计划是高校人才培养的最高"指挥棒"，是组织教学、安排教学任务的基本依据。而现实情况是，众多成人教育单位的教学计划和培养方案存在问题，这些内容大多是东拼西凑的，也可能是沿袭和模仿普通高校或高职院校的做法，缺乏成人高等教育办学特色，教学方案和计划盲目而被动。

第三，成人教育教材、学材缺乏精品。从实践来看，很多成人教育院校几乎都是沿用普通高校或自学考试教材，这类教材虽然较成熟，但脱离成人学习的需求与实际。成人学习需求与在校脱产学习的大学生毕竟不同，成人学习者工作忙、事务多，没有整段的时间来学习，加之成人学习者年龄偏大、记忆力差、水平参差不齐，因此全日制学生教材对其而言可能太深太难。因此，这些教材不仅不利于学习者自学，也违背了以问题为中心而非以教材为中心的成人学习原则。

第四，专兼职教师的授课规范不严。成人教育机构普遍存在自身师资力量不足、大量外聘其他高校兼职教师授课的现象。本校教师因管理工作繁重，投入成人教育授课的时间相对有限；聘请的教师由于已在普通高校或其他教育体系承担着繁重的教学任务，忽视或减少在兼职成人教育领域的投入，课程准备不充分的情况也时有发生。还有一个更严峻的问题是，实验和实践课专兼职教师更加缺乏，其后果是直接导致本应该提升学习者技能的培养目标流于形式。

第五，学生管理与教学管理不严。学习和考试管理者有认识误区，认为成人不需要什么管理，管理过严不利于招生。这样容易导致管理人员教学管理过程松散，从教学计划制订、课程安排、教师选派、上课、考试等各个环节增加个人的主观意愿，学习者的随意性强。另外，成人教育往往是以各种"分校""分中心""二级教学点"等方式实施招生与课程教学管理，由于存在各种认识误区，导致对这类基层办学单位缺乏统一管理和监督，在教学实施上存在只招不教或"蜻蜓点水"的现象。

5.经费缺乏，存在经费管理不科学现象

与普通高等教育及职业教育生均拨款的投入模式不同，教育行政部门对成人高等学历继续教育投入采用类似于事业单位以教职工人数和土地房屋面积综合计算拨款的模式，这种模式使得教育经费平均到每一名成人学习者身上的生均额度要比普通高校或职业院校低很多。另外，虽然有些普通高校设置成人教育学院，但其对自身二级学院开展的成人教育几乎没有投入，即便允许成人教育学院占用学校教学资源，也是有偿的。这不仅影响了成人教育工作人员和教师的工作积极性，也直接导致存在管理难以到位、教学打折扣、教育质量得不到应有的保障等问题。再者，成人高等学历继续教育的历史惯

性，尤其是普通高校举办的成人教育机构，其经费管理与普通高校自身的经费管理相比较为松散，甚至在前述"创收说"的影响下，成人教育经费成为普通高校其他部门或专业学院的"提款器"，导致不能做到成人教育收入专款专用，普通高校下属的成人教育部门的预算和事业项目不能做到以收定支，严重影响成人教育事业的健康有序发展。

上述问题严重制约了成人高等学历继续教育事业的发展，甚至导致成人教育质量下滑，出现信誉危机，这类问题必须尽快解决。

（三）近期成人高等学历继续教育发展情况与政策趋向

1.规模化发展

近些年，成人高等学历继续教育（含自学考试）发展整体呈上升趋势，统计如表 1-2、图 1-2 所示。

表 1-2　近些年我国成人高等学历继续教育学生数量变化（2014—2021 年）

单位：万人

年　份	2014	2015	2016	2017	2018	2019	2020	2021
当年招生人数	265.6	236.75	211.23	217.53	273.31	302.21	363.76	378.53
在校生人数	653.12	635.94	584.39	544.14	590.99	668.56	777.29	832.65
毕业生人数	221.23	236.26	244.47	247.04	217.74	213.14	246.96	—

资料来源：教育部网站相关数据。

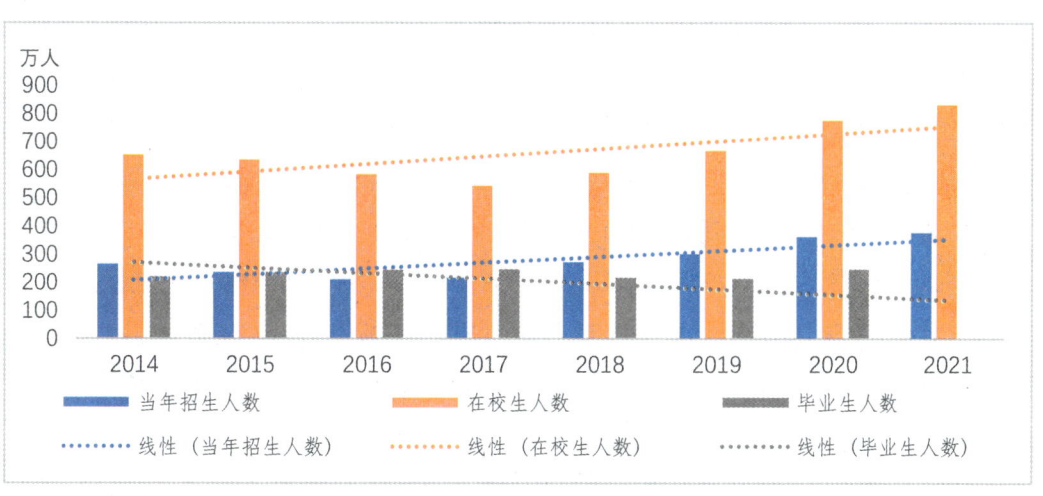

图 1-2　我国成人高等学历继续教育学生情况统计（2014—2021 年）

具体看：

2014 年，成人高等学历继续教育本专科共招生 265.60 万人，比上年增加 9.11 万人；在校生 653.12 万人，比上年增加 26.71 万人；毕业生 221.23 万人，比上年增加 21.46 万人。

2015 年，成人高等学历继续教育本专科共招生 236.75 万人，比上年减少 28.85 万人；在校生 635.94 万人，比上年减少 17.18 万人；毕业生 236.26 万人，比上年增加 15.03 万人。

2016 年，成人高等学历继续教育本专科共招生 211.23 万人，比上年减少 25.52 万人；在校生 584.39 万人，比上年减少 51.55 万人；毕业生 244.47 万人，比上年增加 8.21 万人。当年，全国高等教育自学考试学历教育报考 504.10 万人次，取得毕业证书 67.77 万人。

2017 年，成人高等学历继续教育本专科招生 217.53 万人，比上年增加 6.30 万人，增长 2.98%；在校生 544.14 万人，比上年减少 40.25 万人，下降 6.89%；毕业生 247.04 万人，比上年增加 2.57 万人，增长 1.05%。全国高等教育自学考试学历教育报考 470.94 万人次，取得毕业证书的 55.27 万人。

2018 年，成人高等学历继续教育本专科招生 273.31 万人，比上年增加 55.78 万人，增长 25.64%；在校生 590.99 万人，比上年增加 46.85 万人，增长 8.61%；毕业生 217.74 万人，比上年减少 29.30 万人，下降 11.86%。全国高等教育自学考试学历教育报考 544.69 万人次，取得毕业证书 48.72 万人。

2019 年，成人高等学历继续教育本专科招生 302.21 万人，比上年增加 28.90 万人，增长 10.57%；在校生 668.56 万人，比上年增加 77.57 万人，增长 13.13%；毕业生 213.14 万人，比上年减少 4.60 万人，下降 2.11%。全国高等教育自学考试学历教育报考 596.37 万人次，取得毕业证书 48.98 万人。

2020 年，成人高等学历继续教育本专科招生 363.76 万人，比上年增加 61.55 万人，增长 20.37%；在校生 777.29 万人，比上年增加 108.73 万人，增长 16.26%；毕业生 246.96 万人，比上年增加 33.82 万人，增长 15.87%。网络本专科招生 277.91 万人，比上年减少 10.63 万人，下降 3.69%；在校生 846.45 万人，比上年减少 11.39 万人，下降 1.33%；毕业生 272.25 万人，比上年增加 39.94 万人，增长 17.19%。

2021 年，全国共招收成人高等学历继续教育本专科 378.53 万人，在校生 832.65 万人。招收网络本专科 283.92 万人，在校生 873.90 万人。

2. 网络高等教育蓬勃兴起

近些年，成人高等学历继续教育整体上呈现规模化发展趋势，同时出现了一种较新形式的成人学历教育模式——成人（网络）高等教育。

1999年教育部批准67所普通高等学校和中央广播电视大学（现国家开放大学）开展现代远程教育试点工作，允许这68所试点高校通过现代通信网络开展学历教育和非学历教育。学校按照国家有关规定颁发网络教育类别的高等教育学历证书，学历证书电子注册后，国家予以承认。网络高等教育发展迅速，至2013年底，68家网络教育试点高校在校生即达800万多人，2021年更是达到873万余人，其中当年招生近284万。

3. 高质量提升

（1）"十三五"规划要求

《国家教育事业发展"十三五"规划》指出，从教育领域看，当今世界教育正在发生革命性变化。确保包容、公平和有质量的教育，促进全民享有终身学习机会；成为世界教育发展新目标。教育与经济社会发展的结合更加紧密，以学习者为中心，注重能力培养，促进人的全面发展，全民学习、终身学习、个性化学习的理念日益深入人心。有质量的教育、促进个人全面发展和个性学习对成人教育提出了较高的挑战。

（2）教育综合改革实施要求

从2020年开始，教育主管部门开始调整和规范网络专科教育的办学计划，除国家开放大学外的其他67所试点网络教育学院逐步退出专科招生。

2021年9月23日，教育部发布《关于新时代高等学历继续教育改革实施意见（征求意见稿）》（以下简称《实施意见》），提出的指导思想是：以习近平新时代中国特色社会主义思想为指导，深入贯彻党的十九大和十九届二中、三中、四中、五中全会精神，坚持稳中求进工作总基调，立足新发展阶段，贯彻新发展理念，全面贯彻党的教育方针，落实立德树人根本任务，牢固树立服务全民终身学习理念，遵循高等学历继续教育规律，适应成人非全日制学习特点，坚持规范与发展并重、治标与治本结合，统筹谋划、科学归类、系统改革推动高等学历继续教育优化结构、高质量发展，为促进经济社会发展和人的全面发展提供有效支撑。

《实施意见》的基本原则：统筹设计、综合改革，坚持系统思维，整体谋划发展结构和制度保障，统筹推进各项改革；合理定位、良性发展，根据不同办学主体特点错位规划办学，形成各展所长、各有特点的发展格局；夯实条件、规模适度，强化办学条件对办学规模的约束作用，引导办学主体加大教学投入，健全标准、规范管理，发挥标准对规范办学和保证质量的引导作用，加强监督检查，压实办学主体责任。

《实施意见》的主要目标：建立健全与新发展阶段相适应的高等学校继续教育办学体系、标准体系、管理体系、评价体系，形成办学体系顺畅、质量标准完整、学习渠道多样、办学行为规范、监管措施有效、保障机制健全的新发展格局，资源供给更加丰富，办学质量显著提升，服务能力和社会认可度大幅增强，为成人学习者接受优质高等教育提供更多机会和服务。

其中针对成人继续教育提出的具体变革是优化归类办学形式，重点是取消成人教育函授、业余、脱产的学习形式，根据办学主体不同，将成人高等学历继续教育办学调整为高校学历继续教育、开放教育、高等教育自学考试三种形式。开展高校现代远程教育（网络教育）试点工作总结评估，结束 1999 年以来的网络教育试点，将现行成人教育和结束试点后的高校网络教育整合为高校学历继续教育。

2022 年 3 月，高校网络教育阳光招生服务平台建设专家委员会发布通知：暂停 2022 年秋季网络教育招生及相关宣传工作，后续工作由教育部另行通知。虽然通知并未明确今后是否开放，但严格网络高等教育以及招生管理工作、提升成人教育教学质量将是未来的趋势。之后，还有部分高校继续教育学院对各自主考的自学考试和成人教育进行了调整。例如，山东大学自 2021 年 12 月 31 日起，暂停网络教育公开及其一切宣传活动；华中师范大学成人教育学院已于 2020 年停止招生；湖南大学自 2021 年起，已经全面停止成人高等教育和高等教育自学考试助学班招生等。

《实施意见》还就规范继续教育办学质量提出了针对性的招生管理、校外合作机构管理、抽考、评估等方面的要求。

（3）课程质量提升要求

《实施意见》在保障继续教育课程质量方面提出了明确要求：相关高校要按照成人认知规律和职业发展需要及非全日制学习特点完善专业课程体系，充分发挥信息技术优势，结合实际开展在线教学、面授教学主学习、协作学习和师徒传承、实验实训等相结合的混合式教学，提高线下教学学时占比。线下面授教学和指导（含实验实训）的时间原则上不少于专业总学时的 30%。鼓励通过参与式、讨论式、案例式、项目式教学等提高学习者的学习积极性和参与度。

不少于 30%（由于是征求稿阶段，各地实施时具体比例有所调整）的面授课（开放教育特殊时期可以采用远程直播形式）比例要求，对继续招生的高校学历继续教育、开放教育、高等教育自学考试三种类型成人教育提出了较高的挑战，其中对一直坚持网络教育的开放教育提出了变革教育教学模式的要求，而自学考试也需要举办单位加大改革力度，完善教学模式。

二、实践课程的实施

在实践课程的实施或实践环节的落实方面，成人高等学历继续教育的学生与普通高校学生存在差别，所以既要考虑成人教育特殊性，也要考虑高等教育的人才培养标准和要求。成人高等学历继续教育实践课程的实施总体要弱于普通高等教育，不同类型成人高等学历继续教育实践课程的开展也存在较大差异。由于并无针对成人教育课程实施的制度性文件，更没有专门的实践课程量化标准要求，故笔者通过搜集代表性高校的成人学历继续教育专业实践课程实施方面的措施，尤其是专业培养方案要求，总结成人高等学历继续教育实践课程的相关特色。

（一）高校学历继续教育（函授、业余）

通过对高校学历继续教育（函授、业余）培养方案的调研，笔者发现其实践环节的要求或实践课程的计划与规定特色明显。具体调研不同省的两所成人教育学院的代表专业，情况如表1-3所示。

表1-3 不同高校（学院）实践课程设置情况

	华北A省X职工大学		
专业	a专业	b专业	c专业
实践课程（环节）形式	实践教学 毕业实习 毕业论文	同a专业	同a专业
课时数	292 400	330 400	460 300
课时比例	17% 23%	19% 23%	27% 17%
培养方案中实践环节描述	课程教学采取课堂授课、课堂讨论、社会调研、观摩实践、模拟教学、实习及撰写毕业论文	各课程的教学是通过课堂讲授、课堂讨论、案例教学、模拟教学、多媒体教学、上机操作、实验、实习及撰写毕业论文等环节完成。一些课程中的实践教学环节，旨在使该门课程中的理论教学有效地运用于实际，增强课堂教学的实用性和可操作性，使学生能够将知识学以致用，切实达到培养其分析问题和解决问题的能力。组织学生到工商企业去参观访问和毕业实习，听	同B专业

续 表

华北 A 省 X 职工大学

培养方案中实践环节描述	等环节完成。旨在通过社会调研、实践、实习环节将课程中的理论有效地运用于实际，培养社会工作的实际能力	取专家介绍，对生产状况、管理状况有所认识，加深对理论知识的认识。帮助学生了解社会、认识社会，提高观察问题的能力。学生自己联系毕业实习单位，与实习单位员工一起工作，在实践中了解企业的生产经营管理状况，帮助企业做些工作，观察企业机器设备与生产线的布局、生产现场管理状况，运用所学知识进行解释。要求学生记录好工作中的所思所想，发现企业生产经营管理中的好做法，及时总结，上升到理论高度进行分析，并就发现的问题提出合理化建议。要求学生了解企业管理创新做法，以及企业质量管理、成本管理、财务管理、技术管理等做法，在实习单位做好调查研究，完成实习报告。实习结束后由实习单位考核学生的实习情况、出具实习鉴定，与毕业实习论文一并提交	
其他详细课程实施描述或量化数据	无	无	无

华中 B 省 Y 学院继续教育学院

专 业	a 专业	b 专业	c 专业	d 专业
实践课程（环节）形式	毕业实习	毕业实习	实验课 / 毕业设计	数控加工实训、毕业设计
课时数	6 周	4 周	24 / 16 周	12 周
课时比例	无	无	2.8% / 18%	无
培养方案中实践环节描述	毕业实习 6 周，实习可以结合当地实际安排，将所学理论知识、技能综合应用于解决实际问题	主要实践环节：毕业实习	本专业主要实践环节为毕业设计。通过设计培养学生运用所学专业知识和技能，分析解决应用电子领域的实际问题的能力，令学生树立严肃认真的学习作风与实事求是的科学态度。通过毕业设计的实际撰写，培养学生调查研究、查阅文献以及书写技术文档和研究论文的能力	在整个学习阶段，主要实践环节包括数控加工实训和毕业设计

续 表

其他详细课程实施描述或量化数据	无	无	无	无

华南C省Z职业技术学院				
专业	a专业	b专业	c专业	d专业
实践课程(环节)形式	毕业论文（设计）	毕业论文（设计）	毕业论文（设计）	毕业论文（设计）
课时数	72（8周）	72（8周）	72（8周）	72（8周）
课时比例	9%	8.8%	8.7%	8.8%
培养方案中实践环节描述	无	无	无	无
其他详细课程实施描述或量化数据	具备外语表达能力；掌握国际贸易的基本流程、商务单证的制作方法、国际结算和支付的方式、国际贸易的有关公约、法规和惯例；熟悉市场营销的基本策略和商务人力资源管理模式	经济与管理的基本理论知识和具体业务操作技能；计算机软件操作	药物制剂生产技术和生物制品的基本生产技术；依据药品质量标准进行各类药品的检验和评价	具备一般液压与气动控制回路及PLC程序的设计、安装与调试能力；具有自动生产设备、精密机械系统、工业机器人、柔性生产线等机电一体化设备的安装、调试、运行与维护维修能力；具有对常用机电控制系统分析和解决问题的能力

a专业为非管理学社科类专业，b专业为管理学专业，c专业为理学类专业，d专业为工学类专业

资料来源：相关高校（学院）官方网站统计计算。

另外，笔者调研查阅其他省份几所大学的继续教育学院成人高等学历继续教育（函授、业余）培养方案，发现其对实践课程的描述甚少，专门列示和描述的实践课程仅限于毕业论文（或毕业设计），且一般在《教学进度表》里列示的学分为4~12学分，课时数在150左右，通常无其他相关制度设计或详细的过程管理信息（如西安交通大学继续教育学院、北京理工大学继续教育学院等）。

从选取的几所成人函授学院的专业培养方案内容分析来看，其实践课程情况具有以下特点：

首先，总体上都有对实践课程或实践教育环节的设计和规定，也有个别学院只做简

单的量化规定和描述。

其次，部分学院的专业实践课程设计简单，基本上仅以毕业实习或毕业设计（论文）作为全部实践课程或实践环节的考核内容。

再次，虽然部分学院的实践课程设计和描述也实现了量化并落实到具体的课程环节，但具体课程实施没有相关的数据明细，如实践教学如何在相关理论课程中落实没有在课程中或实践环节中有所规定和描述。

最后，实施实践课程时，有个别学院的专业类似于放权式，由基层招生单位落实或学生自己完成。从成人教育特性看，其设计本身没有问题，但没有给出具体的执行要求或课程内容要求，会造成实践课程内容流于形式。

此外，成人继续教育无论是学历教育还是非学历教育都曾经存在过"夜大"的叫法，但夜大并不是一种特殊的高等教育形式，只是高等学历继续教育（函授、业余）学习模式，它也是我国学历补偿教育的一种历史产物。因此，20 世纪广为存在的夜大学实践课程模式与高等学历继续教育（函授、业余）无实质差别。

还有一点需要说明，根据教育部 2022 年 7 月发布的《关于推进新时代普通高等学校学历继续教育改革的实施意见》，为了优化高等学历教育办学形式、统一办学模式、提升办学质量，明确自 2025 年秋季开始，高等学历继续教育将不再使用"函授""业余"的名称，统一为"非脱产"，普通高等学校今后举办学历继续教育（非脱产）需统一为通过成人高考录取后方能入学的模式。

（二）高等教育自学考试

高等教育自学考试在实践课程方面并无政策上的特殊或例外，根据《高等教育自学考试暂行条例》第十三条有关开考新专业的条件规定，开考新专业要"有保证实践性环节考核的必要条件"。实际上，这是要求高等教育自学考试举办单位在实践课程设置和管理方面遵从高等教育相关制度文件，更详细的情况需要考察相关高等教育自学考试院校的专业方案内容。笔者调研北京市教育考试院网站高等教育自学考试模块，观察列示的各主考院校的专本科的考试课程与学分设置表发现，基本上在专科层次无专门的实践课程，本科层次统一的实践课程都为毕业论文或毕业设计（社科类基本为毕业论文，自然科学类基本为毕业设计）。而针对实践课程的规定，由各主考院校在理、工、农、医类和工程、机械操作类专业中选择 1~5 门具有操作、表演、演示性质内容的课程，将其设定为"非笔试及实践类课程"考试方式，考试主要是由学习者在考场或线上完成考试规定的案例操作过程和动作,并达到合格,这类课程都可定义为实践课程。当然,这类专业并不占多数,而且这类课程的学习过程主要由学习者自己根据课程要求在指定的教学点或自找场所完成训练。调研的部分院校主考专业非笔试及实践类课程见表1-4。

表1-4 北京市自学考试非笔试及实践类课程（节选部分）

主考院校	专业	非笔试及实践类课程
北京邮电大学	工程管理（专升本）	管理信息系统（实践）
	计算机及应用（专科）	高级语言程序设计（一）（实践） 计算机应用技术（实践）
北京理工大学	教育技术学（专升本）	教育电视系统（实践） 教育电视节目制作（实践） 数据库系统原理（实践） CAI课件制作（实践）
北京交通大学	企业管理（公共交通方向）（独立本科段）	城市公共交通运营管理（实践） 交通运输安全管理（实践） 城市公共交通科技管理（实践）
北京财贸职业学院	连锁经营管理（专科）	财贸素养（实践） 门店开发与选址（实践）

资料来源：北京教育考试院官网统计。

由于各省、各地自学考试都是在《高等教育自学考试暂行条例》规定的基础上,依据本地实际制定一些实施细则,但课程设置和考试模式基本一致,实践课设置和考核方式也无太大差别。例如山东,实践课也划分为两种形式,首先是毕业论文或毕业设计,另外就是在英语口语和部分理、工、农、医类及工程、机械操作类专业设置实践类课程考试模式。

总体而言,结合《高等教育自学考试实践性环节考核管理试行办法》规定的内容,自学考试实践课程主要以两种形式实施：其一,毕业论文和毕业设计,但仅限于本科专业,专科通常无此种规定；其二,部分专业设置以实践类课程考试模式进行考核的课程（包括实验考核和课程设计考核两类）,课程数量不同,一般为1~5门,且此类专业主要是理、工、农、医类或工程、机械操作类专业,也包括部分专业设置的英语口语课程。考核要求一定程度上对自学考试学习者的实践课程学习起到了较大的促进作用,也对举办自学考试教学单位实践课程建设形成重要约束。

（三）成人（网络）高等学历教育

从事网络教育的主体单位主要是教育部批准的 67 所（不含国家开放大学系统）办学水平高的普通高等学校，但网络教育的特殊性决定了办学单位在实施课程方案，尤其是实践课课程方案时，与普通高等教育序列专业有很大不同。笔者调研几家网络学院专业培养方案，其特点也非常明显。详细情况如表 1-5 所示。

表1-5　北京大学继续教育学院成人（网络）高等教育实践课程设置特色统计

专　业	社会工作	行政管理	信息管理与信息系统	计算机科学与技术
实践课程（环节）形式	毕业论文	毕业论文	毕业论文	毕业论文
学　分	8	8	8	10
课时数	200	200	200	240
课时比例	9%	10%	9%	12%
培养方案中实践环节描述	无	无	无	无
其他课程实施描述或量化数据	现代远程教育校外教学中心是代表继续教育学院从事网络教育学生管理服务的机构，其要求依托建设单位必须具备以下条件：一是，依托建设单位应为具有法人资格的高中后教育机构，一般应是普通高等学校、成人高等学校、广播电视大学、国家批准的民办高等学校等单位；二是，依托建设单位能够提供符合现代远程教育教学支持服务需要的网络设备、多媒体教室等硬件系统条件，能配备能力较强、经验丰富、符合现代远程教育需要的专职管理人员和技术人员，能组织连续或隔年招生的生源；三是，提供必须在当地完成教学任务所需的实验或实习条件			

资料来源：相关高校（学院）官方网站统计计算。

北京大学网络教育的实践课程虽然并无特别的实施文件和详细的量化方案，但整体课程管理和专业设计较合理。考察其他网络教育单位，实践课程的设计实施内容相对简单。武汉大学有关成人（网络）高等学历教育实践课程的实施规定如表 1-6 所示。

表1-6 武汉大学成人（网络）高等学历教育实践课程设置特点统计

武汉大学成人（网络）高等学历教育教学过程管理实践课程部分	
教学环节	设计实践课程的规定和内容
教学准备	办学院系应在每学期开学前，确定本学期各专业开设的课程、面授(导学)时间、自学进度、教学场所及设备等，以保证各项教学活动顺利进行
实验与实习	实验实习是实践性教学环节，旨在培养学生动手能力并巩固所学知识。教学计划中列有实验的课程必须进行实验教学 (1)办学学院提供实验指导书，明确实验要求和实验方法 (2)函授站(点)、学习中心根据教学计划开展相应实验，当地无法进行的可由办学学院安排在校内进行 (3)指导教师要认真批改学生的实验报告并评定成绩 (4)单独开设的实验课应作为一门必修课记载成绩；非单独开设的实验课成绩作为平时成绩的依据 (5)各学院根据教学计划组织编写实习大纲(包括：实习目的、任务、内容、时间、要求)。学生可在本单位或指定单位进行实习并认真做好实习日记，完成实习报告
毕业实践及毕业论文(设计)	毕业实践、撰写毕业论文(设计)和答辩是重要的教学实践环节，是对学生运用所学的理论知识和技能从事科学研究、解决实际问题能力的综合考核。成人教育和网络教育专科学生要求完成毕业实践
教学检查	检查的主体是继续教育学院领导和有关职能部门、院系及站点(学习中心)管理人员。检查范围包括所有实体课堂(含理论课、实验课)，学生实习和毕业设计(论文)指导课、论文答辩现场等。授课(指导)教师包括本校教师和外聘教师

资料来源：相关高校（学院）官方网站统计计算。

整体而言，在成人（网络）高等学历教育模式下，实践课程的实施虽有概要性的规定，但其教学文件中提到的几类实践课并未全面包括所有类型的实践课形式，且并未针对这几类实践课程制定详细且有严格量化指标的管理文件和制度措施。这主要也受网络高等教育全国办学的制约，由于网络教育办学点和学生覆盖了全国各省的主要城市，但办学过程基本依靠网络媒介手段，限制了诸如创新创业和社会综合实践的开展。

三、开放教育之外的成人高等学历继续教育实践课程的问题思考

（一）不同类型成人高等学历继续教育实践课程的运行存在差异

成人高等学历继续教育的实践课程实施虽然按照高等教育相关规范要求或标准制定方案和课程实施内容，但不同形式的成人教育实施起来也有差别。其中，自学考试和成人网络高等教育由于受制于自学或线上教育模式，实践课程实施比较单一，基本以实习或毕业论文为主。而高等学历继续教育（函授、业余）实践课程实施基于线下面授课程比例较大，从而量化性内容更加完整，并能更好地在实际环境下实施，但对实验和课程实训环节没有做详细的描述和规定，更没有安排实施与社会综合实践、大学生创新创业相关的课程。

（二）实践课程的量化未达到标准

前述调研的三种不同类型的高等学历继续教育的实践课程实施内容，除华北 B 省 Y 学院实践课程规定超过教育部相关指标外，其他被调研高校开设的专业基本都不能达到实践课程不低于 20% 的要求，实践课程的形式也无法满足相关标准的要求，而且调研结果只涉及制度和理论上设计的量化指标，实际执行结果尚无调研数据。

（三）需强化评价考核管理

实践课程评价考核涉及专业规划、课程内容、课程数量标准、设施设备和资源准备、经费投入、合作发展、制度建设、师资队伍与水平、学习者职业、实习管理、论文质量、考试考核、课程出勤、学分认证、免修免考等内容。但从调研结果来看，个别学校在涉及自学考试以及网络教育模式时，未形成相关的各类制度文件，需要今后加强实践课程内容建设，逐步提升实践课程在专业发展中的地位，实现成人高等学历继续教育质量的提升。

开放教育实践课程从 20 世纪开始的广播电视教育至今，一直在发展中不断摸索前行，在不同历史时期受其资源与学习者数量影响具有不同的特性。因此，需要认真总结梳理开放教育的资源禀赋和发展特征，从而找出问题并提出对策。

第三节　开放教育实践课程发展历程

2012年至今,全国各省市原有广播电视大学已基本完成开放大学的更名并步入转型发展期。开放大学的办学理念是基于学习者的需求,为学习者提供多样化、线上线下结合、理论与实践结合的教育服务。开放即是让潜在的学习者出于自身需求走进大学,并在大学找到适合自己的学习方式和学习资源,完成学习任务,获得个人所需技能,实现整体素质提升。由于在不同历史时期肩负的使命和任务有别,开放教育实践课程的培养方案、课程设置等也存在差异。

一、传统广播电视大学系统学历教育课程设置特点

广播电视大学作为曾经主要的国家成人高等教育机构之一,无论在学历教育方面,还是非学历教育方面,都取得了显著成绩。近些年,其基于开放教育的办学理念不断创新、积极开拓,让自身在社会影响和数量规模上再现繁荣,不断提升在整个国民教育体系中的地位。根据中央广播电视大学2010年开放教育招生工作会上《中央广播电视大学开放教育2009—2010年度招生工作报告》的总结情况可知,2010年春中央广播电视大学共开设开放教育招生专业88个(专科起点本科25个、专科63个),招生人数42.75万,其中本科11.10万人,专科31.65万人(含"一村一名大学生计划"试点项目学生),传统广播电视大学招生规模持续稳定增长。

从学习者角度看,广播电视大学系统在开放教育理念指导下,不断发展基层教育,使学习者逐渐扩散到社会的各个角落。根据《中央广播电视大学开放教育2010—2011年度招生工作报告》可知,2010—2011年度,中央广播电视大学开放教育共有26个本科专业和66个专科专业招生,其中行政事务、商业服务、工人、农民等基层普通劳动者占整个开放教育生源总量的70%。另外,报告还指出,19—25岁的学生已成为开放教育的生源主体。广播电视大学系统在生源数量发展的同时,也在向"有教无类"的高度跨越,但如何满足基于"开放"的吸引力而走进大学的学习者需求,这是开放大学急需思考的问题。问题之一即是这些"基层普通劳动者"如何面对和选择开放大学的课程。课

程设置只有让学习者满意，有教无类的理念才能得以真正实现。

　　从当年全国高等教育发展的形势来看，普通高等教育和高等职业教育是未来高等教育发展的主体，这对曾经主要承担成人教育任务的广播电视大学的长远发展是不利的。事实上，那些年各地广播电视大学招生已面临严峻的形势。以天津广播电视大学为例，薛咏戈老师对天津广播电视大学的招生情况进行分析，天津广播电视大学的招生规模在2003年和2004年达到高峰，到2005年时急剧下滑。各地广播电视大学大多也呈上述变化。这正好与扩招后的普通高等教育和高等职业教育的招生情况相反。更要看到的是，随着我国人口生育结构的变化，初中和高中毕业生的增长趋势将放缓甚至下降，形势的变化给主要延续传统模式发展的广播电视大学的未来发展带来诸多不利因素。

　　另外，当时还有一个严峻的现实，传统的成人高等学历继续教育不仅有广播电视大学，还有各类高等院校举办的成人函授、自学考试、夜大学等。学习者在选择包括广播电视大学在内的成人教育类院校时又非常关注所获证书的发放主体，即学校的社会认可程度和影响力等因素，这种办学格局造成了成人教育竞争的两个层次——学历继续教育形式和主办（证书发放）院校。

　　基层普通学习者的需求变化和严峻的形势，使得改革办学模式和课程设置成为传统广播电视大学发展的必然。实际上，传统广播电视大学招生培养工作在当时已经逐渐开始从学习者视角出发，比如整个系统实施的"一村一名大学生"计划以及"安保"大学生计划等，但这只是基于经济产业发展人才划分视角的思考与设计，而与专业建设和专业设置相关的课程体系建设仍未从学习者视角进行重新设计。如在课程设置方面，整个广播电视大学系统首先是划分为由中央广播电视大学统一开设的统设课和由地方广播电视大学自主开设的自开课，课程全部实行学分制，并在此基础上划分为几个传统的模块。但这些模块到现在还很难统一名称，有的称为公共课、职业基础课、职业技术课和综合实践环节，有的称为基础课、专业基础课、专业课，还有的称为必修课、限选课、选修课等。最新的课程设置由公共基础课、专业基础课、专业课、通识课、专业拓展课、综合实践课、补修课等七个模块组成（有的还分为八个模块）。但无论哪种划分法，招生和学习时面向学习者的还是传统的课程体系，即学习者只知道自己所选专业的课程已经被设定为多少门，并被分为几个模块，划分方式仍是延续传统或者是将普通高等学校课程进行有限改动，很难让学习者从课程的适用性比较中提高进入广播电视大学系统学习的意愿。在面对"基层普通劳动者"时，课程设置既无特色更无持续吸引力，没有考虑基于开放理念的长远发展。

传统广播电视大学课程中虽有部分专业课程在结业后会给学习者颁发双证书,但也主要是与社会私立培训机构合作的且是为数不多的专业,而且合作培训并不能增加学习者的认同感,只能让学习者主观上认为是在广播电视大学课程学习之外获得的一次培训。合作培训的出发点是用来做补充的,更多的是形式化的"装饰",这样简单的合作在增强学校品牌效应这一核心竞争力方面作用甚微。

严峻的形势阻碍了传统广播电视大学的长远发展,走开放大学之路是广播电视大学发展的必然选择,而新型开放大学必然要重视学习者需求。当时,《中央广播电视大学开放教育 2010—2011 年度招生工作报告》也提出:"要根据学习者需求,在专业、课程、教学内容与模式、机制创新、管理模式方面加大改革创新力度,扎实提高开放教育招生工作的竞争力。"

二、开放教育实践课程的历史脉络

(一)早期广播电视大学阶段

1. 20 世纪 80 年代末之前的改革开放初期

广播电视大学在改革开放初期重新恢复招生,培养对象主要是公有制企业的在职职工、教育行业工作者和城市待业青年。前两种类型的学习者基于已经具备的工作技能和经验参加学习,主要通过理论课程学习获得学历的提升或者获取正式的学历,这是由此阶段广播电视教育的补偿性特点所决定的。而实践课程的开设是学习者在自己的工作岗位上,在已经具备一定技能的基础上,得到理论验证和科学强化,学习过程真正实现了理论与工作实践、经验与技能的相互促进和提高。对于城市待业青年而言,学习理论课是主要目标。在理论课的学习中,通常都是由其所在的厂区、街道等集体组织,根据专业要求的技能和技术帮助安排学习者参加实践技能的操作学习,就近进入相关企业完成实习。更常见的情况是对这部分人员的未来工作进行安排,组织他们参加城市相关部门主办的就业前技能培训,参加广播电视大学课程学习,这是一种就业导向式的培养方式。

这一时期广播电视大学的针对性很强,主要招收城市已就业或待业人员,并非面向所有社会成员,因此规模有限。但由于有政府的指导和参与,且具有特殊阶段"分配名额"学习的吸引力,实践实习等课程任务完成质量较好,学习者参与实践课程的主动性很强。

图1-3 改革开放之初广播电视教育的学习场景（1）

图1-4 改革开放之初广播电视教育的学习场景（2）

资料来源：教育部官网。

2. 20世纪80年代末到20世纪末的改革开放中期

在此阶段，广播电视大学系统先后开展了成人专科、普通专科、注册视听生、中专教育、电视师范教育以及职业教育，很好地将学历教育推向农业农村技术领域，举办农村实用技术教育。当时，在这几种新的教育形式中，成人专科和农村实用技术教育存续和发展的时间较长。成人专科逐步发展到成人本科，乃至演变为后来的开放教育试点模式;农村实用技术教育也随着农村劳动力市场的变化以及农村经济发展模式的变化,逐步形成了"村村大学生工程"。后者在实践课程方面的经验也是非常成功的,类似于第一阶段针对企业在职职工的学历补偿教育,教育对象本身就是从事农村村务管理或农业技能操作的劳动者,理论课程与实践技能可以实现更好的衔接。这种模式下的实践课程,为广大农村技术人员、很早回乡的知青、基层上升到乡镇的企业干部职工以及广大农民提供了电视教学课程(节目),最大限度地普及了农业科学技术、经营管理知识,提高了农村劳动力的文化技术素质。

图 1-5　20 世纪末广播电视教育的学习场景

资料来源:教育部官网。

除成人专科和中专教育外,其他形式的教育并未得到巩固性发展。受多种条件限制,这些教育模式都在举办一段时间后停止或逐渐萎缩,限制条件之一就是广播电视学校的教育资产和设施设备没有长期的投入和沉淀,教学设施不够用甚至严重缺乏,从而制约了学习者开展实验等技术性操作技能的学习,直接导致学习者对应用技能的学习需求无法满足。

这一时期的成人专科和中专教育的实践课程主要分布于课程实验中,更多集中在毕业前的实习或毕业设计(论文)环节。在此阶段,国家教委出台了《广播电视大学暂行规定》,对广播电视大学的主要任务概括为:举办以高等专科为主的学历教育,同时为高等教育自学考试及社会各界的职业技术教育、岗位培训、专业培训、继续教育提供教学服务。通过其中对广播电视大学教育服务类型的强调可以看出实践技能和培训的重要性。从政策层面看,广播电视教育在此阶段是以技能型人才培养为目标的,实践课程对广播电视教育至关重要。《广播电视大学暂行规定》对办学条件的描述和规定有利于实践课程的实施。

此阶段要求广播电视大学的设置标准如下:①设置广播电视大学及其分校,配备具有较高政治素质和管理能力、达到大学本科毕业文化水平、熟悉远距离教育规律的专职校长和副校长;省级广播电视大学及其分校应配备一定数量的教学管理人员和专职或兼职从事思想政治工作的人员;工作站应当配备具有较高的政治素质和管理能力、达到大学专科毕业以上文化水平的专职负责人。②配备与教学任务相适应的合格教师,教师须具有与所担任教学工作相适应的学术水平,懂得远距离教育的教学法,并具有编写辅导教材和进行面授辅导的能力。③担任课程教学的专任或兼任教师,均须通过任课资格审查;每个专业至少应当分别配备具有副教授或相当于副教授以上职务的专任或兼任教师两名;每门课程至少应当分别配备具有讲师或相当于讲师以上职务的专任或兼任主讲教师一名;对于全国统一开设课程的主讲教师和教材主编应从全国范围内择优聘任。④学校所需的基本建设投资和办学经费,必须有稳定的来源和切实的保证。学习者人均经费开支标准和解决办法应区别不同的办学层次、学科类别及学习年限,按国家或地方人民政府的规定执行。同时,重点强调了设置广播电视大学的硬件条件要求:须具有与学校任务和规模相适应的固定校舍、图书资料、仪器设备,有相对稳定(含租用)的教学实习、实验基地。

此阶段,由于广播电视大学的教育学习者数量规模有限,且相关规定和办学基础条件要求严苛,实践课程的实施无论从所需的硬件还是教学开展的便捷性等方面都更容易高质量落实,实践课程开展效果较好。

3. 21 世纪初到 2012 年六所开放大学成立

1999 年 4 月,教育部下发了《关于开展"中央广播电视大学人才培养模式改革和开放教育试点"项目研究工作的通知》,要求"探索并构建广播电视大学在现代远程开放教育条件下专科教育和本科教育(专科起点)人才培养模式的基本框架以及相应的教学模式、管理模式和运行机制,为我国经济建设和社会发展培养大批高质量的、适应地方和基层需要的应用型高等专门人才"。

这一时期,广播电视教育进入了跨越式发展时期,开放教育试点除学生根据自己的需要选择固有的文字教材、广播(录音)、电视(录像)、CAI 课件学习外,重点推出了互联网平台学习模式。在网络教育模式下,教师给予学习者必要的面授辅导和全过程学习支持服务，由中央广播电视大学负责全国开放教育统一学籍管理并颁发毕业证书。这一阶段的开放教育试点探索，不但实现了广播电视教育的代际转变，也进一步促进了中国高等教育的大众化发展，推动了全国范围内优质教育教学资源的共建共享，形成了富有中国特色的开放式人才培养模式基本框架，为远程开放教育的人才培养质量提供了保障和新机制。

随着开放教育的规模化发展，实践课程的实施难度也在加大，这种困难也表现在后面有关开放教育与普通高等教育在校舍面积以及师生比方面的对比研究结论上。这一时期，开放教育实践课程执行标准通常参考《普通高等学校本科专业类教学质量国家标准》，但更多时候停留在实习和毕业设计（论文）环节。正是基于上述难点，有关实践课程实施的研究也热闹起来，成果非常丰富，既有对实践课程的特色化总结，也有对更好地开展实践课程实施模式的研究。段丽萍总结了此阶段的开放教育实践课程模式：结合课堂教学的实践模式、结合工作实际的实践模式以及开放式研究模式。此三种模式实际上对应的是课程实验、专业实习和毕业设计论文三个环节。而李文斐等研究后指出，实际上此阶段开放教育实践课具有以下特征：①有特色的专业或课程实践教学模式。专业和课程责任教师结合专业和课程特点，进行实践教学改革经验总结，探索专业和课程实践教学模式，并加以推广、应用和创新。例如，电子、电气类课程的实验教学和理论教学一体化模式、虚拟实验模式，计算机类、会计类课程应用型实践模式，《英语教学法》课程创设实践课堂模式，英语专业的"顶岗实习"、法学专业的"以案说法"、广告专业的"业务专案组"等集中实践教学模式，电子商务专业的"目标驱动、多元自主、虚实结合"实践教学模式等。②部分专业建立了特色鲜明、优势凸显的实践教学平台。如宁夏将宁夏广播电视大学等几所继续教育院校合并组建为宁夏开放大学，并在此基础上建立全区（省级）性的实践教学基地和实验(实训)室。基地承担了周围职业院校以及自身开放教育的部分实践教学任务，为开放教育培养职业拓展型人才提供了有力保障，为学习者提高专业实践能力和综合运用专业知识能力提供了可靠的平台。同时，开放教育广泛利用企业和行业，尤其是分布在市县区的分校资源，按照基础实验在校内、专业实训在校外的原则，有效推动实践教学环节与社会经济发展的对接，较好地满足了开放教育学习者实践课程实施的需求。

虽然此阶段实践课程实施的成绩突出，但上述经验和成绩并未在全国广播电视大学系统、各级办学单位广为推广和实践。更为严峻的是，对于实践课程的实施，既无详细的细则，更无相关的量化指标和质量评价体系与指标，这需要在今后的开放教育发展过程中逐步完善。

（二）开放大学建设初期实践课程情况

受传统广播电视大学重视实践教学环节的历史传统的影响，在开放大学建设过程中，从专业到课程设计都要充分考虑实验、实训课程以及专业实践要素。在开放大学"5+1"模式建设过程中，国家开放大学继承举办广播电视大学专业，包括五所新批准的省级开放大学在内的所有省市的广播电视大学也继续跟随国家开放大学举办原有专业。除此之外，国家开放大学和五所省级开放大学都申请举办了新的自主专业。在自主专业申请和举办过程中，各校从专业到课程设计都对开放大学自身资源条件与实践课程的开展做了重点考虑。

1.专业建设与课程特色

五所开放大学是在原省级广播电视大学的基础上转型而来，在自身硬件资源和师资条件同普通高校，甚至与高职院校相比处于劣势的情况下，五所开放大学申请的专业主要倾向于社科、经管等对大型教学设施设备和实验场所要求较低的专业，即使是后期陆续举办的专业，整体方向也偏向不需要大型实验室或实训的非工、非农、非医学类专业。具体从五所开放大学招生（2022年秋季招生）专业的学科分布情况进行比较，如表1-7所示。

表1-7 五所开放大学举办自主专业学科分布

学校	专业层次	专业所属大类学科	数量（不含方向）	占专业层次比重
北京开放大学	本科	工学	2	17%
		哲学、法学、教育学	3	25%
		经济学、管理学	6	50%
		其他非工、农、理、医学	1	8%
	专科	工程技术类	4	29%
		其他非工、农、理、医学类	10	71%
上海开放大学	本科	工学	3	25%
		哲学、法学、教育学	1	8%
		经济学、管理学	5	42%
		其他非工、农、理、医学	3	25%

续 表

学校	专业层次	专业所属大类学科	数量（不含方向）	占专业层次比重
	专科	工程、机械、技术类	7	22%
		其他非工、农、理、医学类	25	78%
广东开放大学	本科	工学	5	28%
		哲学、法学、教育学	3	17%
		经济学、管理学	8	44%
		其他非工、农、理、医学	2	11%
	专科	工程、机械、技术类	5	23%
		其他非工、农、理、医学类	17	77%
江苏开放大学	本科	工学	8	29%
		哲学、法学、教育学	2	7%
		经济学、管理学	11	39%
		其他非工、农、理、医学	7	25%
	专科	工程、机械、技术类	4	24%
		其他非工、农、理、医学类	13	76%
云南开放大学	本科	工学	5	33%
		哲学、法学、教育学	3	20%
		经济学、管理学	4	27%
		其他非工、农、理、医学	3	20%
	专科	工程、机械、技术类	16	40%
		其他非工、农、理、医学类	24	60%

受限于实验、实训条件，只有云南开放大学开放教育专科同其自身举办的高职教育专科专业共享实验、实训的设施设备，其工程、机械、技术类专业占比较高。其他学校的工学或工程、机械、技术类专业占比较小，这也说明开放教育在课程实践和专业实践方面的资源较薄弱。

国家开放大学正在招生的 30 个本科专业中，工学或机械技术类专业只有 5 个，且其中尚有委托其他技术学院（学校）管理的专业。专科层次虽然有占比较高的工程、机械、技术类专业，但绝大多数都是委托管理专业，这类专业无法在全国所有省、市级广播电视大学（现都已更名为开放大学）体系实现招生办学。

2.本阶段实践课程实施的思考

从历史发展脉络视角看，开放教育的前身主要通过专业与学习者工作岗位结合的方式完成实践课程的实施，并辅以课堂中的实验以及与工作直接相关的毕业设计（论文）形式。现今由于其办学规模扩大、学生来源庞杂，开放教育已脱离了主要依赖学习者工作单位完成实训的路径，开放教育实训课程的实施需要充分研究与科学设计。

根据教育部批复开放大学建设文件要求，开放大学将以现代信息技术为支撑，面向成人开展远程教育。开放教育主要采用现代远程网络媒介教育模式，课程教学与考核主要通过线上模式实现。考虑开放教育特殊的历史发展以及现代新型高等教育模式对成人教育的要求，也为保障现代化教育媒介下课程质量的高标准，需要开展开放教育课程内容和实施研究。

开展课程研究尤其是开展实践课程的研究，应建立在开放教育工作实践的基础上。本书的研究基于北京开放大学安全工程专业及开放教育相关专业实际运行基础展开。

开放教育成人学习者的特殊性及开放大学体系资产特性不同于其他类型的高等教育，这决定了需要研究专业实践课程开展的特殊性并设计新的实施方案或评价体系。

三、开放大学初建时的课程改革思考

关于课程改革的话题贯穿广播电视大学的发展历程，并伴随建设开放大学的整个过程。改革思路很多，归纳起来主要有以下两类：一种是基于普通高等院校的课程改革。如对原来的选修课、限修课和必修课进行改革，或者增加实践课的数量，再或者考虑课程与人力资源市场的接轨，对课程进行模块划分；另一种思路是基于招生生源的变化。提出利用广播电视大学远程教育的优势，从开放的视角通过开发和丰富课程资源（如开发更多的网络课程或者利用名师效应等），并主要发展农村有需求人群以及城市流动人群，使其成为生源对象，实现广播电视大学的发展。第一种思路是基于我国整体教育形势的变化提出的，或者说只是跟着普通院校的改革思路微调后拿来使用的。第二种思路是基于我国高等教育扩招导致生源构成和数量变化以及农村和外来务工人员大量进入城市这一社会变革而提出的。类似这样的改革思路是具有一定前瞻性和发展性的，且成为当时各级广播电视大学变革的中心工作内容。但这两种思路从某种程度上也只看到了教育体系本身的变化，没有完全把视角放大到整个社会生产生活的变革中，未能实现开放教育必须融入社会变革中并以其教育功能促进社会更加和谐发展的理念。

真正对传统广播电视大学教育模式具有变革性影响的是现阶段开放大学建设时期。

通过丰富和整合网络资源，建设开放的网络学习平台，使广播电视大学系统具有的资源能满足各类社会成员（尤其是基层普通劳动者）对知识的渴求和对技能学习的需求，以实现真正意义上的开放。这样的开放教育，其建设历程必定充满变革性。其中，课程体系建设与课程设置将是改革的核心内容。笔者依据现代社会和经济发展形势，从学习者视角出发，从以下方面思考相应的课程改革内容。

（一）基于学历、资格证书和知识需求差异的改革思路

由于各种原因，无论是正在接受高等教育或者即将接受高等教育的人群，还是正在通过学校学习或者是即将要通过学校学习的人群，从学习目的看，其需求可以简单分为两类，一类为学历和证书需要，另一类为知识需要。当然也有两类需求兼具的。根据天津广播电视大学（现天津开放大学）薛咏戈老师对天津传统广播电视大学学习者的问卷调查结果，传统广播电视大学学习者出于学历需求的占比为68.9%。通常，第一类人群要求学历和证书时间上的快速化，而第二类人群不过分强调时间，其主要追求自身素质和未来的长远发展。基于这样的需求，并考虑教育的服务作用，将课程划分为快速学习课程和研究学习课程两类，分别满足第一类人群和第二类人群。快速学习课程满足学习者尽快取得学分或者资格证书的需求，研究学习课程满足学习者探求理论以及获取专业知识的需求。

（二）基于继续教育学习需求的改革思路

受普通高等教育扩招和普及化影响，从全国继续教育现状看，除主要由高等教育完成的学历教育外，继续教育的重点已转向以考取各类资格证书为主的培训，并且各类资格证书的培训又主要由民办或外资背景的教育机构完成。受资格证书课程自身的特点以及民办教育机构规模和发展的时间限制，较少有民办教育机构能在提高学习者的操作能力方面开展深入、有效的培训，这主要是因为民办和外资背景教育机构受硬件设施以及规模效应等的限制。而开放大学以及各类院校主办的继续教育学院有能力建立或已经建有提高学习者操作能力的硬件设施，故可在提高学习者操作能力课程上做出自己的特色和业绩，同时开放大学以及各类院校主办的继续教育学院积极进行教师管理体制改革，抢抓证书培训市场。由此，开放教育可以通过开展社会证书课程与操作能力课程建设，以跟进继续教育发展的变化。

（三）基于生源素质差异的改革思路

从教育规划、学习需求或者学习者自身素质等因素考虑，开放大学的课程设置需由入门级向高层级递进，应设置不同难易度的课程。出于这样的考虑，课程设置时要考虑初级课程与中高级课程的差别，开发阶梯式课程模块，设置相应的差异化课程，以供学习者进行符合自身需求的个性化选择，这是必须重视的环节。当然，差别设置也可以从常规的角度考虑，如知识与学分的获取难度。

（四）基于现代教育体系的改革思路

基于国家教育改革和发展纲要及现代教育体系的发展，对课程进行原有模式的划分是必要的，但考虑社会实践需求，这类划分不是课程改革的主要细节问题，但又不能忽视，故可以将其作为基础性层次考虑，或在改革计划中做常规性考虑。从而进行实践需求课与理论需求课的划分，以理论需求课满足学习者基本素养和专业基础知识的需求，以实践需求课满足学习者对各类实践操作技能或社会综合实践的需求，完成国家教育发展战略规划目标的要求。

第四节 开放教育实践课程改革与研究的问题

质量是建设新型开放大学人才培养模式的关键，梳理成人高等学历继续教育尤其是开放教育课程的变革发展历程，总结过去经验，稳固教育底蕴，是对事物发展规律的客观遵循，是开创开放教育未来历史新篇章的重要任务，也是每个开放教育工作者必须承担的重要使命。这项使命需要有时代视野，需要在新形势下研究和学习成功经验，量化分析和探索实践课程运行模式，逐步制定出提升专业与课程运行质量的科学制度与措施。

开放教育课程改革与研究是一项长期且庞杂的工作，对实践课程的改革与研究在现阶段需要逐步解决精细化问题，既需要教育部门的政策引导，也需要通过比较借鉴制定量化的课程实施规则，还需要不断修订改进，以逐步形成实践课程运行的科学范式，对学习者实践工作能力提升起到促进作用。

改革过程中需要研究的问题及内容有：分析总结开放教育实践课程运行现状与问题；调研开放教育实践课程与普通高等院校及职业院校相比的优势与劣势；分析研究开放教育资源属性和学习者特性；选取开放教育典型专业开展案例研究；通过案例研究落实教育主管部门提出的制定实践课程量化指标的要求；研究学分银行在成人教育实践课程中的意义及应用；在专业运行实践中，检验和修正量化指标，加快实践课程的改革落实，提升指标体系的科学性；紧跟实践课程运行过程，不断优化改进。

第二章 开放教育实践课程改革的应用研究

第一节 开放教育实践课程研究概述及现实问题

一、研究概述

"实践"是一个哲学术语,源于古希腊,其基本的意义是指"行动""行为"及其结果。在我国,实践被理解为人们能动地改造和探索现实世界一切客观物质的社会性活动。"实践"一词在我国广为传播并确立其唯物史观地位的时间是近代。毛泽东在《实践论》(1937年)中强调实践的主客观矛盾发展对于认识及再实践的认识发展过程。1978年《实践是检验真理的唯一标准》一文的发表,使得"实践"成为我国学术界与社会上使用频率较高、人们耳熟能详的词语之一,并经常被使用在与"理论"相对应的表述中。在我国高等教育发展历程中,"实践课程""实践教学""实践性教学环节"的说法始于改革开放之初,是与传统的理论教学相对应的概念。实践教学不简单等同于社会实践,而是一种受制于教育目的与要求,以培养人为宗旨的教学活动。这种教学环节通常需要教师的指导,遵循教学规律和原则,蕴含丰富的教育因素。它是学习者在教师指导下以实际操作为主,获得感性知识和基本技能,从而提高学习者综合基本素养的一系列教学环节。实践教学是高等教育教学活动的重要组成部分,它是对理论教学的验证、补充和拓展。理论教学侧重基本理论、原理、规律等理论知识的传授,具有抽象性,易于培养学习者的抽象能力;实践教学侧重于对理论知识的验证、补充和拓展,具有较强的直观性和操作性,旨在培养学习者的实践操作能力、组织管理能力和创新能力。

在高等教育领域(包括开放教育),习惯上将实践教学划分为两项内容:一项被称为课程性实践教学，也就是课程实践教学，即与课程教学内容结合、与课程理论学习同步进行的实践活动，包括课程作业（各种类型作业或讨论）、实验、课程实训、课程设计等；另一项被称为专业性实践，包括社会调查、各类实习、毕业设计、论文等。

开放教育实践课程研究对象涉及的内容比较复杂，可以是作业、测验、讨论、实验、实训、实习、设计、调查、报告、论文等，也可以是基于开放教育的形成性考核环节和终结性考核环节，还可以是对学习者特殊性技能的研究。而从开放教育实践课的研究现状看，更多的研究是基于课程的研究，即对某个专业、某个课程如何培养学习者操作技能而开展的研究，尤其如会计类课程、机械电子类课程、法学类课程等。从课程实践角度调研已开展的研究可以发现，现有研究几乎涵盖了多数需要操作或模拟现场环境的课程，研究成果丰硕，且研究都结合各地学校和课程教师多年的经验，研究结论具有很高的参考价值。而另一项专业性实践内容，如社会调查、实习和毕业设计方面的研究也较为成熟，尤其是对于社会调查的方法指导以及实现模式的研究具有极大的借鉴价值，对毕业实习的经验与管理的研究博采众长，具有很强的推广价值。

但从专业发展和专业培养的角度开展的整体专业实践课程的研究相对较少，具有经验总结、经验推广以及发展路径参考方面的研究更少。开放教育作为一种全新的教育形式，基于其特殊因素，从整体实践课程角度研究如何更合理地量化实践课程内容，并予以实施，是一项非常必要的工作。

二、开放教育实践课程改革的现实问题

开放教育是在我国经济社会全面发展和教育改革大背景下应运而生的，其在原有的广播电视大学系统教育形式基础上，历经 20 世纪末开始的开放教育试点、2012 年开放大学"1+5"系统建立、2020 年教育部推出"国家开放大学综合改革方案"等发展阶段，时至今日，开放教育坚持面向在职成人开展学历继续教育，且属于职业技能型教育。随着开放教育的发展成熟，原有的教育理念、授课和学习模式等也发生了变化，由广播电视等媒介方式转向"互联网+"模式，由过去的"先进传播手段+名师名教"转变为"现代信息技术整合、共享优质教育资源"。现代信息技术是开放大学的支撑和核心能力，要创新教育教学模式，整合优质教育资源并促进社会成员共享优质教育资源，致力于教育公平。培养目标由"专门人才""专业技术人才"向"应用型、技能型"的以职业需

求导向和实践能力为重点的转变。成人学习者的职业需求和实践能力培养成为开放教育未来发展的重点方向。

无论是早期的广播电视教育，还是在其基础上逐步建设的开放教育，同普通高等教育相比，尚有许多其他外在的劣势和不足，如硬件基础较薄弱、偏重文理科办学等。外在的差距容易发现，且能通过开展持续的研究并实施科学决策予以弥补和扭转。更严峻的问题是，在实践课程实施中还存在思想认识和管理等方面的缺失与不足。

传统广播电视大学和开放教育建设初期的实践课程实施方面存在的问题主要包括：

（一）认识不清，重视不够

传统广播电视大学学历教育通常采用多级办学模式，转型而来的开放教育也延续了传统广播电视大学模式。由国家开放大学（原中央广播电视大学）与省级开放大学（省级广播电视大学）共同制订的课程教学实施方案（省级开放大学主要负责自开课部分）中缺少课程实践性教学内容，更没有独立的课程实践性教学实施方案。作为办学实体的基层分校或办学单位也缺乏课程实践教学实施细则，部分教师没有将课程实践教学内容有机地融入教学体系当中。究其原因，除受到教学设施设备限制外，更多是因为社会普遍认为开放教育学习者基本都具备多年工作实践经验，学习者学习主要是基于学历和提高学科理论知识的需求。另外，很多教师都是毕业后直接进入高校从教，没有实践课程教学经验，无法指导已经具备相当实践工作能力学习者的专业或课程实践操作，从而导致教师在教学过程中没有把实践教学环节和内容作为自己的教学任务。即使个别教师在部分课程中设计了实践教学环节任务，但因为没有规范性要求，更多是草草了之。

（二）实践课程的管理落实流于形式

课程实践的实施附属于课程理论教学，即使上级教学文件里强调课程实践教学的重要性，但由于缺乏完整的流程和方案，课程实践教学经常出现随意、分散和不规范的情况。更多的办学分校或机构只是按照国家开放大学（或总校）的集中实践环节要求，完成专业实践任务，在按流程收集学习者实习材料和毕业设计（论文）及相关的报告后，仓促了事。成绩考核时，只看到学习者提交的书面材料或电子资料，并未检验学习者的实践操作能力。课程实验与实训究竟有没有正常开展，学习者有没有予以足够重视，在课程实践环节上是否收到了良好的学习效果，基本取决于各分校和办学单位对课程实践考核监控力度的强弱。

(三)实践课程形式单一,缺乏系统的量化标准

如上所述,实践课程的内容可能很完备,但两种类型的实践课程在实际办学过程中的运行并不理想。在课程实践任务方面,众多分校或办学单位仅停留在形式上的实验和课程实训,没有系统的课程实验、实训实施操作规范,没有对实验、实训效果做严格的检验、检查,任务落实不理想。在专业实践层次方面,仍然是以获取学习者的相关报告及论文作为完成全部实践教学内容的标志。实践课程的实现过程过于简单化,甚至过于形式化。而且对实践课程的安排没有标准量化,如课程实验的次数与课时数、课程实训或专业实训的课时学分,乃至毕业报告与论文的量化要求都不够明确。这些问题的存在,进一步加深了开放教育实践课程的形式化问题。

(四)教师队伍建设不适应实践课程的教学需要

开放教育模式的出现促进了开放大学规模的不断壮大,使办学层次进一步提升,但现有专职教师队伍没有实现质的提升。专职教师数量严重短缺,专兼职教师在指导思想与技术储备上的不足制约了课程实践教学模式的改革创新。教师是推动实践教学活动的主体,教师参与社会实践活动能力的高低直接关系学生实践活动能力的质量。开放教育应重视教师培训计划,完善招聘计划,改革员工激励、考核、评估制度,让教师有能力且更好地参与和完成实践课程的教学任务。

三、开放教育实践课程研究的着力点

在思考问题和不足的同时,更应看到开放教育开展实践课程的优势。开放教育的成人在职特点,为开放教育"加强与行业企业合作办学,促进产教融合、校企合作"提供了普通高等教育和职业教育所没有的优势。尤其是在实践教学环节和实践课程开展方面,开放教育具有先天的优势。开放教育可利用这一优势扩大办学范围和办学规模,弥补一直以来的短板——工科专业规模过小,梳理挖掘比较成功的实践课程经验,分析问题,完善实践方案,更科学地让开放教育的办学优势得以发挥。

在发挥成人教育实践课程实施优势的同时,开放教育也需着重考虑加强建设实践课中的薄弱环节。由于学习者在职学习具有时空分离、工学矛盾以及开放教育历史变革和办学条件薄弱等特点,致使开放教育实践课程在一段时间内不能按照普通高等教育模式

和职业教育模式展开建设,传统的、简单化的实践课程实施模式也无法满足开放教育的改革要求。因此,构建科学的、一体化的实践课程模式是开放教育改革发展的当务之急,包括从制定专业培养方案到毕业环节,从传统校内实验、校企合作基地、软件模拟到远程模拟实验,从现代高科技应用到探索中的校政企合作办学,从学习者在工作中自主实现到学校和合作单位保障实现等,构建模型,结合学科、专业及所处地域特点等差别化要素制订适合的、能紧密配合的、相互衔接的实践课程整体实现方案和措施。由于工科专业实践课程更具典型性,选择已申办且比较成功的工科专业作为研究案例,分析案例经验及问题,研究制订针对案例的实践课程优化和改进措施,可使优化后的实践课程方案成为符合专业特色的一体化方案,具备一定的示范性和参考价值。因此,研究和工作内容也指向一体化评价体系和符合自身培养特色、科学合理的实践课程整体实施方案。

众多重点研究工作中,首要任务是完成基础调研,分析总结已开办的开放教育专业实践课程运行中存在的问题及原因,并在现有条件下完成开放教育实践课程改革的一些基础问题研究,做好实践课程的实施方案设计。

第二节　实践课程的制度规范与研究现状

一、实践课程的制度规定

(一)教育部文件和相关标准要求

教育部有关高等教育实践教学的规定非常详尽,从《普通高等学校本科专业类教学质量国家标准》中选取几个本科专业实践教学的相关规定,如表 2-1 所示。

表 2-1　不同专业实践环节标准要求汇总

学科	专业	实践教学环节	规定/特点	数量
经济学	经济学类	专业实验和实训(就业指导)	实验室、基地开展课程实践	
		专业实习	单位、基地	4周+报告

续 表

学科	专业	实践教学环节	规定/特点	数量
经济学	经济学类	社会实践（创新创业实训）毕业论文	社会调查、公益、创业、勤工助学	
法学	法学类	实验、实训、专业实习	模拟法庭、实验室、基地	10周
		社会实践	参加社会活动	4周
		毕业论文（设计）		
理学	数学类	参加学术与科技活动	无	无
		课程实验与设计	无	无
		毕业实习	无	无
		社会调查、毕业论文	无	无
	物理学类	实验教学	课程实验	64学时
		科研训练与专业实践	实验室、合作基地	
		毕业设计（论文）	教师指导	12周
		创新训练	课程环节，如课程设计、小论文、小设计、小创新	
工学	安全科学与工程类	实验课程	仪器仪表、软件、系统使用方法	
		课程实践	不少于两门专业课中的内容	
		实习	实习基地、生产实践	
		毕业设计（论文）	工程设计和论文，考虑经济、环境、社会、法律、伦理因素	
医学	公共卫生与预防	现场工作和实验室	专业实验室	
		集中实践	相应机构	
		综合素质实践	社会、文体、创新、研究	
管理学	工商管理类	实训实验	实验室、基地	
		实习	单位或基地参观、操作	
		社会实践		
		毕业论文（设计）		
	会计	实验	课程实验	
		实训	企业或类似企业环境	
		认知实习	参观、观摩工作流程	
		专业实习	会计专业技术工作过程	
		社会实践		
		毕业论文（设计）		

从整体来看，课程实验是工科和操作类课程的主要课程实践形式，需要结合课程教学要求和操作要求在课程学习过程中完成，并且需要在实验室和实训室完成。课程实践与课程实验相似，但基于专业特点，有的专业和课程实践不能简单利用设备设施进行实验，而是需要学习者脑体协作，将理论运用到课程内容指向的未来工作中。认知实验主要是以参观、观摩、考察等方式完成感官上的学习过程，适合管理类专业。专业实验与实习是各专业培养学生实践技能的重要环节，主要是在综合的实训室或实训基地完成整个专业未来将从事的核心工作流程，使学习者体验和熟练专业工作内容，此项实践任务通常需要较系统和较长时间的实际操作。社会实践主要考查学生在社会活动、参与社会工作中的综合素养水平和技能。毕业设计与毕业论文也是实践环节的重要内容之一，通常任务比较重、难度比较大，但经过设计训练以及论文撰写，可以加深学习者对未来专业工作的深度理解和综合认知，并且能促进个人思考与创新思维，同时有利于培养学习者的专业研究能力。创新创业实践主要是培养学习者的团队意识和自我独立完成项目的能力，这个环节可以设计与专业相关的项目，也可以设计社会综合项目。

专科的实践教学形式相对比较固定，《高等职业学校专业教学标准(试行)》对绝大多数高职专科实践教学要求趋于一致，主要包括实验、实训、实习、毕业设计（论文）和社会实践五个部分，且统一要求各专业实践教学环节学时不低于专业总学时的 50%。

（二）相关标准的要求

如果说教育主管部门的相关文件和标准是专业实践课程的基本规范和要求，那么工程质量认证标准就是对工学专业课程以及实践课程的高标准要求。根据《工程教育认证工作指南（2018 版）》所描述的实践环节，以安全工程专业为例，除通用标准中的实验室及实训基地等条件外，其补充标准还应包括专业实验、认识实习、生产实习、课程设计与毕业设计（论文）环节。申请认证流程与内容见图 2-1。能达到如此高标准是对专业技能操作的认可，具体与实践课程相关的标准内容见表 2-2、表 2-3。

第二章 开放教育实践课程改革的应用研究

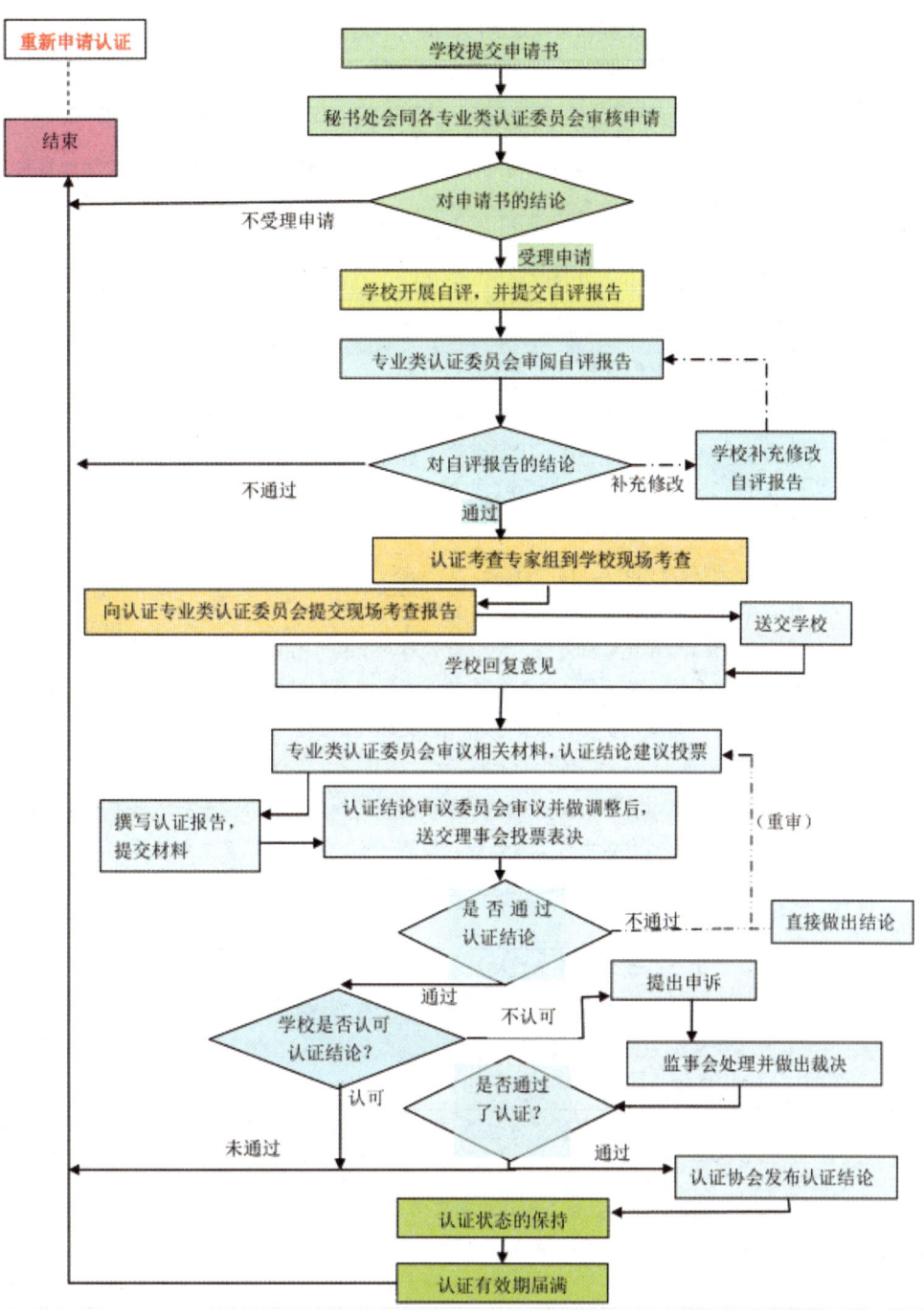

图 2-1 工程教育认证流程

表 2-2 工程教育认证通用标准（节选与实践课程相关）

指标项	条款规定
学校	1.1 具有吸引优秀生源的制度和措施 1.2 具有完善的学生学习指导、职业规划、就业指导、心理辅导等方面的措施，并且能够很好地执行落实 ……
培养目标	2.1 …… 2.2 定期评价培养目标的合理性，并且根据评价结果对培养目标进行修订，评价与修订过程有行业或企业专家参与
毕业要求	专业必须有明确、公开、可衡量的毕业要求，毕业要求应能支撑培养目标的达成。专业制定的毕业要求应完全覆盖以下内容： 3.1 工程知识：能够将数学、自然科学、工程基础和专业知识用于解决复杂工程问题 3.2 问题分析：能够应用数学、自然科学和工程科学的基本原理，识别、表达并通过文献研究分析复杂工程问题，以获得有效结论 3.3 设计/开发解决方案：能够设计针对复杂工程问题的解决方案，设计满足特定需求的系统、单元（部件）或工艺流程，并且能够在设计环节中体现创新意识，考虑社会、健康、安全、法律、文化以及环境等因素 …… 3.6 工程与社会：能够基于工程相关背景知识进行合理分析，评价专业工程实践和复杂工程问题解决方案对社会、健康、安全、法律以及文化的影响，并且理解应承担的责任 ……
持续改进	4.1 建立教学过程质量监控机制，各主要教学环节有明确的质量要求，定期开展课程体系设置和课程质量评价。建立毕业要求达成情况评价机制，定期开展毕业要求达成情况评价 ……
课程体系	课程设置能支持毕业要求的达成，课程体系设计有企业或行业专家参与。课程体系必须包括： 5.1 与本专业毕业要求相适应的数学与自然科学类课程（至少占总学分的 15%） 5.2 符合本专业毕业要求的工程基础类课程、专业基础类课程与专业类课程（至少占总学分的 30%）。工程基础类课程和专业基础类课程能体现数学和自然科学应用能力的培养，专业类课程能体现系统设计和实现能力的培养 5.3 工程实践与毕业设计（论文）（至少占总学分的20%）。设置完善的实践教学体系，与企业合作开展实习、实训，培养学生的实践能力和创新能力。毕业设计（论

第二章 开放教育实践课程改革的应用研究

续 表

指标项	条款规定
课程体系	文）选题要结合本专业的工程实际问题，培养学生的工程意识、协作精神以及综合应用所学知识解决实际问题的能力。对毕业设计（论文）的指导和考核有企业或行业专家参与 5.4 人文社会科学类通识教育课程（至少占总学分的15%），使学生在从事工程设计时能够考虑经济、环境、法律、伦理等各种制约因素 ……
师资队伍	6.1 教师数量能满足教学需要，结构合理，并且有企业或行业专家作为兼职教师 6.2 教师具有足够的教学能力、专业水平、工程经验、沟通能力、职业发展能力，并且能够开展工程实践问题研究，能够参与学术交流。教师的工程背景应能满足专业教学的需要 6.3 确保教师有足够时间和精力参与本科教学和学生指导，并且能积极参与教学研究与改革 ……
支持条件	7.1 教室、实验室及设备在数量和功能上满足教学需要。有良好的管理、维护和更新机制，便于学生使用。与企业合作共建实习和实训基地，在教学过程中为学生提供参与工程实践的平台 7.2 计算机、网络以及图书资料资源能够满足学生的学习需求，能满足教师的日常教学及科研所需。资源管理规范，共享程度高 7.3 教学经费有保证，总量能满足教学需要 7.4 学校能够有效地支持教师队伍建设，吸引与稳定合格的教师，并支持教师本身的专业发展，包括对青年教师的指导和培养 7.5 学校能够提供达成毕业要求所必需的基础设施，包括为学生的实践活动、创新活动提供有效支持 ……

表2-3 工程教育认证安全工程专业补充标准

一级指标	二级指标	三级指标	具体内容
课程体系	课程设置	数学与其他自然科学类课程	（1）数学类课程，包括微积分和解析几何、常微分方程、线性代数、概率和统计、计算方法等基本知识领域 （2）自然科学类课程，包括物理类（含力学、光学、热力学、电磁学等）、化学类（含无机化学、分析化学、有机化学等）及相关基本实验等知识领域
		工程基础类课程	包括工程力学、工程流体力学、工程热力学、电工与电子技术、机械基础等相关知识领域
		专业基础类课程	包括安全科学基础、安全系统工程、安全人机工程、安全管理学、安全法学等相关知识领域
		专业类课程	包括安全检测与监控、电气安全、火灾爆炸、机械安全、通风工程、特种设备安全、职业危害与防治、灾害防治以及学校自主设置的安全类相关知识领域
	实践环节	专业实验	必开实验包括安全人机工程、设备的安全检测、防火防爆等。自选实验由各校根据办学特色和教学计划安排
		认识实习	认识企业安全生产状况，了解生产工艺与设备的主要危险因素以及基本的安全技术措施和管理措施
		生产实习	熟悉安全生产工艺流程，掌握部分关键生产设备、装置的安全技术
		课程设计	通过专项安全工程、安全管理技术与方法的课程设计，培养学生对知识和技能的综合运用能力
	毕业设计（论文）		毕业设计（论文）须有明确的工程背景，要密切结合安全生产专题，内容包括选题论证、文献调查、技术调查、设计或实验、结果分析绘图或写作结题答辩等 毕业设计（论文）应由具有丰富教学和实践经验的教师或企业工程技术人员指导，指导教师要熟悉安全问题解决策略
师资队伍	专业背景		从事本专业主干课教学工作的教师，在本科、硕士和博士学历中，必须有其中之一毕业于安全及相近专业
	工程背景		从事本专业教学（含实验教学）工作的专业课教师应具有相应工程背景，每年应有工程实践（包括指导实习、与企业合作项目、企业工作等）经历，具有企业或科研单位安全工程实践经验的教师应占相当比例

续 表

一级指标	二级指标	三级指标	具体内容
支持条件	专业资料		学校图书馆及安全专业所属院（系、部）的资料室中应具有必要的安全工程类图书、期刊、手册、图纸、电子资源等文献信息资源和相应的检索工具等
	实验条件		（1）实验器材及相关设施完好，安全防护等设施良好，符合国家规范 （2）能够提供学生课外学习条件 （3）实验教学人员数量充足，能够有效指导学生进行实验
	实践基地		（1）要有相对稳定的校内外实习基地，要求建设年限在两年以上；有明确的与理论教学密切结合的实践教学目的和内容 （2）建有大学生科技创新活动基地

（三）实践课程的科学分类

综合相关规范和有关标准的设置特点，考虑实践课程在研究和落实过程中的可操作性，可将实践教学环节的课程划分为以下四类：

1. 课程实践，包括实验、实训和课程设计。

2. 社会实践，包括创新创业。从相关文件看，该类实践对工学专业要求较少，对社科和理学等大类学科要求较多。

3. 专业实践，包括实习。主要通过实习基地或企业单位从事专业岗位工作，完成某项或全部专业工作的操作流程。

4. 毕业设计（论文）。

二、高等教育实践课程的研究状况

我国高等教育改革过程伴随理论研究与实践探索，也历经多轮检验。国内有关高等教育实践教学环节的研究比较成熟，研究成果丰富。通过中国知网（CNKI）做简单检索，首先以篇名、关键词、摘要范围对"实践教学"并含"高等教育"的词条进行精确检索，来源类别只选核心期刊及以上，时间不限。截至2020年10月，检索期刊数量2000余篇，最早成果形成于1992年的中国高等教育高速增长和改革起始阶段。另外，以篇名、关键词、摘要范围对"实践教学"并含"成人教育"的词条进行精确检索，来源类别只选核心期刊及以上。检索期刊数量近 200 篇，最早成果形成于 1992 年。这两轮检索数据说明，成人教育实践教学同样和普通高等教育一样被研究领域重视。

就研究特点而言，以上述"实践教学"并含"高等教育"精确检索结果展开分析，呈现以下特征：

首先，研究时间分布情况。该领域研究自 1992 年出现后，1992 年至 1996 年呈现缓慢增长的态势，1997 年开始快速增长，这与我国在本阶段开始的院校合并调整形势比较一致。从 2006 年到 2016 年，每年的研究数量都非常大，2016 年开始呈下降趋势，这与高校的实践课程开展渐趋成熟有关。总体趋势如图 2-2 所示。

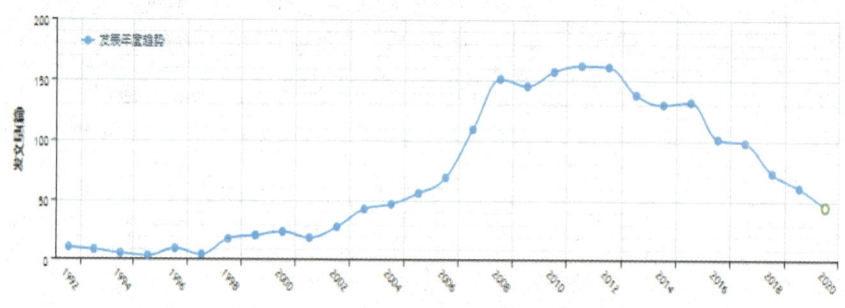

图 2-2　实践教学研究的总体趋势

其次，研究主题分布情况。综合主要主题和次要主题分布情况，突出的特点是实践教学类或含有实践表述类的研究占了较大比重，排在其后的主要是高等职业教育类的研究，之后是人才培养类以及高等工程教育类的研究。主要主题和次要主题分别排在前 20 位的分布情况如图 2-3、图 2-4 所示。

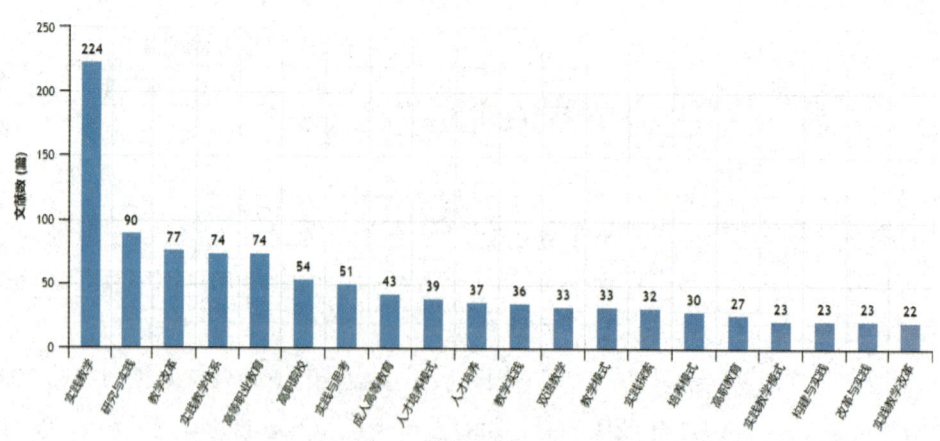

图 2-3　实践教学研究的主要主题分布

第二章 开放教育实践课程改革的应用研究

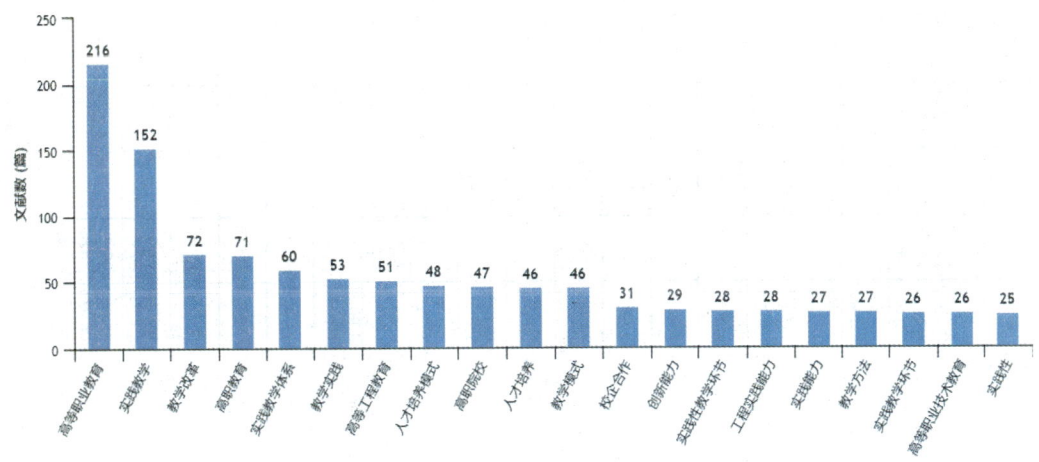

图 2-4 实践教学研究的次要主题分布

再次,研究作者和机构分布情况。前 40 位作者中,合计完成的研究成果数量 100 余篇,剩余成果基本分布于 1000 余人,说明研究比较分散。再考虑研究机构分布情况,前 40 所研究机构最高成果数量为北京联合大学 17 篇,处于第 40 位的机构发文数量不超过 7 篇。前 40 家研究单位以普通高校为主,高职高专院校仅 2 所,无成人教育机构。另从期刊分布情况分析,在 20 类期刊中,发表该主题研究最多的是《中国成人教育》和《教育与职业》。上述内容说明各地、各层次高校以及包括职业教育与成人教育在内的各类型高校的相关研究都在开展,呈现出比较科学的发展状态,如图 2-5、图 2-6、图 2-7 所示。

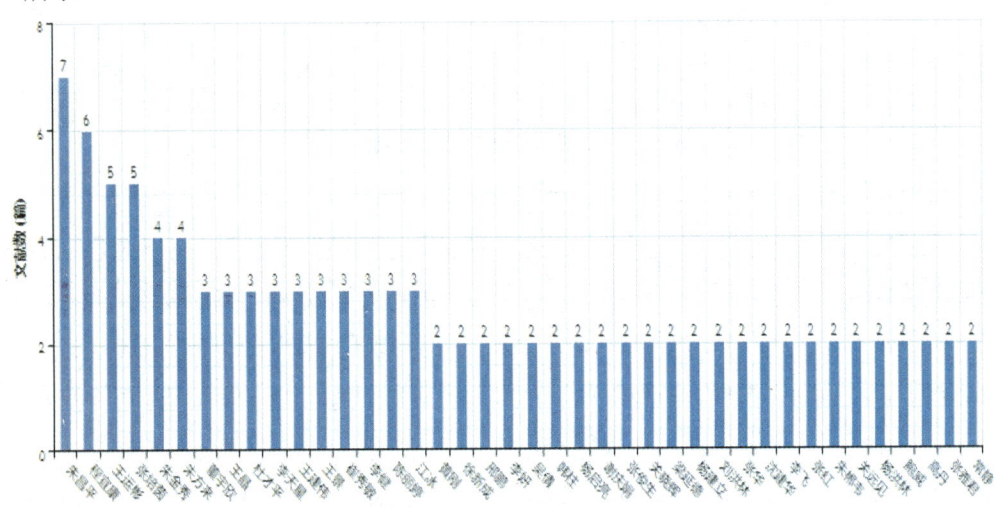

图 2-5 实践教学研究的作者分布情况(前 40 位)

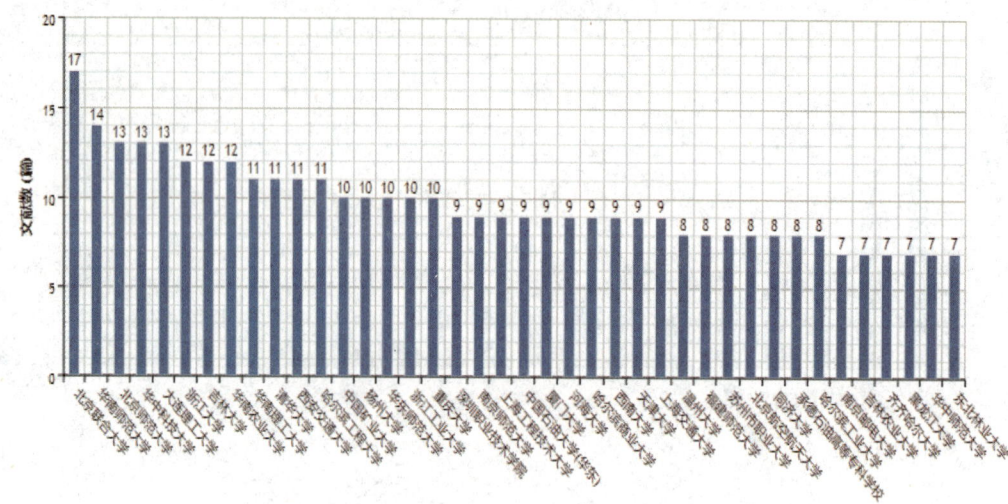

图 2-6　实践教学研究的机构分布情况（前 40 所）

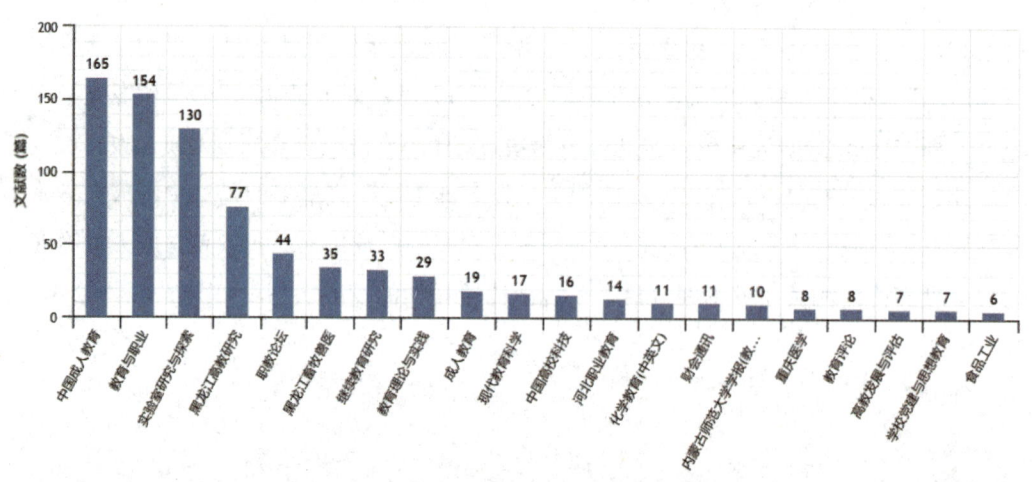

图 2-7　实践教学研究发表的期刊分布

最后，研究相关词频共现情况。词频共现即关键词聚类分析，主要反映的某一主题或关键词与其他主题或关键词在所有检索文献中互相之间的紧密程度。聚类数值越靠前（通常是按数字序列排序）证明这一词在其他词所在的文献中出现的频率越高。词频共现反映了研究的主体和核心领域。如图 2-8 所示。在实践教学研究的主题共现分布中，教学改革、高等职业教育、高等教育、人才培养、教学模式、实践、成人高等教育相应排在前面，且成人高等教育自身共现词频最强的四个词是实践教学、人才培养、教学模式和教学质量。这充分说明成人教育实践教学研究并未落后，且研究核心也是通过教学模式和人才培养模式实现教学质量提升。

图 2-8 实践教学研究的主题共现分布

三、成人高等教育实践课程的研究状况

笔者仍以篇名、关键词、摘要范围对"实践教学"并含"成人教育"的词条进行精确检索,来源类别只选核心期刊及以上,检索期刊近 200 篇。由于主题和词频共现在上面已做基本分析,基本情况差别不大,这里不再重复,在此主要分析时间分布、研究机构及研究层次分布情况。具体如图 2-9、图 2-10、图 2-11 所示。

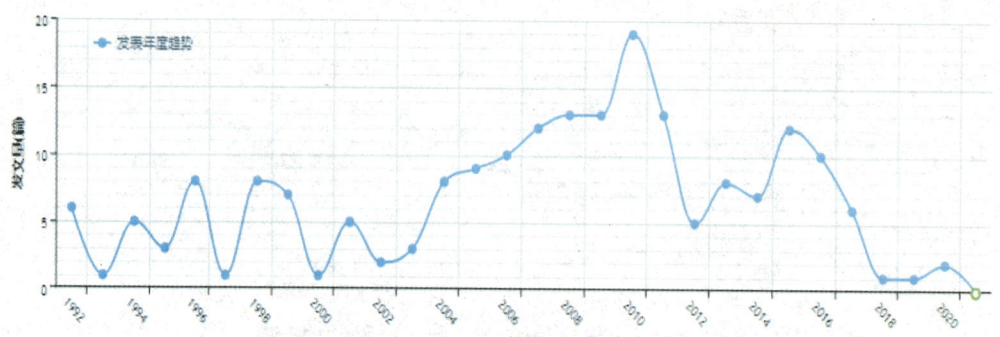

图 2-9　成人教育实践教学研究的时间分布情况

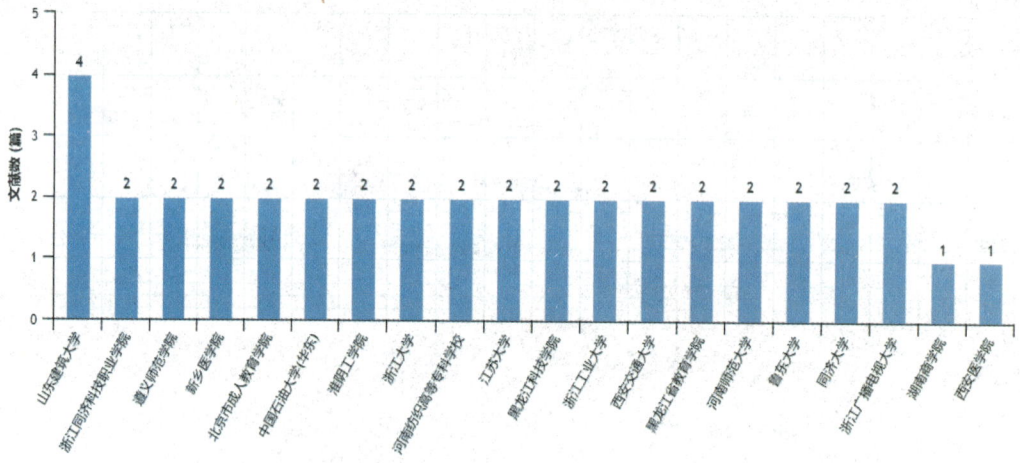

图 2-10　成人教育实践教学研究机构分布情况

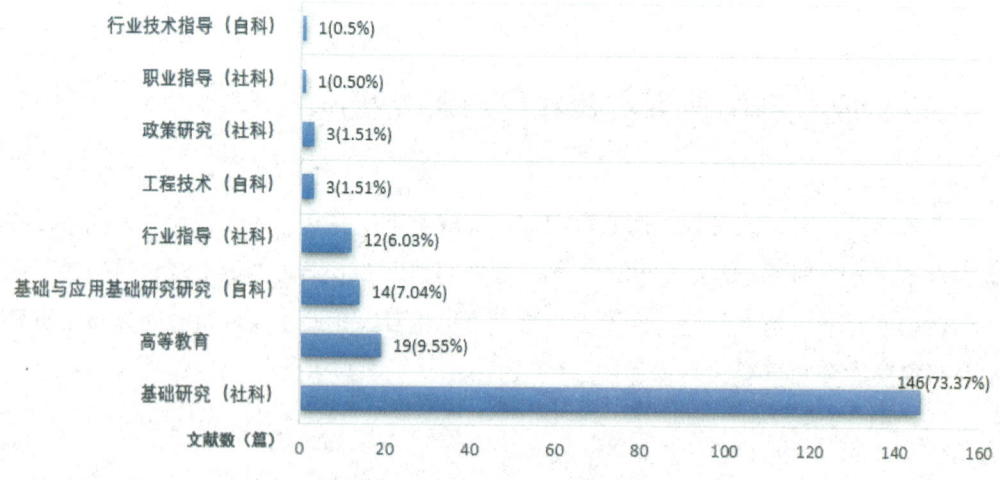

图 2-11　成人教育实践教学研究层次分布情况

从时间看，有关成人教育实践教学的研究开端比较好，同普通高等教育研究情况保持一致，但从 2010 年开始逐步降低，下降变化趋势虽然也与普通高等教育研究保持一致，甚至比普通高等教育研究更早一些，但成人高等教育实践教育的研究与实施是否已趋成熟或者已经有系统的实现路径还有待进一步研究。

从研究机构看，相关研究分布比较均衡，除山东建筑大学 4 篇外，基本均匀分布在各类高等教育机构，且成人高等教育机构占比较高，这说明成人教育机构开展实践教育教学研究比较普遍，但存在文献总量与其在校生数量不匹配的问题。

从实践教学的研究层次看，主要集中在基础研究与高等教育领域，同时应用基础及行业指导合计占比超过 26%，实践方面的应用开展及相关研究是热点和重点，应用性研究开展较好。

第三节　普通高校和高职院校实践课程的实施调研

普通高校和高职院校实践环节的课程内容设计伴随高等教育改革以及社会经济的发展逐步趋向成熟，其实践课程实现形式灵活，并且在实施过程中有详细的文件制度进行规范。

一、普通本科院校案例调研

本书以开放教育工科专业为例展开，故选取的院校为北京市工学专业办学成熟的典型市属高校，并且选取了该校安全工程专业实践教学环节的资料。该校安全工程专业实践教学体系设计完整，其实践型教学环节课程内容包括实验、实践、科研创新、科学竞赛、实习、毕业设计（论文）等六个环节，而且有具体的实施步骤规定，如图 2-12、表 2-4 所示。

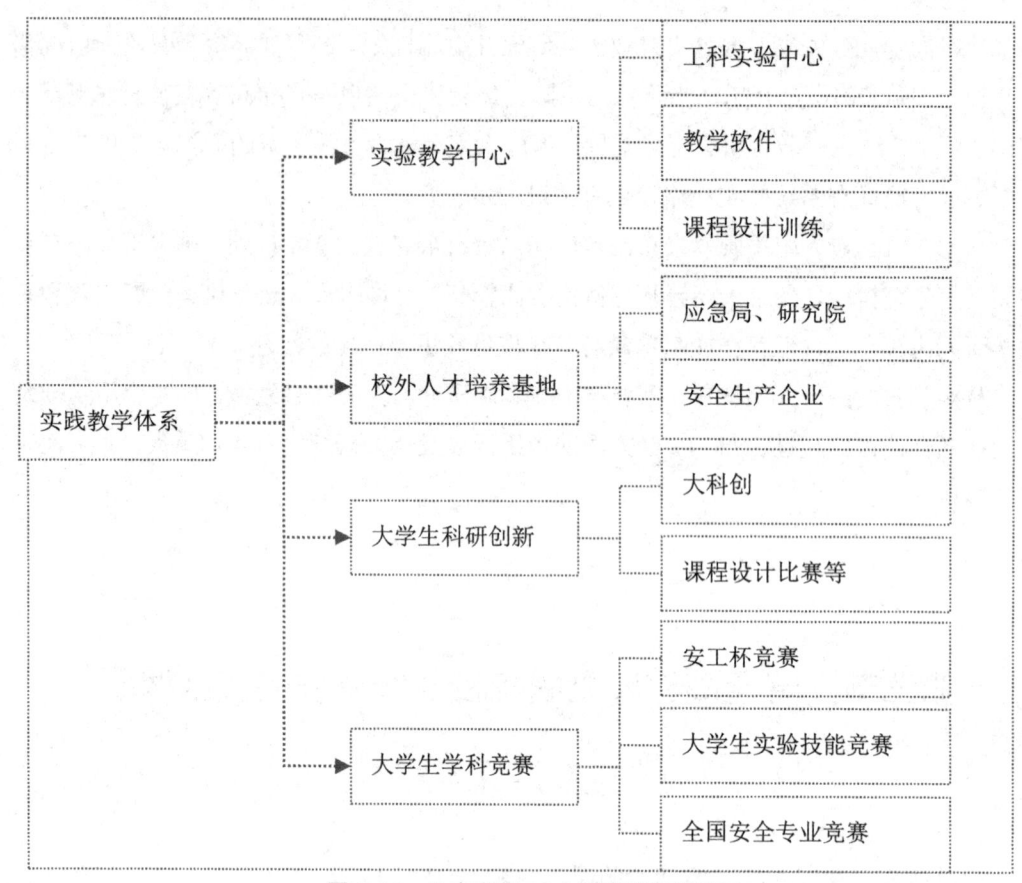

图 2-12 北京市属 SJ 大学实践教学体系

表 2-4 北京市属 SJ 大学实习培养计划表

课程名称	起止周	实习基地企业名称	学生人数	目标/培养能力	考核方式
金工实习	第 4 学期 18～20 周	金工实习基地	60 人	熟悉加工生产过程、培养实践动手能力。熟悉机械制造的一般过程，掌握金属加工的主要工艺方法和工艺过程，熟悉各种设备和工具的安全操作使用方法；了解新工艺和新技术在机械制造中的使用；掌握对简单零件加工方法的选择和工艺分析；培养学生认识图纸、加工符号及了解技术条件的能力	考查
专业实习 1	第 5 学期 17～19 周 第 6 学期 15～17 周	安全生产相关企业、校内实践基地	60 人	培养学生对安全生产相关方面具体问题的理论和实际结合能力；通过具体问题的设计、计算，使学生具备解决复杂安全工程问题的基本能力	考查

续 表

课程名称	起止周	实习基地企业名称	学生人数	目标/培养能力	考核方式
专业实习1	第6学期18~20周	安全生产相关企业、政府监管部门、中介服务机构等	60人	培养学生对安全工作的直接认识与认知。实习过程通过深入实际、认真观察，获取直接知识经验，巩固所学基本理论，对专业建立感性认识，进一步了解专业的实践环节	考查
专业实习2	第7学期第1~8周	安全生产相关企业、政府监管部门、中介服务机构等	60人	将专业理论与工作实际相结合，在专业岗位上培养安全工程相关专业的实际本领和技能	考查
毕业实习	第8学期第1~8周	企业、事业单位或行政机关实习	60人	培养安全知识综合运用能力	考查

除上述实践环节详细实施方案外，该校有详细的毕业设计（论文）实施规定及细则。总体而言，该校实践性教学环节的制度规定和具体实施程序都比较完整和成熟。

二、职业教育案例调研

近些年，职业教育领域大力开展校企合作模式建设，通过校企合作模式框架开展实践教学是职业教育的主要特色之一。以北京GY职业技术学院为例，其作为传统的工矿类技校改制而来，该校全部专业为专科层次，技能培养一直是学校的特色和重点，技能培养模式主要的三个完整环节，分别是课程环节的课程实训、学业中后期的毕业顶岗实习、毕业季的毕业论文。经过调研发现其具体实施内容特征如下：

（一）课程实训

安排在重点课程理论教学之后的同学期，重点课程主要为工程类课程，且是需要并能开展实践教学的课程，如建筑施工安全、市政施工安全、消防安全、机械安全、电气安全等课程，此类课程实训实习课时的多少由课程内容而定，一般为1周或2周（24~48学时）。实训方式主要是课程实验、认识实习（指学生由职业学校组织到实际生产单位参观、观摩和体验，形成对实习单位和相关岗位初步认识的活动）、跟岗实习（指不具有独立操作能力、不能完全适应实习岗位独立操作要求的学生，由职业学校组织到实习单位的相应岗位，在专业人员或熟练技工指导下，部分参与实际辅助工作的活动）三种方式。

（二）毕业顶岗实习

毕业顶岗实习一般安排在毕业前最后一个学期，共 18 周，实习过程由教师带队并辅助指导，需要教师完成指导的课时量为 9 学时。学生的顶岗实习内容一般为从事企业安全员岗位工作，此项实习是学生毕业的必要环节，实习未达标不能毕业。

（三）毕业设计（论文）

该校毕业设计需要学生在毕业顶岗实习期间完成，设计内容和顶岗实习工作密切关联，且有指导教师指导设计和论文，基于学生全部为专科学历层次，因此要求相对较宽松，主要考查学生实践工作掌握水平，而非文字撰写、理论与技术创新等高要求。此项实践内容也是学生必修环节，未完成不能毕业。

从整体来看，该校实践课程的安排没有体系化的系统文件，主要基于教育主管部门的相关规定而分别制定和部署，这类文件如教育部等五部门研究制定的《职业学校学生实习管理规定》（教职成〔2016〕3 号）。另外，该校对于其三种类型实践课程的实施管理，除了有课时要求外，没有对应的学分设计。由此影响了在校学生学分制实施的完整性。该职业学院实践课程还有一个突出特点，即课程实践开展基于传统办学资源的积淀较厚实，专业性的实践教学开展顺畅，实践课程的重点管理文件或相关规则多针对顶岗实习环节。此环节同样被教育主管部门重视，相关文件主要也是针对实习环节制定下发，这是由职业教育的特点决定的。

总的来看，普通高校和高职院校主要依靠其基础教学设施和教学条件以及校企合作资源开展多种形式的实践教学，实践教学开展比较成熟，教学设施设备与条件同教育经费投入量直接相关。近些年，国家对普通高校和职业院校的高投入，以及民办高校企业化的办学特点，决定了实践课程具有先天优势，未来发展不存在大的问题。

第四节　开放大学建设初期课程改革研究

开放大学建设初期，虽然没有专门针对开放大学专业实践课程建设的文件规定，也少有专门针对开放教育专业（或传统的广播电视大学专业）实践课程的成熟研究，但在六所开放大学（国家开放大学、北京开放大学、上海开放大学、江苏开放大学、广东开放大学、云南开放大学）正式更名成立后，原来省级广播电视大学在自主举办新专业的过程中，许多学者开展了针对开放教育整体课程建设方面的研究。如殷丙山等的《开放教育课程学习资源包建设的调查研究》、王锋的《广播电视大学开放与远程课程建设的现状、问题与对策》、张艳超的《面向企业教育的开放大学课程建设探究》、郭晓霞等的《远程开放教育课程教学团队建设实践及运行效益评价研究——以"人体生理学"课程团队为例》等等。在此，将传统广播电视大学会计学专业（专科）的课程设置作为研究对象，以展示曾经对新的开放教育专业课程建设的研究缩影。

一、将专业课程进行模块设置与划分

基于开放教育生源特点、学习者需求、学历教育与非学历教育衔接等因素，考虑将开放大学课程整体设置为初级课程模块、中高级课程模块、资格证书课程模块、实务操作课程模块，另外根据专业单设辅助课程模块。在此基础上由中央广播电视大学与各级地方广播电视大学系统确定统设课与自开课，如此课程设置思路首先不必打破广播电视大学系统的原有课程管理模式。再者，考虑到现代教育课程体系的成熟性，综合课程模块的设置不必打破原有的选修课、必修课（由于理论及各地差异，类似的体系有的称为"三课"或"四课"，也有的称为"七课"或"八课"等，但此处的研究只强调类似的一种课程模式）的课程体系。这里还有一种情况，如果是经批准自主办学的省级开放大学自主专业，在设置学习者视角课程时可以不用考虑上述原有的复杂课程分类和分配。

其中尤为重要的是资格证书模块和实务操作模块。资格证书模块使学习者在工作之余，既能获得学历，又能兼顾证书，解决其工作中的证书需求；更重要的是，因为资格证书类课程同样可以获得学分，使学习者不用重复学习即可满足双重需要。学习者学习兴趣提高的同时，学习时间也得到了保证，教育主管部门和学校也实现了继续教育的功能。实务操作课程模块可以最大限度地满足学生需求，这也是学生自主选择学习的关键，其设置内容要非常丰富才能实现其作用。以会计专业为例，表2-5初步将原有课程从学习者视角进行了新的划分。

表2-5 开放教育专业新旧课程对比

	原有已开课程	建议及新增课程	修改课程及建议	学习者主体
初级课程模块	毕业作业、财务报表分析、邓小平理论概论、邓小平理论和"三个代表"重要思想、成本会计、国家税收、基础会计、基础英语、金融企业会计、经济数学基础、社会经济统计、审计学原理、统计基础知识与统计实务、统计学原理、现代金融业务、现代企业管理方法、英语（含1和2）、政治经济学	对已开课程进行重新规划	国家税收可以由初级经济法规替代并转移到资格证书模块，财务报表分析与会计报表分析应合二为一	准备涉入财务领域人员（准财务人员），无相关学历的在职财务人员
中高级课程模块	毕业论文、高级财务管理、管理会计、国际会计、国民经济核算、会计制度设计、企业分析、企业管理、企业信息管理、审计案例研究、西方财务会计、西方经济学、新国民经济核算原理	根据生源情况增减课程，并考虑会计学专业（本科）课程设置	利用广播电视大学网络学习平台，将制作或购买的成熟的高级课程进行网络开放学习	中高级管理及财务人员
资格证书课程模块	财经法规与职业道德Ⅰ、个人理财Ⅱ、中级财务会计Ⅳ、财务管理（中级）Ⅳ	初级会计电算化Ⅰ、经济法基础Ⅲ、初级会计实务Ⅲ、经济法Ⅳ、内审师资格证书课程、跨金融专业的银行从业资格和证券从业资格证书课程	经济法概论和专业证书课程可以考虑取消	初级财务人员及职业发展较稳定的学习者

续 表

	原有已开课程	建议及新增课程	修改课程及建议	学习者主体
操作课程模块	电算化会计、计算机应用基础、金融实务、职业技能实训	出纳实务、税务实务、银行（会计）实务、会计实务、审计实务、财务分析实务	取消会计操作实务、会计核算模拟实验、基础会计实验、纳税基础与实务	需获取实务知识的学习者
辅助课程模块	WTO讲座、北京文化专题讲座、常见心理问题，即危机应对、工作安全与职业健康、会计制度讲座、计算机基础、会计报表解释、会计学专业信息、会计制度讲座、金融市场、经济信息概论、经济应用文写作、开放教育入学指南、人力资源管理、入学教育、社会经济调查方法与实务、社会实践、社交礼仪概论、市场调查、市场营销学、市场分析与预测、首都职工素质课、数据处理概论、统计法规概论、统计法基础知识、心理与健康、信息检索与利用、职业生涯规划、自我发展与团队管理	根据学习者来源、知识层次、文化素质等调整	根据学习者来源、知识层次、文化素质等调整	兴趣型人才及需要强化通识思维能力的学习者

注：表中Ⅰ代表会计从业资格证书考试课程；Ⅱ代表理财规划师考试课程；Ⅲ代表助理会计师考试课程；Ⅳ代表会计师考试课程

二、重点突出的课程模块

从开放大学面向"基层普通劳动者"这一特点出发，上述模块要特别强调资格证书模块与实务操作模块的地位和重要性。除国家相关部门规定的必修课程外，初级课程模块与中高级课程模块应在资格证书模块与实务操作模块之后设置，并要特别体现学习者自主选择（可配以指导教师或班主任辅导选择）和学分的获得途径，学习者在考取相应资格证书后就应给予相应课程的全部学分。无论学习者在哪里获得实务操作能力，都要给予相应课程的全部学分，这是基于学习者视角的关键所在。学习者已经具备相应的职业能力，并加上一些通识课程和理论课程的学习，也具备了获取学历的资格，甚至部分升本学习者经过更深层次的学习研究可以获得相应学位。

辅助模块课程能培养学习者的通识能力，也可以满足学生对边缘学科知识以及个人兴趣知识的需求，增加学习者自身的适用性，另外还可以提高学习者获取相应学科学位的概率。

三、学习者自由选择现场（面授）学习和网络课程学习

开放教育并不意味着全部课程远程化或网络化，从学习者需求出发考虑课程形式将是开放大学满足学习者需求的关键。如会计学专业中的资格证书模块课程，由于学习者存在差异，因此不能仅限于网络授课，更多的基础性课程需要面授，这也是现代职业资格培训市场的经验。对于财务操作模块课程，大多数学习者更需要教与学双方面对面的现场效果，而机械类等工程性质课程更需要进行现场教学。所以，课程设置要充分体现学习者的选择权，这是开放大学延续和发展原广播电视大学课程模式的一种方式。

四、创建基于学习者视角的立体课程管理体系

开放大学的教学理念应该与学习者的诉求接轨，其中有一个关键的问题，即开放大学面向的主体是基层普通在职在岗工作人员，考虑其学习时间不灵活，同时学习的专业应与其自身工作需求相结合，因此基于学习者视角的教学理念才能实现其需要，也能真正体现开放教育的本质。开放不是大学打开大门，而是让潜在受教育者接受并享受开放教育。

考虑到原有课程体系的成熟性，包括统设课与自开课、选修课与必修课这样的课程体系。新的课程模块设置的出发点以及向外部学生体现的是这样一种精神：在学习者报考、选课、学习培训到修足学分，整个过程呈现的都是新的学习者视角模块。综合考虑，新模块与原有课程设置及划分关系如表 2-6 所示。

表 2-6　新旧课程模块划分对比

原有模块	学习者视角模块				
	初级课程模块	中高级课程模块	资格证书课程模块	操作课程模块	辅助课程模块
选修课	n	n	n	n	n
必修课	n	n	n	n	n
n 代表一定数量的课程					

表中新设置的课程体系，教育管理部门和学校教务仍可以按学科和专业进行管理，各教学单位也可延续原有模块（可以是选修课与必修课的模块形式，也可以是七个或者八个模块的形式）管理，重点突出的是面向学习者视角的模块。新模块基于学习者需求视角，除了在报考时利用专业管理模块选择专业外，之后从报考直到修足学分的整个过程中，学习者面对的都是全新的课程模块，模块选择直达毕业。同时，这样的模块还有一个前提就是基于开放的办学理念。原有模块要提供充分的选择课程的自由，尽最大可能扩大选修课比重，只在初级课程模块设置教育部门规定的必修课以及专业基础必不可少的必修课，并由指导教师或班主任辅导选择。由此构成全新开放的立体课程管理体系。

这样做的最大优势就是将提供教育产品与接受教育产品的双方关系进行调换，由接受教育产品一方的学习者主动做出选择，以实现自身需求，真正实现开放教育的服务功能，这也使开放教育满足了社会各个层次、各个角落的教育需求，在广大基层群众中培植需求，培育和发展教育市场，使开放大学教育成为人民群众喜爱和最能实现其需求的教育品牌。

五、专业课程的设置方案

课程设置方案必须基于教育主管部门的文件或标准进行建设，如《普通高等学校本科专业类教学质量国家标准》《高等职业学校专业教学标准》等，并考虑相关课程设置的前期研究成果，最终形成开放教育会计专业课程方案，如表 2-7 所示。

表 2-7　课程模块对应设置情况

课程大类	课程名	所属模块	选修/必修
通识必修	毛泽东思想和中国特色理论体系（1）	初级课程模块	必修
	开放大学学习指南	辅助课程模块	必修
	大学英语（1）	初级课程模块	必修
	思想道德修养与法律基础	初级课程模块	必修
	形势与政策（1）	中高级课程模块	必修
学科大类必修	经济学基础	初级课程模块	必修
	经济数据分析	中高级课程模块	必修
专业核心	会计基础	初级课程模块	必修
	经济法规与会计职业道德	资格证书课程模块	必修
	税法基础	初级课程模块	必修
	初级会计实务	资格证书课程模块	必修
	成本会计	中高级课程模块	必修
专业选修	会计电算化	资格证书课程模块	选修
	中级会计实务	资格证书课程模块	选修
	财务管理	资格证书课程模块	选修
	管理会计	中高级课程模块	选修
综合实践	综合实训（1）	操作课程模块	必修
	综合实训（2）	操作课程模块	必修
任　选	管理学基础	初级课程模块	选修
	市场营销原理	初级课程模块	选修
	品牌管理	辅助课程模块	选修
	特许经营导论	辅助课程模块	选修
	管理沟通	辅助课程模块	选修
	企业战略管理	中高级课程模块	选修
	信息管理概论	初级课程模块	选修

　　从该专业的整体培养方案看，其中包含对相关实践课程的简单设置说明，但对于如何实施实践课程没有具体的量化方案，只是明确了两门综合实践课程的学分与学时数量。

第五节　开放教育实践课程开展的资源禀赋

高校拥有的资产规模与属性特征是决定高校发展的重要因素,校园占地、校舍面积、师资力量、实验室数量等都是开放教育实践课程开展的基础条件。开放教育诞生至今,从资产属性视角看,其师资队伍规模或学校基础设施条件等方面都不同于普通高等教育和职业教育,这很大程度上影响了开放教育实践课程的开展。开放教育的特殊性要做专门研究。

一、开放教育资产特性概述

自20世纪中期开放教育形式兴起至今,我国学者针对开放教育的研究成果丰硕。以篇名、关键词、摘要条件在中国知网(CNKI)上检索"开放教育",有近3万篇研究成果,时间跨越半个多世纪,并且自21世纪开始每年都有上千篇,但同时涉及"资产"的研究成果仅30余篇。分析检索结果中有关开放教育特征、特性的代表成果,一致认定的优势特征之一就是"灵活性",且灵活性通常指向制度体系开放而衍生出的学习方式的"时空自由"。

学者认为开放教育是一种基于"开放学习"的本质属性而无限适应学生个性化需求、没有限制的多媒体教学。除此之外,很少有文章系统且深层次地从资产属性视角分析开放教育特征。

本书从开放教育的发展历程中梳理其资产特点出发,以现代科技的核心内容,如移动互联、云服务(云计算的应用形式)、人工智能等带来的教育资产变化为目标,对开放教育最重要的几项资产从其形态、灵活性、节约开支、学习者收获等方面展开内涵分析,探索研究开放教育"轻"资产属性。

(一)轻资产概念的产生与内涵

研究开放教育的轻资产属性,首先要关注"轻资产"的概念和特征。轻资产概念最早是在21世纪初由美国麦肯锡咨询公司提出的,是基于投资和财务管理领域的应用案例提出的一个概念，并无完整的学术定义。应用案例即麦肯锡为光明乳业策划的为了使企业扩大核心产品与企业品牌影响力度，让企业放弃乳品行业普遍采用的长期谋划、重金投入乳品来源基地建设的发展战略，转而重金、全力发展企业软实力，在实现节约资金的同时能迅速占有市场。即是说，轻资产在经营领域提出时，就既涉及企业资金、固定资产、无形资产、租赁等企业资产报表传统项目，也涉及供应链、销售和渠道建设、人力资源和客户关系以及其他与品牌建设相关的企业管理等非资产报表业务。由此决定了轻资产这个概念从诞生起就有改变资本或资产要素的"重"指标，其仍然继承传统会计学资产的属性，如会计科目下资产或资金数量金额变化；也有能改变单位软实力的"轻"指标，这样的指标能改变单位内外关系，如内部人力资本关系、外部客户关系等。

应用概念出现后，有关轻资产的研究也逐渐走向成熟。在投资学和财务学领域，王晶等人提出，轻资产是相对于资金占用多的重资产而言的，包括有形资产和无形资产，其观点倾向于认为轻重资产划分是由资金多少决定；戴天婧等人认为，轻资产企业要具备较多的资金储备、较好的资产管理效率、较多的广告和研发支出、利润高、有息负债低、存货及固定资产少等特点；周泽将等认为，轻资产运营是指企业保留少量的固定资产和存货，外包自身不具备竞争优势的制造环节，集中资源专注于产品开发、品牌与客户关系建设，占领价值链高端，提升企业绩效；王智波等认为，轻资产可以通过对需要大规模投入的环节进行外包和代工，可有效降低运营成本并培育发挥核心竞争力；戴天婧等的研究也同时指出了，以厂房设备为主体的重资产容易被模仿和超越，品牌、技术等知识类资产因其稀缺且不容易被模仿而更容易形成企业核心竞争力。

由此，财务投资领域的轻资产通常指与有形的、资金占用量大的报表类资产相对而言的无形资产，也包括隐形且不计入报表的知识产权、品牌、商誉、单位声誉等属于单位的广义资源。

（二）"轻"资产在教育领域的研究

教育领域有关资产问题的研究相对较少，对资产的轻重划分研究更少。黄博翔在研究某省级广播电视大学教育信息化资产时发现：从早期的音像视频到现代的互联网、云教室、云服务、虚拟演播室、虚拟实训室、数字课程、数字图书馆等无形资产及配套的信息化技术设备，占该校总资产的 48%。郭文革从约书亚·梅洛维茨的场景理论出发，通过地点、媒介、交往行为三个方面研究在线教育时发现：由于其地点和媒介的特殊性（均以网络和云端服务为主），使得在线教室成为轻资产，并认为此类轻资产不同于大学的"大楼"和物理教室。由于在线教室处在云端位置,具有可移动性和灵活性,大学尽可能多地选择轻资产的在线教室,实现未来大学成为"实体校园+在线教室"的混合组织。就组织内部关系而言,该混合组织中的一些关系也将因轻资产的出现而发生变化,如混合组织内师生关系、教与学关系、学生之间关系等。而有关在线教育资产或成本的关系问题,被中国远程教育研究领域广泛接受的是约翰•丹尼尔提到的"通过运用技术,使得优质教育能以低成本扩大"的观点。此观点是在线教育可以低成本、规模化发展的一个争议性论点,也成为成人教育和远程教育领域的一项研究争议。

另外,也有许多研究单纯从开放教育数字化课程资源方面涉及资产,且仅研究课程本身以及数字课程资源对开放教育的影响。虽然研究并未涉及资源有形或无形属性,也很少论及节约资金和人力资源,但开放教育数字课程资源基于经济分类或会计制度规定的无形资产属性是客观存在的。

(三)教育领域轻资产的初步定义尝试

将财务投资概念应用到教育领域,首先需要将概念进行重新描述和定义,结合相关领域进行综合研究分析。综合前述轻资产的专业定义研究及在教育资产方面的研究成果,初步将轻资产做如下描述:基于学习的灵活性(时间、空间、学习方式等)、师资队伍组成的特殊性以及学习媒介的时代性而产生的低成本(生均公用经费与人员经费低)、低固定资产、高无形资产且能保证规模化、高质量发展的一种资产特质。开放教育是否具有如此的资产特质需要从开放教育发展历史以及未来数字化教育发展趋势的角度予以分析论证。

二、开放教育发展历程的资产概况

(一)少"大楼",低成本

从 20 世纪 70 年代的广播电视教育算起,我国开放教育近半个世纪的发展凸显少"大楼"的特征。计算在校学生每人平均校舍(教学、办公及辅助用房)面积,如表 2-8 和图 2-13 所示。

表 2-8　开放大学系统与普通高校生均校舍面积对比（1994—2020 年）

m²/人

	1994	1997	2001	2004	2007	2010	2013	2016	2018	2020
开放大学系统	5	5.14	6.19	5.62	6.31	4.76	13.39	11.57	10.36	10.1
普通高校	42.35	42.3	22.15	22.8	24.43	22.73	23.81	24	26.1	29.41

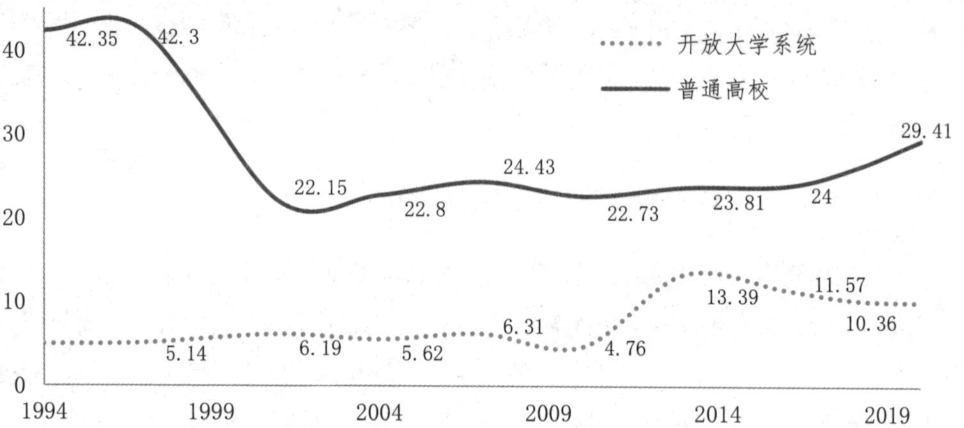

图 2-13　在校学生生均校舍面积对比

数据来源：依据《中国教育统计年鉴》（1994—2020）、《国家开放大学教育统计年鉴》（2013—2019）、《全国电大教育基本情况统计公报》（1994—2010）计算。

在 2013 年之前，开放大学系统生均校舍面积不超过 7 平方米。即使 2013 年后统计口径包含了市、县级开放教育分校，生均校舍面积也只有普通高校的三分之一左右。虽然大学教育经常提及梅贻琦先生的"所谓大学者，非谓有大楼之谓也，有大师之谓也"的有关大学"质"的观点，但无论是从社会普遍关注的大学排名，还是教育主管部门有关人均校舍面积的指标看，大学都不可能舍去"形"的建设。一路走来，开放教育可以说是"过去无形，现在亦无形"。2019 年，国家开放大学累计培养大学毕业生 1559 万人，开展各类非学历社会教育培训上亿人次。

就成本问题而言，开放教育与普通高等教育的财政拨款模式差别巨大；同普教和职教的生均拨款模式相比，开放教育拨款仍然延续普通事业单位预算（以校舍、土地面积和职工人数计算拨付基本经费，外加单独申报批复项目经费）制度和模式，无生均投入。

2020年教育部印发《国家开放大学综合改革方案》的通知,继续提出"推动省级人民政府建立开放大学学历教育生均拨款制度"。客观条件上的低投入促使各地开放教育首先保运行,然后才能考虑在运行基础上实施规模化发展。长期以来,通过调整有限的资产投入形式,重视"轻"资产,控制"重"资产,实现了如《国家开放大学综合改革方案》表述的"积累了低成本、高效益举办高等教育和面向在职人员开展职业教育的中国经验",这本身是一种成功的选择。

(二)人力资本较弱,外部"名师"参与共建

我国开放教育的发展历程始终坚持有"名师",让各领域名师参与教学,聘请社会大量优秀师资参与课程建设和学习支持服务是开放教育始终坚持的理念。知名教授、行业专家及精英参与课程建设,确保了广播电视大学课程建设的学科质量。如表2-9、图2-14所示,开放大学系统在校学生人数与教师(专职与外聘合计)人数比值(学生数/教师人数)从早期的15左右上升到现在的40左右,生师配置比例远低于普通高校。

表2-9 开放大学系统与普通高校在校生数量与专职教师(含外聘)对比(1994-2020年)

	1994	1997	2001	2004	2007	2010	2013	2016	2018	2020
开放大学系统	15.26	17.25	18.7	20.15	22.91	29.71	44.29	33.66	39.36	41
普通高校	6.82	7.53	12.69	10.72	11.63	13.1	13.42	13.61	12	10.26

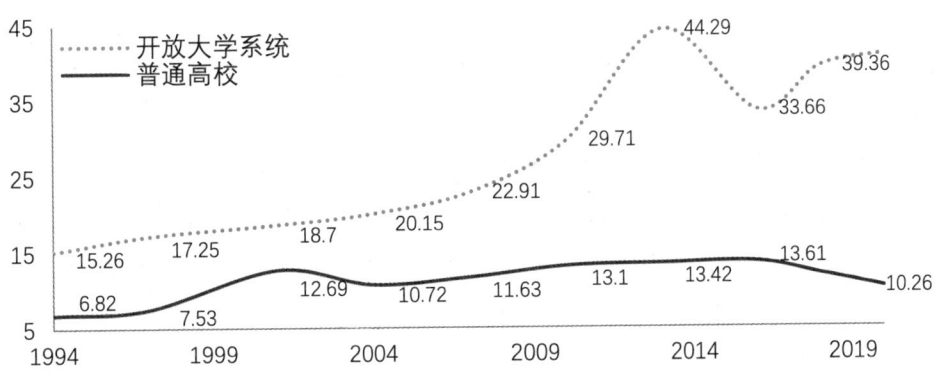

图2-14 在校学生数量与专职教师(含外聘)对比

资料来源:根据《中国教育统计年鉴》(1994—2020)、《国家开放大学教育统计年鉴》(2013—2019)、《全国电大教育基本情况统计公报》(1994—2010)计算。

开放教育师资队伍规模较小，人力资本较薄弱，教育任务量却能保持长期的规模化。长期以来，开放教育运行模式除借助系统办学单位人力资源外，其自身专职教师与外聘教师比例稳定在4∶3上下（根据前述统计资料计算得出，同期普通高等教育专职教师与外聘教师从30∶1以上逐渐下降到3∶2上下），更关键的是借助"外来化"的"名师"资本（或称服务）和学校对名师资产（根据经济学定义，资本一旦投入单位运行，即成为单位的资产）的"重复记账"。

这里的外来化是指从广播电视教育到现在的远程网络教育课程资源建设始终坚持聘请全国名校教授和行业名师授课，购买名师服务。重复记账即将名校和行业名师的授课记录，通过广播、电视、互联网、云服务形式重复点播、收听、阅读和观看学习，让购买服务可重复使用、重复记账，保证开放大学课程的"名师水准"，获得了重复性的"收益"。每一届学生都可以学习名师的课程，而名师的"服务"支出仅限一次性，既节约了成本，也保证了开放教育规模化运行。名师是开放教育得以发展的优质资源和资本，是开放教育低成本优质发展不可或缺的资产。

（三）无物理空间限制，时间"相对"灵活

开放教育在时间和空间上不受限制，具有相对"灵活性"，这是开放教育特点研究的共识，也是教育界对开放教育模式认可的关键要素。从广播、电视媒介到移动互联、云服务等技术，物理空间限制逐渐变小，几乎实现了在社会工作生活的任何场所都可以随时学习，时间几乎完全自由。正如教育部印发的《国家开放大学综合改革方案》对开放大学的改革定位：人人皆学、处处能学、时时可学。当然，由于课程开设的周期性，需要如会计核算般的分期和分段。因此，时间上很难做到绝对的个性化自由，只能是周期内的相对自由。

灵活性是否同资产相关呢？郭文革在研究在线教室的灵活性时指出："教室变成灵活的轻资产时，教学资源和教师等教学点资源有了更大的选择空间，教育服务也有了更多的组织模式"，资产的变化产生更多的教育时空选择，带来更多的服务形式，从而使教育关系发生变化。谭璐、张春华提出的开放教育八个特征，其中对象全纳、主体多元、性质复合、内容多样、方式灵活、时空自由、体系开放七个特征除涉及教育主管部门赋予开放教育机制优势方面的属性外，还有资产属性的衍生，如对象全纳是基于开放教育的线上资源特性，任何主体及个人参与时不能缺少网络平台资源，性质复合也离不开学分银行系统平台建设，至于其他特征更不能脱离长期以来开放教育资产积淀的特性。

三、现阶段开放教育资产与资源特性新变化

（一）科技进步改变教育资源配置

科技进步改变了教育活动的主体（教育者和受教育者）及教育活动方式，尤其改变了以远程教育方式开展的高等教育。远程教育是通过远程教学或远程学习实现的教育。教师和学生的时空相对分离是远程教育的本质属性，以建立在各种信息通信技术和媒介资源的开发与应用基础上为必要条件。陈昌曙认为，技术包括实体要素、智能要素和工艺要素。实体要素可以直接与会计报表科目对应，智能要素和工艺要素有一部分是无形资产，更多的是知识、能力、运行关系延伸出的各类主体行为关系。杨瑛霞认为，技术不仅展示了人对自然的能动关系，也是人类社会形成、存在、发展的根本力量和度量尺度。

如今，科技促进了教育形式的进步，教育形式经常被"互联网+教育"所指代。"互联网+"具有以下特征：一是，新的技术、先进的基础设施，云、网、端一体化的数字化、智能基础设施，云计算、移动互联、物联网以及 3D 打印、智能可穿戴技术等设备及工具为创新和发展提供了支撑。二是，新的社会空间，以互联网为基础互联互通的各领域跨界融通的社会网络关系。科技进步成果的应用改变了教育要素之间以及内部的关系，主体间由"面"对"面"的关系转变为"面—媒介—面"的间接关系，中间多了作为教育"新资源"的互联网、云服务器等媒介。同时，科技进步也改变了原有教育资源的物理形态与空间分布，优化了教育资源配置，让教育有形资源和无形资源分配更符合现代生产力条件，能取得更好的办学效益，推动社会进步。以移动互联、云服务、人工智能等为代表的技术进步改变了教育模式，推动了以远程教育技术和手段深度融合的开放教育内部继续发生变革。

（二）教育资源配置未来方向

2021 年，教育部提出建设高等学校数字校园工程的计划，并制定了《高等学校数字校园建设规范（试行）》（以下简称《规范》）。在现今移动互联和云服务及人工智能不断升级和成熟的时代，教育发展核心将依据《中国教育现代化 2035》要求，努力打造"互联网+教育"的发展模式，通过信息化建设并利用云计算、移动互联网、人工智能、大数据、物联网等技术，营造网络化、数字化的终身化教育教学环境。虽然《规范》并

未单独针对远程教育或开放教育提出要求，但开放教育能对标建设内容，找出具有特色的或相关的具体要素。数字校园建设的核心内容多数是网络在线教育的基础和升级，也是进入 21 世纪以来开放教育努力建设的方向。在建设数字化校园时，开放教育能否将已有的相关资源用于数字化校园系统？这可以通过对《规范》内容进行量化研究比较来获得相关结论。

为了对数字校园系统已有资产及引起的变革做定性评价，首先按照会计和非会计要素构建数字化校园系统内容的资产性质指标，并构建新数字化校园工程建设内容与已有传统教育资源相比的变化指标，具体如表 2-10 所示。

表 2-10 资产性质、资产变化状态（或程度）

资产性质假设	资产的改变状态/程度假设
a→固定资产，计入资产报表	①→已有并简单完善即可
b→无形资产，计入资产报表	②→需进行实质性完善和充实
c→隐形资产（或声誉），不计入资产报表	③→增量资产或服务（改变资产形态）
d→技术承接能力，不计入资产报表	④→增量技能或能力

依据上表，详细分析《规范》文件中数字校园系统的具体建设内容，结合公立高校执行的政府预算会计制度，将普通高校建设过程中的资产与开放教育之间的资产差别进行比较，如表 2-11 所示。

表 2-11 两类高校数字校园系统建设资产性质、变化比较

一级内容	具体内容（资产）	资产性质	资产的改变状态/程度 普通高校	开放教育
基础设施	校园网络、数据中心、教学环境、校园卡等	a b	①	①
信息资源	基础数据	b	①	①
	业务数据	c	③	①
	数字化教学（课程、教材、实验实践、学术报告）资源	b	③	①

续　表

一级内容	数字化校园建设内容 具体内容（资产）	资产性质	资产的改变状态/程度 普通高校	资产的改变状态/程度 开放教育
信息资源	科研（电子数据库、科学数据库、文献管理软件等）资源	b	①	①
	文化资源	c	②	②
信息素养	信息意识	c	②	①
	信息知识	c	②	①
	信息应用能力	d	②	②
	信息伦理与安全	c d	④	④
应用服务	基础应用服务，管理服务	b c	②	②
	教学科研	b c	②	①
	校园运行，数字校园各类人机交互界面	a b c	②	②
网络安全保障体系	网络基础设施、信息系统、信息终端、数据、内容安全及安全管理	b	②	②
	组织机构、规章制度、标准规范、评价体系	c	②④	②④
	人员队伍	c	②	①
	经费保障、运维服务	a b d	②	②

首先，由《规范》进一步推动的数字校园、智能校园变革，突出非有形资产建设的特征，固定资产建设内容比重偏低。

其次，在不考虑未来资金投入差异的情况下，在数字化校园建设方面，开放教育在既有资产和资源方面有许多地方优于普通高校，尤其是非固定资产方面的数字教学资源。而这类有优势的领域，正是开放教育发展历史中突出建设的领域，这说明开放教育未来要完成的数字化校园建设在起步阶段具备一定非有形资产优势。此结论同对我国开放教育现状和发展方面的许多比较研究结论基本一致。例如：信息技术与教育教学的深度融合是开放大学高于、强于、新于广播电视大学的重要突破点，也是区别于传统大学的重要特色；追踪信息技术的发展，推进信息技术在教与学中的融合应用，是开放大学的办学特色之一；开放教育有完善的网络教学和支持服务体系；共享开放的学习资源是海量的，涉及面广，支持平台多样；开放教育演进过程进入由借助信息技术手段开展远程教学转向推动技术与教育深度融合发展；"互联网+大学"有办学场所和软知识特色优势；等等。

最后，开放教育在智能化建设方面仍有很多内容存在建设不成熟、内容不完整、信息孤岛较多等问题，信息化建设需要持续加强，这是开放教育未来改革的使命和挑战。

（三）资产的新呈现：大学慕课

从资产使用视角看，由信息技术引领的大学慕课平台是一种资源汇聚的平台。汇聚在互联网平台和云服务端的文字、图片、音频、视频等多元化资源以及平台交互都是有形或无形资产，且作为传播和学习媒介的互联网、平台、云服务等也都以无形资产的形式存在。从参与慕课的教育单位或个人看，此类课程资源都应划分为无形资产列示并记录。因为是无形资产，所以这些学习媒介摆脱了物理形态固定资产的空间和时间限制，使学习者可以实现个性化学习，且能通过网络等技术媒介完成交互学习。学习者、教师、管理者、资源之间或内部的交互关系不需要在固定空间里面对面完成，交互关系由技术支撑，资产由"重"变"轻"。

另外，资源提供者，尤其是资源的主讲或制作人，并未要求有固定身份属性，社会成员都有机会承担上述角色，都能成为资源的生产者、使用者和传播者，使得有条件成为"大师"的人都可以教其他人。教不再是权威人士的特权，更多教育机构中真正权威的"大师"的知识和技能可以灵活地传播给全社会有需要的学习者。在节约资源的同时，教育了更多有知识技能需求的学习者，解决了高等教育从精英教育到大众教育再到普及教育所面临的规模问题和效率矛盾，真正使约翰·丹尼尔提出的优质教育以低成本扩大的目标得以实现，教育资源输出增加且能节约支出，资产更趋轻型化。

四、科技进步促使开放教育典型资产进一步"轻"型化

近几年，开放教育在有限的办学条件下紧随教育信息化2.0建设步伐，开展数字校园建设，提升办学质量，不断取得成绩，使得资产"轻"属性更显突出。

（一）云教室与云课堂

移动互联和云服务使得课程内容和学习行为全部线上化，教学可以"随时、随地"完成，教与学的过程变得灵活自如，使"以前不能移动的固定物理教室变成了一种可以携带、可以动的轻资产"（郭文革，2017）。此处的"轻"主要指灵活和可移动，是基

于时代科技要素的资产"体"和"量"的缩减、瘦身,并由此而产生的学习者可以自由掌握时间和地点的便捷式学习模式。它彻底改变了以教师和教室为中心的学习模式,改变了学习者被动、固定跟学的学习状态,由"跟我学"变成"帮你学",这是一种学习的革命。事实上,传统广播电视大学的教学模式也有此轻资产属性,其虽然不能随时学,但可以部分实现随地学。

云教室和云课堂改变了资产的形态,使有形变无形。在资产报告里,原部署在"大楼"里归属固定资产的物理教室被归属无形资产的软件技术或者直接以支出列示的服务费替代。至于是否实现了成本的降低,这个结果不好直接比较,无论是无形资产还是固定资产都需付出日常管理和维护费用。虽然由于政府会计准则和制度的改变,资产和支出确认计量不同,但从预算会计视角看并无差别,即使有,也可视为由于改变了政府资金支付的时间而产生的时间价值差。技术改造后的教学环境如图 2-15 所示。

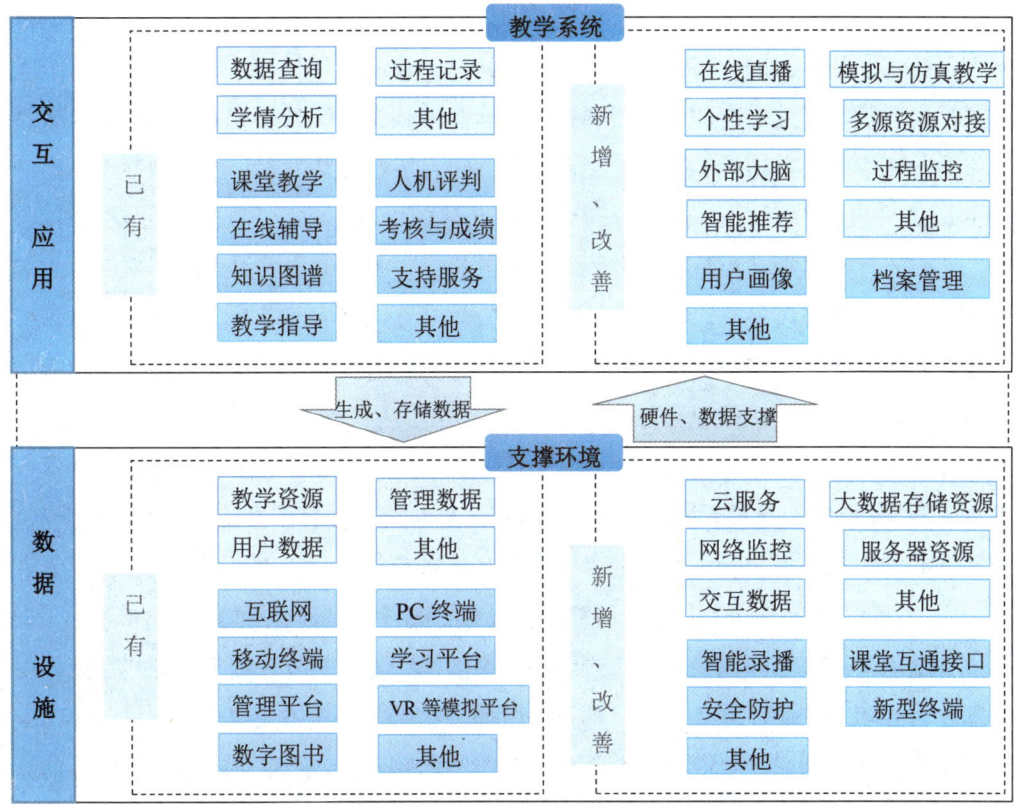

图 2-15　技术改造后的开放教育教学环境及内容框架

（二）云端图书馆

图书馆是实现大学教学使命不可或缺的办学条件。进入 21 世纪，大学几乎都在逐步实施以移动互联和云服务为特色的数字图书馆的建设或升级换代，甚至部分大学正在完成图书馆人工智能化建设。由此看来，似乎开放教育在图书馆资源方面并没有比普通教育更轻的资产。但从深层看，早期的广播电视大学除受图书馆规模的限制外，更现实的问题是学习者工学矛盾致使其很难享受本身规模体量较小的图书和阅览资源。云端图书馆的出现实现了开放教育图书馆由"小"甚至由"无"到"轻"的转变。云端图书馆产生的轻资产同云教室、云课堂一样具有灵活性，其改变了资产报告里固定资产与无形资产的组成，也改变了两者之间的数量金额关系。

（三）云端师生

传统的广播电视教育因其受限于教师数量，从而通过"借风使船"或"租赁"的方式开创了外部名师授课的大好局面，成为业内津津乐道的辉煌历史。通过云课堂、云教室方式，仍然可以延续之前的名师授课传统，因此被教育政策鼓励和允许，这正如教育部《关于一流本科课程建设的实施意见》中提出的大学教授要为本科生授课制度规定一样。另外，高科技条件下的云课堂已在原来广播电视媒介的基础上完成了几轮换代升级。如今，开放教育学习者真正有了随时随地交互的机会，单向师生关系变成了双向师生关系，学习的主动性得以提高。实施技术支持的教学交互，使学习者教学交互水平显著提高，促进学习者认知参与深度，有助于提升学习者的创造性思维，能显著提升学习者深度学习水平，使名师资源得以更好利用。

虽然在技术参与教和学的方面，开放教育因资金投入限制仍然没有像普通教育那样深度进入智慧教室、智慧校园时代，但随着科技进步和智慧教育的推陈出新及换代升级，开放教育必能实现将现有物理特色的"半"智慧教室搬上云端，建成真正的"智慧云课堂"，促进师生关系在现今"网络云课堂"基础上的进一步提升。由此，这里描述的"云端师生"继承了传统名师授课特色和升级后的灵活性特点。另外，因无须花"巨资"引进名师，只要随需购买名师"服务"即可，从而节约了人力资本支出。

按现有会计准则，人力资本并不需要反映在资产报表里，所以不改变报表内部的量和关系。这也提出了一项有关人力资本的思考：一边是人力资本并不增加报表资产，但高校（包括开放教育）自身人事管理下的大师、教授等高技术、高水平人才又成为高校的巨大财富；另一边是开放教育通过购买服务获得的大师服务，如课程资源又可以作为无形资产计入报表,实际上是部分实现了名师人力资本进入资产报表,增加了报表中无形资产的量。当然,作为衡量高校办学质量和水平的校友贡献,其人力资本现阶段更是无法计入报表,但能够以声誉方式提升高校排名,因此也可视为一种轻资产。

(四)云端实验和实训

同图书馆资源相似,传统广播电视教育在实验和实训方面受条件制约较多,如硬件设施配套弱、时间空间冲突、师生配置比例低等。通过购买能在互联网上运行的虚拟软件平台,利用云服务数据支撑,可以克服上述困难,即使是毕业设计环节,仍然可以通过远程模式实施。这体现了资产的灵活性,也改变了实验实训的固定资产属性,软件和平台直接计入无形资产,改变了资产报表内容。

(五)科技手段应用与学习者的获益

将移动互联、人工智能以及云服务等轻型化的科技资产深度应用于教育领域,一方面是因为物质条件限制而产生的被动选择,另一方面也是时代和科技进步带来的必然变化。开放教育由此实现了学习者从入学、学习、活动交流、完成任务、实践技能、管理沟通等全流程各环节的线上化,学校完成了既定教学和管理任务,学习者也在灵活便捷地收获知识,提高创新能力的同时获取了最新的操作技能。学习者适应了各种平台的操作和操控,也能更好地适应现在与未来工作生活的智能化。在学习和利用最先进教育媒介的过程中,也实现了学习者自身素养和技能的提升,产生了学科专业知识之外的收益。总之,轻资产应该具备时代属性和科技属性,是促进学校和学习者紧随科技进步、紧跟时代的高效资产。

五、开放教育轻资产特性对实践课程的影响

由此,开放教育运行模式的"轻"资产属性及对实践课程的影响可以归纳为以下几个方面:

从财务视角看,开放教育资产的"轻"表现为:能改变资产报表组成项目或数量金额,通常是固定资产减量,无形资产增量。这里的无形资产增量表现在实践课程方面,包括线上开展的课程实训和部分实验,以及通过各类平台完成的实习(工作实践)和毕

业设计（论文）课程，这几类课程内容实现所需的平台资源或课程资源通常计入无形资产。

能提升教育过程的灵活性，教学运行能实现"随时"和"随地"的时空转变，提高学习者效率。由此也需要体现实践课程实现过程的灵活性，不能完全照搬普通高校或职业院校模式，必须设计出独具开放特色的实践课程量化指标和运行模式。

能实现成本节约和固定类资产一定程度的减量，包括直接的支出减少和人力资本计量计价方式的改变。在节约资本的前提下完成教学任务和实践课程运行，就必须加大师资队伍建设。在不能增加在编教师人数的情况下，开放教育仍需采用传统师资队伍建设模式，即通过外聘"名师"的方式承担大量实践课程实施任务，这就更需要做好外聘教师队伍的建设管理工作。

将科技进步形成的轻型化的媒介手段予以吸收利用，承接科技进步带来的"福利"。将科技成果转化为学校和学习者的"收益"，让开放教育主体紧随时代步伐。基于开放教育远程网络和平台媒介的优势，将其转化到实践课程的实施上显得尤为重要。未来需要进一步完善和平台媒介相关的工作：设计运行学分银行；研究和设计实践课程成果提交制度；做好平台的对接等。

虽然从教育手段和方法的发展趋势看，未来各类大学都在向混合型方向转变，但开放教育的轻资产属性仍要强于普通高校和高职院校，这个属性是开放教育模式不可忽视的重要特征，它改变着开放教育的模式，尤其对开放教育实践课的开展具有深刻的影响。

第六节　开放教育实践课程实施的现状与思考

一、开放教育实践课程实施情况

同普通高校以及高职院校相比，开放教育在教学模式和经费投入方面存在很大差距，但教育部门发布的各类文件对开放教育实践环节的规定与普通高校和高职院校并无不同。开放教育实践教学环节的开展现状如何？有哪些优势与不足？都需要认真调研分析，尤其需要思考存在的问题。

（一）实践课程教学的基本情况

选取开放教育具有代表性的专业，调研其实践课程的开展情况，以了解现状和问题是研究的开端。调研主要通过问卷访谈方式，访谈开放教育典型专业的责任教师对该专业实践课程实现形式的总结以及优劣问题，获取反馈。

调研环节最终选取了开放教育 10 个代表性专业，包括法学、工商管理、行政管理、计算机科学与技术、护理、药学、数控、机电、旅游、学前教育专业，涉及社科、理学、医学和工学学科大类。

10 个专业中包含了社科类专业 4 个，工学类专业 3 个，理学类专业 3 个；其中本科专业和专科专业各 5 个，各专业都有开展实践性教学环节。其中有 7 个专业制定了实践环节的实施标准体系，且其中的 6 个专业被认为是完整且科学的，1 个专业被认为虽然制定了实施标准体系但不科学、不完整，3 个专业的反馈结果没有制定实施标准体系。

（二）实践课程开展形式的统计数据

如表 2-12 所示，各专业实践环节课程学时占整个专业课程或总学时的比重基本在 10%~20% 之间，且各专业差别较大，有 6 个专业在 15% 以内，2 个专业 20%，2 个专业未回答，比例无明显的学科大类和本专科差别。

表 2-12 开放教育专业实践课程开展情况调研统计

	项目	专业1	专业2	专业3	专业4	专业5	专业6	专业7	专业8	专业9	专业10
1	学科大类	社科类	理学类	理学类	工学类	社科类	理学类	社科类	工学类	工学类	社科类
2	专业层次	本科	专科	专科	专科	本科	专科	本科	专科	本科	本科
3	是否具备实践教学环节	是	是	是	是	是	是	是	是	是	是

续 表

	项 目		专业1	专业2	专业3	专业4	专业5	专业6	专业7	专业8	专业9	专业10
4	实践教学形式与比重（占总课程比重）	实验课			√		√	3.75%				
		实训课								√	12.81%	
		专业实践或实习			√			√	3.7%	√	7.69%	
		创新创业						√	<u>10.0%</u>			
		社会综合实践		√						√	5%	
		毕业设计（论文）	√	6.25%		√	12.82%	√	6.25%	√	6.3%	√	10%	√	13.00%	√
		其他（社会调查、案例大赛）	√	3.75%									√
5	是否制定了实施标准体系		是	否	否	是	是	是	是	是	是	否
6	标准体系是否完整		是		否	是	是	是	否	是	是	否
7	标准体系是否科学		是		否	是	是	是	否	是	是	否

注：画线部分为替代实践课程形式，即完成该课程后可免修其他实践课程。

第二章 开放教育实践课程改革的应用研究

在已开展的所有实践课程中，几种最常见的实践课程形式在 10 个专业中被选用的次数如图 2-16 所统计。其中以论文形式为主，全部本科专业都必选毕业设计（论义）课程，而相应的实训课、创新创业、社会调查或其他形式的课程被选得非常少。

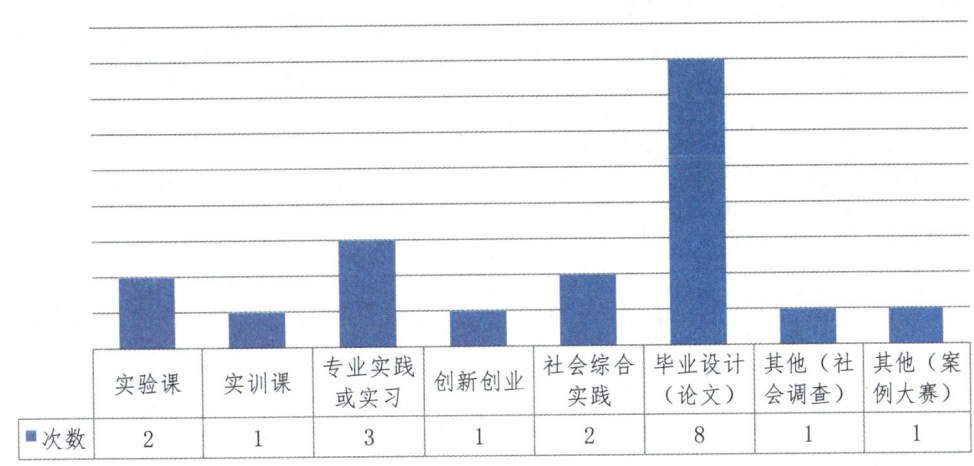

图 2-16 实践教学环节开展方式选用次数

3.已开展实践教学的课程评价

对于 10 个代表专业自身已开展的实践教学环节或形式，将调研资料进行专门化分类及综合汇总，得出整体评价结果如表 2-13 所示。

表 2-13 开放教育专业实践课程开展情况的调研结果统计

	实验和实训课	专业实践或实习	创新创业	毕业设计（论文）	社会综合实践
专业1	无表述	社会调查报告完成较差，学习者完成态度一般，存在抄袭，能力缺乏	无表述	论文完成一般，学习者完成态度较差，存在抄袭，思维和文字能力较差	无表述
专业2	无表述	实践场地设备不全，存在工学矛盾	无表述	毕业论文理论性不强，工学矛盾较大	无表述
专业3	操作不熟练，理论联系实际较差，应该结合学习者工作岗位开展操作课程	无表述	无表述	无表述	无表述

81

续 表

	实验和实训课	专业实践或实习	创新创业	毕业设计（论文）	社会综合实践
专业4	无表述	无表述	无表述	无表述	无表述
专业5	开展在线模拟实验并提交实验报告，学生能够完成基本操作流程，将逐步增加角色模拟实验	无表述	无表述	必须解决抄袭问题	无表述
专业6	受场地经费限制，操作性差	有模式差别，需统一实践课程内容和模式	应由学校统一部署	加强统一部署，新旧模式转换，增加考核，解决雷同和抄袭	开展过类似防疫实践活动，今后可增加
专业7	无表述	无表述	无表述	是主要形式，学生写作能力差，缺乏文章、格式操作能力，导致论文指导教师工作量较大	无表述
专业8	教学合作单位实训课程的实施均在各自实训基地进行	合作单位实训基地开展	无表述	无表述	无表述
专业9	无表述	无表述	无表述	毕业设计工作一直开展顺利且规范，对毕业设计选题方面不断做调整，在整体管理规范上要求严格，学生获得学位率较高，论文规范和技术先进性要求高	无表述
专业10	无表述	无表述	无表述	现在对写论文要求较高，是否能改为结合工作做毕业设计。今后增加本环节形式的可选性，更适合学习者工作实际；	无表述

续 表

	实验和实训课	专业实践或实习	创新创业	毕业设计（论文）	社会综合实践
专业10	无表述	无表述	无表述	写作尽可能多指导、体例工具和方法尽可能具体	无表述

二、开放教育实践课程开展的问题探究与思考

（一）开放教育实践环节落实较差

从调研反馈结果看，需要加强实验课与实训课的建设。这两类实践课程开展薄弱，其根本问题是教学基础设施条件落后，尤其工学专业更迫切需要加强实验课与实训课的建设。理论上，工学专业需要的实践教学环节占比和形式应该更多、更丰富；但从实际的调研结果看，在三个工学大类专业中两个本科专业只开展毕业设计（论文）环节，无其他实践教学形式，而且实践教学环节占总课时（或总学分）的比重都低于13%。专科专业开展实践教学环节比例虽然达到了20%，但并未达到国家对专科教学标准相关规定的要求，而且该专业还基于同中等职业教育机构合作办学的模式而提升了实践教学比例。

（二）需要制定和完善实践教学环节的实施标准或方案

虽然反馈结果显示只有三个专业未制定相关标准和方案，在实施方案或标准的科学性与完整性方面，反馈数据也显示了大部分专业的实施方案都相对科学且完整，但从实践环节课程形式的选择看，这些实施方案比较单一，且占总课时（或总学分）比重不够合理，某一种课程形式的比重也不够科学。这反映了对实践环节的标准或实施方案的认知存在理解上的差异。以本科为例，调研的五个本科专业中，其实践教学环节基本都以毕业设计或论文撰写为基本形式或唯一形式，有两个专业附加了社会调查与案例大赛，但其他课程形式基本未开展。虽然成人教育的特点决定了更多学习者可能在自身岗位工作中已经完成了专业实习实践以及社会综合实践，但作为前置性制度文件，必须将学习者的这一特点和模式设计添加到标准和实施方案中，而不应缺失。另外，实验课和实训课等实践教学环节可以在教学过程中实施。但调研发现其标准或方案并无类似考虑，造成实施标准和方案不够科学完善。

（三）需加强实践课程内容的量化设计

从调研结果看，部分专业的实践环节并无课时或学分比例设计，更严重的问题是，有的专业即使有课程学分要求，但未达到相关标准。如《普通高等学校本科专业类教学质量国家标准》在课程体系设置方面的建议是，经济学大类专业的实践环节整体学时不低于总学时的 15%，教育学不低于 25%，法学不低于 15%，管理科学与工程不低于 20%，自动化不低于 25%，安全科学与工程不低于 20%，医药学类专业的实践环节要求更高。且国家标准对于实践教学环节总体课时和学分数，以及不同类型实践课程形式的课时学分数也有明确的量化要求。对于专科专业的实践环节整体学时学分，国家标准要求达到专业总学时的 50%，虽然大多情况并未要求不同形式实践课的数量，但实现总量 50% 这一标准必须要有科学的分解指标，并且由不同实践课程共同开展完成。

但基本情况是调研专业一般都未达到上述标准，开放教育实践环节课程形式的量化标准和方案需要加强建设与完善。

（四）科学设计实践课程流程，加强统一部署，提高实践环节的课程实施效果

从调研反馈的已经实施的实践课程来看，问题主要为实施方案或流程存在方案不统一，模式和流程有差异。另外，课程实验和实践环节需由学校统一部署并加强基础设施建设，建设任务可以合作推进或独立完成。还需要统一制度设计，解决实践课程的量化和认证工作，以化解工学矛盾。

实施过程也需要加强制度建设，科学完善学习者对实践课程的设计、参与过程的监督，提高实践环节的课程实施效果，提升实践教学质量，缓解实践环节师资短缺问题。

（五）突出成人教育特点，节约办学成本

通过普通高等教育、职业教育与成人学历继续教育案例实践教学环节的对比，并分析相关研究现状发现，成人学历继续教育无论是在实践课的研究探索方面，还是在实践教学环节的设计和改革探索方面，并无太大差别。

从学校硬件条件和学生学习模式看，成人学历继续教育与普通高等教育及职业教育在实践环节上的差别主要是课程实践，但成人学历继续教育又具有在职学习者通过自身工作环境能更好地开展实习和专业实践任务的优势。

因此，成人学历继续教育应在加强实验、实训和毕业环节设计指导的同时，强化制

度方面建设和量化标准设计，制度建设和标准设计相对硬件建设能节约更多的资金，有利于缩短时间周期，能将成人教育优势最大限度地利用好，弥补实践课短板，实现整体实践环节的实施，完成不低于甚至优于普通高校或职业教育，从而提升成人教育的教学质量。

第三章 开放教育实践课程量化指标构建与应用评价

第一节 实践课程量化指标体系的理论构建

一、案例选取

由于实践课程开展以工学专业为例相对更具代表性,且开放教育工学学科办学资源和力量相对薄弱,故以工学学科为例构建指标体系更具实践探索价值。

北京开放大学安全工程专业(专升本)于 2017 年批准举办,该专业属典型的工学大类专业,在办学之初即与北京市应急管理局及北京市总工会职工大学开展三方及多方(涉及相关研究院和代表性市属单位)合作办学,学习者主要是来自北京市应急管理局系统的专职安全员及该系统部分公职人员,后期也有部分市属大中型企业的专职安全员以及北京燃气集团、石化集团等单位的安全工作人员加入。在该合作办学模式下,实践课程内容设计包括实验、实训、综合实践、创新创业、培训实习、专业实习及毕业设计(论文)等七个环节或类型,具体如表 3-1 所示。

表 3-1 实践课程实施情况表

实践课程类型	实施情况说明
实 验	课程实验开展较少,实现难度较大,主要为案例训练及利用学生单位环境完成实验
实 训	借助学生单位环境完成,学生间也可根据企业特点和课程要求以轮岗或替岗形式完成

续表

实践课程类型	实施情况说明
综合实践	参加单位或学校布置或支持的综合实践工作,如防疫、安保等志愿活动
创新创业	开展较少,主要由学生自主完成,学校尚在学分认定设计阶段
培训实习	特色项目,大部分学生在专门基地完成上岗和年度轮训,企业员工可参与专门基地培训
专业实习	全员参加,学生在自身安全类工作岗位独立完成或结合毕业设计由教师指导完成,提交报告
毕业设计	所有学生必须参加的环节,结合岗位工作完成设计或论文(理论结合工作)撰写并通过评审

二、指标体系构建

指标构建需要分析专业能力培养与实践课程之间的关系。

2020年底最新修订的"北京开放大学安全工程专业人才目标"将专业定位为培养技术应用型人才,能力体系包括基本素养(指社会价值、社会责任与团队合作)、知识能力(指专业理论知识和技能)、实践应用能力(指工作和生活中运用专业和非专业知识技能解决问题的能力)、终身学习能力(指经过系统专业学习后,能为今后知识和实践能力提升积累学习习惯、方法、思维模式,以及长期思考研究问题的能力)四个方面。

充分调研相关院校课程能力矩阵方案,并依据北京开放大学2020年度自主业务专业培养方案,修订工作的多轮论证和调研结果,结合本专业近三年实践课程开展的效果,初步形成能力体系与实践课之间的关系矩阵。初步得出实践课在实现成人教育培养目标尤其是实践应用能力方面的重要性,具体如表3-2所示。

表3-2 专业能力培养与实践课程对应矩阵

	实验	实训	综合实践	创新创业	培训实习	专业实习	毕业设计(论文)
基本素养	C	C	A	A	C	A	C
知识能力	A	A	B	C	A	A	A
实践应用能力	A	A	A	B	A	A	A
终身学习能力	C	C	B	C	C	C	A

关联关系强度 A.强 B.较强 C.一般 D.弱

(一)教育规则对指标的要求

实践课程指标的制订必须依据《普通高等学校本科专业类教学质量国家标准》《高等职业学校专业教学标准》制度文件中的定性定量标准,同时要考虑其他相关文件。前者明确列举了各专业实践教学环节形式即实践课程类型,且都有对应课时标准,后者也明确了各专业实践教学的几种类型,且规定了实践教学课时数量不低于专业总课时的50%。教育部等部门在《关于进一步加强高校实践育人工作的若干意见》(教思政〔2012〕1号)中强调,要加强综合性实践科目设计和应用。《工程教育认证工作指南(2018版)》也在各专业补充标准中提出部分实践环节的量化比例和数量要求。

教育理论和研究实践都非常重视教学过程的量化设计,近些年指标体系的构建也是研究的重点方向,建立科学合理的评价指标体系是实现绩效评价、保证教学质量的关键。

(二)方法与指标分析运算

除前述开展的文献分析法外,本案例采用的指标设计方法借鉴了《网络课程的教学督导指标体系构建》一文,具体采用德尔菲法。3位问卷调研专家分别来自普通高等教育、职业教育、成人教育工学大类,且熟悉开放教育;另7位为开放教育工学大类专业责任教师。另选10名安全工程专业各年级学生对二级指标的可替代性进行问卷调研。指标以安全工程专业7类实践课程综合重要程度(能实现学习者实践应用能力以及学时学分数量安排等方面)作为一级指标,并将形式重要性、实际实现难度、可替代性三个要素修正,作为二级指标,采用五级量表法对指标结果进行计算,排序后结合基础规则、学校相关要求以及安全工程专业实际办学情况制定量化指标。二级修正指标的形式重要性仅从必要角度考虑,即几类实践课对学生学习本专业知识体系及学生能力实现结果是否重要(修正指标的意义在于实践课重要性排序靠后且对开放大学实现难度较大的课程形式考虑替代可能);实现难度主要考虑该学校基础设施条件、师资、学习者工学矛盾,非学习者的主观学习困难因素;可替代性指检验该实践课能否被其他6类实践课程的一种或几种替代,可替代性越强重要性越差。详细内容如表3-3所示。

表3 3 实践课程评价指标

一级指标	二级指标 指标名称	二级指标 指标说明	重要性/认可度 1 2 3 4 5
1 实验	1.1 形式重要性	按形式重要性选择1-5（正向影响一级指标）	
	1.2 实现难度	考虑实现难度选择1-5（反向影响一级指标）	
	1.3 可替代性	考虑可替代性选择1-5（反向影响一级指标）	
2 实训	2.1 形式重要性	按形式重要性选择1-5（正向影响一级指标）	
	2.2 实现难度	考虑实现难度选择1-5（反向影响一级指标）	
	2.3 可替代性	考虑可替代性选择1-5（反向影响一级指标）	
3 综合实践	3.1 形式重要性	按形式重要性选择1-5（正向影响一级指标）	
	3.2 实现难度	考虑实现难度选择1-5（反向影响一级指标）	
	3.3 可替代性	考虑可替代性选择1-5（反向影响一级指标）	
4 创新创业	4.1 形式重要性	按形式重要性选择1-5（正向影响一级指标）	
	4.2 实现难度	考虑实现难度选择1-5（反向影响一级指标）	
	4.3 可替代性	考虑可替代性选择1-5（反向影响一级指标）	
5 培训实习	5.1 形式重要性	按形式重要性选择1-5（正向影响一级指标）	
	5.2 实现难度	考虑实现难度选择1-5（反向影响一级指标）	
	5.3 可替代性	考虑可替代性选择1-5（反向影响一级指标）	
6 专业实习	6.1 形式重要性	按形式重要性选择1-5（正向影响一级指标）	
	6.2 实现难度	考虑实现难度选择1-5（反向影响一级指标）	
	6.3 可替代性	考虑可替代性选择1-5（反向影响一级指标）	
7 毕业设计	7.1 形式重要性	按形式重要性选择1-5（正向影响一级指标）	
	7.2 实现难度	考虑实现难度选择1-5（反向影响一级指标）	
	7.3 可替代性	考虑可替代性选择1-5（反向影响一级指标）	

一级指标五级划分：1 非常不重要；2 不重要；3 一般；4 重要；5 非常重要
二级指标五级划分：1 非常不认可；2 不认可；3 无法判断；4 认可；5 非常认可

将10位专家及教师的调研结果进行评分统计并计算均值，结果如表3-4所示。

表 3-4　一级指标调查反馈统计

一级指标	评分次数与占比					评分统计		均值排序
	1	2	3	4	5	均值	标准差	
1	0(0%)	2(20%)	2(20%)	5(50%)	1(10%)	3.5	0.1871	6
2	1(10%)	0(0%)	0(0%)	4(40%)	5(50%)	4.2	0.2345	2
3	1(10%)	0(0%)	0(0%)	5(50%)	4(40%)	4.1	0.2345	3
4	0(0%)	1(10%)	6(60%)	3(30%)	0(0%)	3.2	0.2550	7
5	1(10%)	0(0%)	0(0%)	7(70%)	2(20%)	3.9	0.2915	4
6	0(0%)	2(20%)	0(0%)	6(60%)	2(20%)	3.8	0.2449	5
7	0(0%)	1(10%)	0(0%)	4(40%)	5(50%)	4.3	0.2345	1

注：标准差根据评分次数（占比）计算，表 3-5 同。

将 10 位专家及教师对二级指标的必要性与实现难度评价与 10 名学习者对二级指标的可替代性评价结果进行评分统计，并计算均值，结果如表 3-5 所示。

表 3-5　二级指标调查反馈统计

二级指标	评分次数与占比					评分统计		均值排序		
	1	2	3	4	5	均值	标准差	必要性	实现难度	可替代性
1.1	0(0%)	3(30%)	1(10%)	5(50%)	1(10%)	3.4	0.2000	6		
1.2	1(10%)	2(20%)	0(0%)	4(40%)	3(30%)	3.6	0.1581		2	
1.3	0(0%)	5(50%)	3(30%)	2(20%)	0(0%)	2.7	0.2121			4
2.1	1(10%)	1(10%)	0(0%)	7(70%)	1(10%)	3.6	0.2828	5		
2.2	1(10%)	4(40%)	0(0%)	5(50%)	0(0%)	2.9	0.2345		7	
2.3	1(10%)	4(40%)	3(30%)	2(20%)	0(0%)	2.6	0.1581			5
3.1	1(10%)	0(0%)	0(0%)	5(50%)	4(40%)	4.1	0.2345	2		
3.2	1(10%)	1(10%)	1(10%)	7(70%)	0(0%)	3.4	0.2828		3	
3.3	1(10%)	2(20%)	2(20%)	5(50%)	0(0%)	3.1	0.1871			2
4.1	1(10%)	2(20%)	2(20%)	4(40%)	1(10%)	3.2	0.1225	7		
4.2	0(0%)	1(10%)	2(20%)	3(30%)	4(40%)	4.0	0.1581		1	
4.3	0(0%)	4(40%)	2(20%)	2(20%)	2(20%)	3.2	0.1414			1

续 表

二级指标	评分次数与占比					评分统计		均值排序		
	1	2	3	4	5	均值	标准差	必要性	实现难度	可替代性
5.1	0(0%)	1(10%)	1(10%)	5(50%)	3(30%)	4.0	0.2000	3		
5.2	1(10%)	2(20%)	2(20%)	3(30%)	2(20%)	3.3	0.0707		5	
5.3	1(10%)	3(30%)	2(20%)	3(30%)	1(10%)	3.0	0.1000			3
6.1	0(0%)	1(10%)	1(10%)	5(50%)	3(30%)	4.0	0.2000	4		
6.2	1(10%)	2(20%)	1(10%)	4(40%)	2(20%)	3.4	0.1225		4	
6.3	1(10%)	5(50%)	1(10%)	3(30%)	0(0%)	2.6	0.2000			6
7.1	0(0%)	1(10%)	1(10%)	3(30%)	5(50%)	4.2	0.2000	1		
7.2	2(20%)	2(20%)	1(10%)	3(30%)	2(20%)	3.1	0.0707		6	
7.3	3(30%)	6(60%)	0(0%)	1(10%)	0(0%)	1.9	0.2550			7

（三）指标结果分析

一级指标结果中毕业设计（论文）、实训、综合实践排在前三位，选择比较集中，且意见相对统一（标准差较小）；创新创业与实验相对靠后，且选择分散。一级指标结果反映了几种实践课对该专业或工学大类专业的整体重要性。

二级指标统计结果：课程必要性要素排前三位的是毕业设计（论文）、综合实践、毕业实习，实验和创新创业排后两位；办学难度要素排前三位的是创新创业、实验和综合实践，实训和毕业设计（论文）排后两位；可替代性要素中创新创业、综合实践、培训实习排序靠前，更容易替代，毕业设计（论文）、毕业实习、实训排序靠后，不可替代。选取部分代表学习者对二级指标中的可替代性要素进行问卷调研，反馈结果显示，实验、实训、综合实践和培训实习的可替代性强，排序靠前。

总体看，分两级指标统计分析的结果是毕业设计（论文）、毕业实习、实训三类实践课程，对于开放教育工科尤其是安全工程专业而言非常重要，其实现难度较小且不可替代，而创新创业、培训实习重要性小、难度较大且可替代性强，综合实践与实验居中。

（四）最终指标体系形成

再次强调量化指标体系形成的几个依据：第一，基础规则中相关制度文件规定的工学大类本科的实践课程不低于学时或学分总量20%的量化要求；第二，上述一级、二级指标调研分析结果；第三，学校对专业课程设置要求。

需要强调和思考的问题是：如果简单按照两级指标的权重或打分评价排名从而直接落实各实践课程的学时学分，显然违背教育规律。由于调研指标设置的科学性受限，评分者选择或者环境因素限制，会使评价指标计算结果产生偏差。更重要的是，课程设置不能仅考虑学习者或教师的意见，还要考虑教育过程中的其他利益主体，尤其需要考虑政府以及社会发展需求。由此，最终指标是在基础规范前提下，在学校课程设置的权限内考虑多种因素的结果。

首先，基于制度性规定及学校统一要求，设置实践课程基础学时和可变学时是综合考虑一级指标排序及二级指标排序特点的结果；其次，基于工学专业办学规律及实验实训课的重要性，将两类实践课计入基础学时量；再次，根据学校统一要求，将培训实习和专业实习两课程学时量合并计算，并作为基础学时；最后，将综合实践和创新创业课程设置为可变学时，与专业相关的行业专利可替代毕业设计。另外，整个专业实践课程基础学时量不低于总课时 22.5%，实践课学时量不少于学时总量的 30%，具体如表 3-6 所示。

表 3-6　安全工程专业实践课程评价指标体系设计

	基础量			可变量			说明
	学时	学分	占比	学时	学分	占比	（占比为占总学时比重）
实验	80	-	5.0%	-	-	-	6 学时×10 门专业课+其他
实训	40	-	2.5%	-	-	-	10 学时×4 学期
综合实践	-	-	-	40	2	2.5%	难度较大且重要
创新创业	-	-	-	80~160	4~8	5%~10%	包括个人发明专利等
培训实习 专业实习	80	4	5.0%	-	-	-	培训实习并入专业实习计算学时量，以专业实习为主
毕业设计	160	8	10.0%	-	-	-	行业专利可替代该项
合计	360	12	22.5%	>120	>6	>7.5%	实践课占总课时 22.5%~30%

指标体系是在尽可能考虑各类教育利益相关者的基础上初步设定的，需要在实践中不断优化并能起到指引实践课程实施的参考量化成果。

另外，建立量化指标体系的目的是实现实践课程的更好发展。在指标研究和建立过程中，有一些环节的设计不够科学合理，无法达到完美，如调研专家人数较少，缺乏对调研结果的信度和效度分析等。但考虑到我国高等教育由各大学、各专业自主制定，相关规则的权限较小，各高校主要基于教育主管部门的统一文件要求开展教学运行管理，故指标体系也更应该关注教育部门的规范性文件内容，如此才能保证具体措施的规范性和科学性。

第二节 专业培养方案修订与指标体系的初步评价

构建的理论指标体系可以尝试用于相关专业实践课程的运行评价，尤其可选择合适时机，运用于安全工程专业实践课程内容的修订。

一、培养方案修订及指标体系实践基础

2020年，北京开放大学开展开放教育自主专业培养方案修订工作，将新设计的评价指标体系作为培养方案修订的一项参考检验标准。

虽然北京开放大学大部分自主专业都是近几年陆续申请并开展专业建设的，但安全工程专业在全校各自主专业中属于开办较早的，培养方案的结构和课程设置特点同学校更名并试点开放教育专业时最早申请的七个代表专业相近。由于各专业培养方案自申请并成功开办后，没有进行过统一和正式的修订，由此造成了无论培养目标、学生能力体系、课程体系都同首都城市功能定位产生较大差距，实践课程体系设置也不够规范，内容不够科学适用。为了紧跟学校自主专业改革发展的步伐，实现并保持各专业长期、有序、良好的发展势头，解决专业发展过程中的困难和问题，学校统一部署，开展专业调研，完成培养方案修订工作。培养方案修订是遵循科学发展规律的一项必须工作。

（一）学校改革发展的需求

截至2019年7月，北京开放大学已开设自主专业28个。学校对自主专业培养方案修订的指导思想和原则是基于北京开放大学〔2020〕33号文件要求，体现北京市教委对我校学历教育定位要求，即"立足北京'四个中心'的城市功能和京津冀协同发展战略，

贴近百姓需求和城市发展，创新开放大学办学体制与运行机制""对接北京城市管理和服务的需要"（《北京市教育委员会关于加快北京开放大学建设与发展的意见》）。

（二）适应高等教育发展形势

从学校的指导思想和原则看，本次修订的目的是适应高等教育完全学分制改革方向以及专业强化，在提升学习者专业技能的同时提高学习者综合素养的要求，在革新课程大类模块和课程性质、科学设置学分学时、综合考虑跨专业补修、开展实践课程、合理安排课程体系与课程选学顺序等方面，做到更科学合理，并且更好地贯彻以学生为中心的理念。

（三）安全工程专业自身发展需要

安全工程专业自 2017 年秋季批复，2018 春季开始招生，至 2021 年上半年（新培养方案于 2021 年秋季开始执行）已完成三年半运行，并有两届学习者正式毕业。此时，需要对毕业学习者和未毕业学习者的专业学习情况开展调查研究，就专业课程体系、授课形式、考核模式、核心课程、选修课程、学习任务开展、课程内容、考勤活动、实践课程任务以及学习者潜在诉求等问题，结合合作办学单位、课程教师、业内专家需求和意见，开展专业的修订完善工作，这符合学科发展规律以及客观发展状况。同时，本次修订工作依据办学规律，科学强化专本衔接办学，协调专业团队发展理念，相对过去制定的培养方案是一种新的进步。

（四）适应行业发展的客观要求

在"四个中心"的北京城市发展功能新定位及京津冀协同发展的形势下，开放大学加快首都终身教育与终身学习服务体系构建，贴近百姓需求和城市发展，满足首都市民多样性、个性化、多层次、高质量的终身学习需求，为建设先进的学习型城市，国际一流、和谐宜居之城作出应有贡献。开放大学举办学历教育的目的是服务首都发展，办学招生对象为北京市户籍或在首都稳定从事工作的城乡居民。而首都"四个中心"的城市定位决定了北京市工矿类企业在社会经济发展中的比重会持续下降，甚至消失。新的城市功能定位决定了行业未来的发展，安全工程专业的从业者未来面向的主要是服务类企业、城市运行管理类企业以及科技类企业。另外，原国家安全生产管理系统调整改革为应急管理系统，主管业务在原安全生产管理的基础上扩展到消防、城市灾害救援、突发事件应对等方面。因此，专业修订需要基于上述变化，尤其是北京市新的城市应急救援变化，广泛征集该领域专家意见和建议，体现办学与专业发展同城市发展紧密衔接。

（五）解决专业运行过程中存在的问题

历经三年的实际办学考验，本专业的对外合作取得了较好的成绩，尤其在校政、校企合作方面积累了丰富的经验，也产生了较好的社会效应。但同时暴露了一些问题，如师资力量略显不足，尤其是毕业设计环节的师资力量同毕业学生数量之间的比例严重失衡；人才培养方案中无相关专本衔接课程，尤其是在涉及学习者专科学历阶段非工科类专业时，前置知识体系不一致产生的补修基础课程的事项考虑不够周全；课程学分设置不够合理，专业核心课和毕业设计课程学分设置过低，而任选课学分设置过高；考核模式比较单一；过程性考核对实践技能的要求不够明确；部分课程开课时间和顺序需调整；原任选课课程库的课程不够丰富，存在选课不够科学合理等问题。

二、修订与实践过程

（一）调研计划

在修订培养方案之前，需要经过多方调研，系统设计调研对象和内容。具体调研对象和调研内容统计如表 3-7 所示。

表 3-7　安全工程专业培养方案修订调研情况统计

序号	调研大类	具体调研对象	调研主要内容	备注
1	相关院校调研	开放教育院校（各开放大学）；自学考试院校（北京教育考试院）；职业学院（北京工业职业技术学院）；行业高校（中国劳动关系学院）；市属高校（首都经贸大学）；部属院校（北京科技大学、中国矿业大学）；外省高校（上海）（华东理工大学、上海开放大学）	专业运行 专业特色 专业核心课程 核心课程分析	

续 表

序号	调研大类	具体调研对象	调研主要内容	备注
2	专家访谈	北京市应急管理局××处（行业主管、专家）；首钢工学院招生培训部（高校、行业培训）；首都经贸大学工程学院（普通高校专家）；北京工业职业技术学院（高职高专课程专家）；北京麦课在线教育技术有限责任公司（行业培训专家）	专业培养目标、课程方案、实践课程、招生、毕业设计等（问卷访谈）	
3	合作（招生）单位调研	北京市总工会职工大学，分校负责人；北京开放大学怀柔分校，分校招生负责人；北京长城研修学院学习中心，合作单位招生负责人；北京燃气集团，职业培训部负责人（生源单位）；中石化北京石油公司，培训主管（生源单位）	课程设置、实践课、招生、学生管理等（问卷访谈）	
4	教师调研	21位教师，其中辅导教师13人（占比62%），课程责任教师7人（占比33%），其他教师1人；调研对象分布：核心课程管理或辅导教师、专业选修课、跨学科/专业选修课的教师比例分别占43%、33%、24%	课程设置、课程活动任务	
5	学习者调研	安全工程本科专业各年级学员，包括已毕业的2018春学员和在读的2018秋—2020春学员，合计不少于70人	从事职业与专业的相关度、对本专业教学效果的评价、对本专业人才培养工作（如课程设置、教学实施、学习支持服务等）的意见和建议	
6	政策文献调研	国家对专业人才培养的定位与规划以及本科专业教学质量国家标准相关材料	把握核心要求和基础信息，以保证专业的建设和修订工作在国家标准范围内运行	

(二) 调研结果和问卷分析

分析调研结果，针对原有方案存在的问题，依据学校整体培养方案修订要求和思路，初步撰写新的培养方案。调研结果（与实践课设置相关部分）分情况统计如下。

1. 院校调研结果

院校调研主要选取具有代表性且对象分布涉及不同类型的高校，高校要足够覆盖不同类型高等教育机构。经筛选，确定的调研院校涉及自学考试、行业办学院校、部属院校、职业院校和外省院校（含开放大学系统）。具体调研分析结果如表3-8所示。

表3-8 部分高校安全工程专业办学情况调研统计分析

类型	高校	基本情况	专业特色	专业核心课程	核心课程分析
开放教育	开放大学	无相关专业	无	无	无
自学考试（北京）	北京教育考试院（石油化工学院）	在北京市举办（2016年始）	面向首都和京津冀协同发展；技能型	安全原理、安全系统工程、防火防爆技术、危险化学品管理、安全法规、职业危害评价	与我校课程体系设置一致
职业学院	北京工业职业技术学院	原煤炭工业学校	主干课程同北京市城市定位紧密结合；改变原本偏向煤炭行业的教育特色	安全管理基础、安全系统工程、安全评价、建筑安全工程、机械安全工程、电气安全工程、防火防爆技术、市政安全工程、化工安全、安全心理学、安全法律法规、事故应急管理	已无煤炭矿山类安全课程；与我校相似（化工安全例外，北京化工企业较少，我校偏向危险化学品管理更合理）
行业（全总）	中国劳动关系学院	三个方向：劳动安全公共安全职业卫生	各级政府安全监管部门，应急管理机构，企事业单位，社区公共安全管理机构，安全评价、咨询及培训机	安全管理学、安全系统工程、安全人机工程、工业安全技术、公共安全管理、事故应急救援、建筑防火设计、安全防范系统设计、安全经济学、矿山	相同点：同我校培养目标接近，偏向城市安全；核心课程较接近不同点：我校

97

续表

类型	高校	基本情况	专业特色	专业核心课程	核心课程分析
行业（全总）	中国劳动关系学院		构，各级工会组织，从事公共安全监督监察、应急管理、评价、咨询、培训及研究	安全、石油安全、评价技术	学习者已分实践经验；我校专业实践课程数量较少
市属院校	首都经贸大学	面向全国，是该校传统专业，培养人才趋向高端技术人才	安全工程师或安全评价师；安全工程的研究、设计、运行控制；能够从法律、管理、社会、环境等多视角系统管理安全专业项目；能够有效地与公众、客户、团队成员进行沟通，具备终身学习、专业发展、领导协作等方面能力的高素质工程技术人才	工程制图、工程力学、流体力学、热工学、电工学、系统安全工程、安全人机工程、机械设计基础、机械安全工程、电气安全工程、锅炉压力容器安全、防火防爆、安全管理学、职业卫生工程、安全检测与监控技术	倾向于工业生产安全；培养目标有一项同我校相近
部属院校	北京科技大学	原钢铁学院；工、矿、化工类企业安全；高级工程人才	从事安全技术及工程、安全科学与研究、安全监察与管理、安全健康环境检测与监测、安全设计与生产、安全教育与培训等方面的复合型高级工程技术人才	安全学原理、安全系统工程、安全人机工程、职业卫生工程、安全经济与管理学、机电安全工程、矿山安全技术、工伤保险、事故应急救援、事故调查与分析、建筑概论与安全工程、化工概论与安全工程、产品安全工程、计算机技术及辅助设计、工程设计	除工矿化工类课程外的核心课程开设与我校较一致
	矿业大学	最早举办安全工程（矿山）专业	偏向矿山、工业；为全国培养工矿类安全技术工程师	流体力学、燃烧学、安全系统工程、安全管理学、安全监察与法规、安全监测监控、安全大数据与智能分析、职业安全与健	与城市和公共安全相差较大；以工矿企业生产安全为主

第三章　开放教育实践课程量化指标构建与应用评价

续　表

类　型	高　校	基本情况	专业特色	专业核心课程	核心课程分析
部属院校	矿业大学			康、矿井通风与空气调节、矿井火灾防治、矿井粉尘防治、矿井瓦斯防治、消防工程学、工业通风与防尘工程	
外省（上海）	华东理工大学	上海开设本专业最具代表性的学校	技术开发、工程设计两类人才；胜任安全工程领域的技术开发、工程设计、安全咨询、安全教育、安全监察及安全管理等方面的工作	安全原理、安全管理、防火与防爆、安全系统工程与安全评价、危险物质安全处置技术、电气安全、安全人机工程学、承压系统安全、职业危害与控制、安全法学（安全法规）、化工工艺安全	专业课程同我校接近；有部分工业和化工企业类课程（上海市工业和化工类企业较多）
	上海开放大学	无相关专业	无		

2. 专家调研结果

专家调研分两轮完成，调研结果涉及课程及实践课程，内容如下：

（1）第一轮

根据学校整体培养方案修订的宗旨、要求和相关具体标准，结合市教委对我校的定位要求，以及本次修订的目标、工作要求、课程模块改革等材料，征求专家对整体改革方案的建议和意见。第一轮调研结束后，三位专家都积极回应，具体回应有以下几点：

第一，对学校结合自身定位积累的办学经验和重新修订专业培养目标工作表示支持和理解，认为该项工作势在必行，不仅体现学历教育办学规律，也紧跟时代以及北京市城市发展战略的步伐，具有前瞻性和科学性。

第二，提出了培养目标修订总体思路和要求，一致认为本专业要为首都"四个中心"建设培养人才，而且是复合型、应用型人才。

第三，对课程模块改革充分认可。

第四，涉及具体课程。三位专家意见包括：通识课程应与时俱进，保持思想政治课程的充分、完整，课程选择体现国家倡导的文化自信理念，专业课程设置要充分考虑北京市特点并结合政府职能调整（安监系统调整为应急管理系统），应急管理类课程在专业课中要重点体现，根据课程特色改革部分课程名称。

（2）第二轮

结合本次工作及专业自身特点，设计专家访谈提纲及相关重点问题。涉及课程设置内容的调研如表 3-9 所示。

表 3-9 专家调研结果统计

访谈内容	结果汇总	问题	建议
培养目标是否科学合理	是		
跨学科/专业选修课设置是否科学合理	是		增加应急、化学和机械类课程
专本课程衔接合理	是		
课程模块设置及学分分布是否合理	是		建议将专业课设置专业必修和专业选修两类，扩充专业必修课范围，既要包含公共安全，也包含安全技术
课程开课时间是否合理	是		建议增加第五学期课程
专业课各模块课程设置是否合理	是（4人）否（1人）	无机械安全技术、特种设备安全管理方面课程	
实践课程开展是否存在问题及建议	是（4人）否（1人）	应增加实验室和实训教室，实训课可安排基层实习	可以扩大实践课程学分；课程名改为《应急与安全工作实践》
计算机应用（2）/大学语文（2）	计算机应用 4 人；大学语文 1 人		
授课形式偏向	混合 3 人；面授+直播 1 人；面授+混合 1 人		
生源定位			社区安全人员；企事业单位安全人员；交通行业；外省煤炭行业；公共安全与应急
专本课程衔接			多结合实践和现场情况；专科

第三章 开放教育实践课程量化指标构建与应用评价

续 表

访谈内容	结果汇总	问 题	建 议
专本课程衔接			重实践；本科提升理论；理论课程是基础课，技术课程是核心课。
专业实践课程实现			市区街道三级基地；企业跟班实习；与本职工作联系
学分互认			已学习课程和证书；已有研究成果；相近岗位工作
学习者素养要求排序	政治、道德、职业、人格等		
需调整的其他专业课程			增加应急管理体系概论、安全标准化、防护与急救等课程
提升能力要求需调整的课程			应急预案编制、事故调查处理能力、文书撰写、自救互救

专家访谈后，与课程相关的建议和问题精选如下：

增设化学、机械、安全标准化、急救和特种设备类课程，增加应急类课程，专业课程设置接轨国家相关机构和安全管理行政职能的变化。就培养规格中的知识和能力体系要求，五位专家均提出了需要新增的课程，包括国家应急管理体系建设概论、安全防护与应急救援、系统分析方法、安全生产知识、安全评价技术、安全标准化、法规、安全知识防护、安全生产知识、现场作业等课程。其中有三位专家提出应增加《安全评价技术》课程。在能力体系上，有两位专家回答了该问题，并且都认为应注重培养事故现场自救互救能力、应急预案编制、事故调查处理能力以及文书撰写能力。

修改部分课程名称，使课程设置更为科学，如安全管理学、建筑工程安全。专科与本科衔接方面，可以考虑专科更注重技能，本科更注重理论提升。实践能力方面，专业实践以学习者参加社区街道和企业的安全工作为主，这也与安全工程专业实践课程现有实施方式基本一致。在课程实践方面增加学习者安全预案编制、事故调查处理和文书撰写能力的任务，需要在课程中进一步强化。学分互认方面，除继续开展原有学分认定办法的工作外（即已有证书、实践工作能力等），考虑学习者相关研究成果转化学分工作。

在职业和就业领域，专家认为可以将培养本科生与培养注册安全工程师结合，专科毕业生可以面向社区、基层行政体系等方向就业。

3.学习者调研分析（涉及实践课程部分）

学习者调研涉及课程和实践课的部分结果分析如下：

（1）学习动机

学习者的学习动机首先是提升个人素养、专业技能知识，占比50%；其次是考虑求职需要，单纯想提升学历，占比30%；也分别有4.86%和8.57%的学习者因为身边人报名了而随大流，或者单位统一报名，没有考虑过这个问题；还有4.86%的学习者填写了其他，如表3-10所示。

表3-10　就读安全工程专业的动机情况

选 项	小计	比 例
A 身边人报名了，随大流	4	4.86%
B 纯粹想提升个人素养、专业技能知识	35	50%
C 考虑求职需要，单纯想提升学历	21	30%
D 单位统一报名，没有考虑过这个问题	6	8.57%
E 其他，请在下画线补充填写您的报考动机	4	4.86%
本题有效填写人次	70	

（2）教学需求

大部分学习者认为应该多讲一些实践内容（占比48.57%）；也有一部分学习者认为理论和实践知识可以分别占到一半的课时量或学分数（占比42.86%）；只有极少部分学习者（占比7.14%）认为要多讲一些理论内容，如表3-11所示。

表3-11　学习者期望的教学内容

选 项	小计	比 例
A.多讲一些理论内容	5	7.14%
B.多讲一些实践内容	34	48.57%
C.一半时间讲理论，一半时间讲实践	30	42.86%
D.其他（请在下画线上补充填写您的想法）	1	1.43%
本题有效填写人次	70	

专业课程方面，学习者最关心的事项依次是学到一些有助于工作的实践知识、学到一些本专业的理论知识、了解期末考试的重难点内容、对接哪些从业资格证书，如表3-12所示。

表3-12　学习者对教学内容的关心程度

选　项	平均综合得分
A. 学到一些有助于工作的实践知识	3.36
B. 学到一些本专业的理论知识	3.3
C. 了解期末考试的重难点内容	2.84
D. 对接哪些从业资格证书	2.33
E. 其他(请在下画线中补充您最关心的事项)	0.3

（3）学习者对专业知识和技能的认知

学习者对知识需求情况统计如表3-13所示。

表3-13　学习者对安全工程专业相关知识储备的认识

	完全没有必要	没有必要	不确定	有必要	非常有必要	平均分
法律法规方面的知识	1(1.43%)	1(1.43%)	1(1.43%)	24(34.29%)	43(61.43%)	4.53
安全技术标准、规范知识	1(1.43%)	0(0%)	1(1.43%)	23(32.86%)	45(64.29%)	4.59
安全防护知识	1(1.43%)	0(0%)	1(1.43%)	23(32.86%)	45(64.29%)	4.59
安全生产知识	1(1.43%)	0(0%)	1(1.43%)	21(30%)	47(67.14%)	4.61
安全检测知识	1(1.43%)	1(1.43%)	2(2.86%)	30(42.86%)	36(51.43%)	4.41
危险源辨识知识	1(1.43%)	0(0%)	1(1.43%)	27(38.57%)	41(58.57%)	4.53
安全技术管理知识	1(1.43%)	0(0%)	1(1.43%)	29(41.43%)	39(55.71%)	4.5
预防与应急相关知识	1(1.43%)	0(0%)	1(1.43%)	27(38.57%)	41(58.57%)	4.53
小　计	8(1.43%)	2(0.36%)	9(1.61%)	204(36.43%)	337(60.18%)	4.54

学习者对技能需求情况统计如表3-14所示。

表3-14　学习者对安全工程专业相关技能培养的认识

	完全没有必要	没有必要	不确定	有必要	非常有必要	平均分
学习研究能力	2(2.86%)	1(1.43%)	9(12.86%)	36(51.43%)	22(31.43%)	4.07

续表

	完全没有必要	没有必要	不确定	有必要	非常有必要	平均分
信息获取与处理能力（文本、表格、数据处理）	2(2.86%)	2(2.86%)	3(4.29%)	39(55.71%)	24(34.29%)	4.16
创新和创造能力	2(2.86%)	1(1.43%)	6(8.57%)	37(52.86%)	24(34.29%)	4.14
安全文书写作技能	2(2.86%)	1(1.43%)	4(5.71%)	40(57.14%)	23(32.86%)	4.16
团结协作能力	1(1.43%)	1(1.43%)	6(8.57%)	32(45.71%)	30(42.86%)	4.27
现场组织施救的能力	1(1.43%)	0(0%)	5(7.14%)	28(40%)	36(51.43%)	4.4
组织生产安全事故调查的能力	1(1.43%)	0(0%)	4(5.71%)	34(48.57%)	31(44.29%)	4.34
启动事故预案的能力	1(1.43%)	0(0%)	4(5.71%)	34(48.57%)	31(44.29%)	4.34
工程设计能力	2(2.86%)	3(4.29%)	19(27.14%)	30(42.86%)	16(22.86%)	3.79
具备紧急事故施救的能力	1(1.43%)	0(0%)	5(7.14%)	35(50%)	29(41.43%)	4.3
熟练使用安全设备检测的能力	1(1.43%)	0(0%)	8(11.43%)	36(51.43%)	25(35.71%)	4.2
小计	16(2.08%)	9(1.17%)	73(9.48%)	381(49.48%)	291(37.79%)	4.2

（4）学习者对现有培养方案中课程设置和教学目标的问题认知

涉及课程、教学实施、作业、就业、考试以及证书等多方面，较为突出的问题包括：学习者认为课程内容粗略、缺少相关专业内容、实践性不强等；教学实施上讲课不生动，回复不及时；作业难度大；不推荐就业等。具体如表3-15所示。

表3-15 安全工程专业课程设置和教学存在的问题

项目	问题描述
课程方面	内容讲得粗略，互动性不强；部分课程难度较大，仅凭几周网课无法掌握精髓，考试内容与课件内容不符；有些学科太难，比如物理；专业课程设置内容过少，不能满足工作需要，且缺少消防安全、特种设备、有限空间、防火防爆、工业企业等专业内容课程；实践不足；可多增设一些实践课程；希望可以组织实践；希望专业性应更强一些

第三章　开放教育实践课程量化指标构建与应用评价

续　表

项　目	问题描述
教学实施方面	多一点互动；教师讲课不生动，重点能力及内容不突出；教师在平台上回复学生相关问题的时效性有待提高；给教师留言总是得不到回复；留言后，教师回复太慢
作业方面	专业题库应及时更新；考试题应该再简单些；多一些选择题、判断题；作业多；课件与课后作业不一致
就业方面	不推荐就业
考试方面	考试的内容很多都是教学内容没有的，平台设计人员不能解决学习过程中出现的问题，其技术有待提高；考试重点需要划分
证书方面	安全工程专业本科学历是否可以免考国家注册安全工程师职业资格考试相关科目

学习者反馈安全工程专业培养目标应该对标资质证书，如注册安全工程师、跨专业学历等，并提出强化培养安全员相关的实践能力，如风险辨识能力、应急能力、管理能力、监督指导能力等，具体如表3-16所示。

表3-16　学习者反馈的安全工程本科培养目标内容

项　目	具体内容
资质证书	注册安全工程师
	相关资质证书的考试
	学历证书
实践能力	培养熟悉相关安全工程理论与实操的基层宣传员、检查员
	隐患排查、风险识别能力
	与安全相关都应包括
	能够在实际工作中熟练运用法律，遇突发事件、紧急救援时，能够合理运用知识
	良好的安全意识，现场安全管理能实际应用，面对安全事故时的具体处理办法和措施
	将所学知识运用到实践工作中
	培养管理能力，完善安全规范
	实践应用、安全管理、安全技术、法律法规
	实践经验
	可以胜任专职安全员的本职工作
	从事安全管理方面的人员
	所有和安全相关的岗位人员，管理人员
	培养即学即用型人才，业务精英，适合多行业领域
	为机构改革后的应急管理系统培养知识及能力更全面的安全监管人员；为企业及机构培养能覆盖工作中作业全流程的专业技术复合型安全管理人员；能有效地监

续表

项目	具体内容
实践能力	监督指导企业安全管理工作
	注重实操性，与工作更贴近
	单位的安全生产管理
其他素质	人才培养能力
	职业素养、道德品质、专业水平
	掌握更多的安全知识技能
	能胜任安全生产系列对口工作
	专业技能，人员素质
	社会责任感和职业道德，应用专业知识可以解决实际问题

（三）开展专业组及专本衔接研讨

无论是从专业自身发展角度还是从实践课程完善角度，都需要考虑专科和本科的衔接，同时要考虑学校有限办学资源的更高效利用。因此，在专业组内设置专科本科衔接课程都是必须和必要的。本次方案修订在衔接课程设置上通过在工学专业组内，尤其是工程类专业（专本共四个专业）进行了广泛的交流研讨，就部分专业选修课、跨专业选修课进行了优化共选。在实训课程方面，专科与本科共同研究和协调解决实训基地问题，共谋建设学习者实训架构和知识体系。

（四）校内外专家多轮论证，多次修订完善

完成上述阶段性任务后，培养方案修订成稿，学校组织校内专家讨论、指导、评审、修改培养方案。经校内专家修改方案后，组织校外专家专门实施不同学科培养方案的科学评审，并按照评审专家的意见进行方案修改及完善。

（五）试行和全面推行新方案

经教务处和各学院及专业责任教师进行最后核对和统稿，正式公布各专业的新培养方案。由此，经多轮专家论证和修改，后多次经学校相关会议讨论、修改、表决等流程，学校首先选取2021年春季招生的三个专业进行试点，安全工程专业暂未纳入试点专业。之后，全部自主专业在2021年秋季招生的学习者（21秋年级）中，执行各自经过多方论证并通过后的新专业培养方案。

三、修订结果及新方案中的实践课程设计情况

安全工程专业新培养方案正式完成并拟在 2021 年秋季招收的学习者中实施。新方案涉及技能和实践课程的内容变化较大。

（一）在专业培养目标中改变人才目标定位

专业培养目标由"能从事安全监督管理实践与研究和突发公共安全事件应急处置等工作的高素质复合型工程技术人才"，修改为"能从事安全监督管理实践与研究、突发公共安全事件应急处置等工作的技术应用型人才"。并对学生实践应用能力的描述进行了科学细化。

（二）培养方案中明确增加了"主要实践性教学环节"，充实了课程实践内容

方案中实践性教学环节包括课程实践和综合实践，课程实践要求每个专业必须在涉及实践操作的课程中明确实践教学内容及目标要求，并在具体课程开设时的学习任务量化描述里不低于 10 课时。安全工程专业在新培养方案中具体落实上述要求，落实的实践课程数量不少于 6 门。在综合实践方面，新培养方案中明确了两门综合实践课及课程目标，并细化了内容要求和能力方向等要素。

（三）增加了实践课程的课时

新方案针对专家及各方的调研意见和建议，考虑工学专业对技术技能的更高要求等因素，将原来的《毕业设计》课程学分与课时数量进行了调增，由原来的 4 学分 80 学时调增为 8 学分 160 学时。将《安全工作实践》课程名称修改为《应急与安全工作实践》，这既体现了本专业培养目标定位首都"四功能"的特点，也更符合安全工程专业未来生源由安全生产转向应急救援与安全生产这一特色，有利于学习者更好地完成实践教学内容。

四、培养方案修订前后实践课程量化指标结果对比

将指标体系与安全工程专业培养方案修订前后的实践课程设置结果进行对比，既可以看出实践课修订前后的变化，也能为今后专业运行过程中关注的问题及改进实践课程内容提供思考和参考，也可以是一种对指标体系的提前检验。对比情况如表 3-17 所示。

表 3-17 培养方案修订前后实践课程实施指标对比

评价指标量		修订前		修订后	
	课时	学分	课时	学分	课时	学分
实　验	80	—	40	—	>60	—
实　训	40	—	无	—	20	—
创新创业	80~160	4~8	无	0	无	?
培训实习 专业实习	80	4	80	4	80	4
毕业设计	160	8	80	4	160	8
合　计	480~560	18~22	240	8	>360	12+

"?"表示尚不能完全确定，需要在运行过程中结合学分银行制度以正式文件确认

比较发现，在培养方案修订前，安全工程专业实践课程开展主要通过毕业设计以及专业（培训）实习两种主要方式实现，有较少课程实验能基于成人工作特点完成综合实践任务，且总课时量及学分与指标值相差较大。

修订后，新方案实践课程缺少创新创业课程及相关的学分认定制度或方案，另外，社会综合实践课程也未设置明确的对应学分，且课时总量同标准课时量相差不大，其中一个主要原因是缺少具体的创新创业课程和综合实践课程。今后，创新创业课程学时学分以及综合实践课程学分获取及相关制度建设将是该专业新方案推行过程中重点关注的，也需要学校推动学分银行体系成功运行，实现学分互认，并由专业基于自身特点积极开展学分认定工作。

第三节 评价总结与展望

一、安全工程专业旧培养方案实践课程实施情况

无论传统电视大学还是6所试点开放大学举办的开放教育专业,工学类专业都较少,加之其他方面的影响因素,致使本专业旧培养方案中的实践课程设计相对薄弱,形式也过于简单。旧培养方案中的实践课程主要为四类或四种形式,如毕业设计4学分(80学时)、毕业实习或工作实践4学分(80学时)、专业课程实验与实训(内容和数量要求需占课程一定学时)、工作技术成果或工作奖励成果的学分认定(认定后可替代相应学分和选修课程)。整体看,旧培养方案中的实践课程占比较低,即使课程实验与实训按80学时计算,实践课程的基础量也只有240课时,占比15%,而且可变量只有一项。根据对该专业2018春季到2020秋季学习者申请学分认定的情况统计,学习者真正能达到用技术成果或工作奖励成果兑换学分并免修课程的情况几乎没有,主要原因是成果和奖励要求较高(例如成果至少是已申请的发明专利等形式,奖励需要省市级及以上),成果不是简单通过学习努力能轻松获得的,如果在学习期间鼓励学习者参加综合实践和创新创业,那么成人学习者能更好地结合自己的工作与能力因素积极参与综合实践和创新创业。总之,原培养方案的实践课程开展情况不甚理想。

二、新培养方案中实践课程设置与指标体系的对应情况

学校2020年底完成自主专业新培养方案的修订,安全工程专业新培养方案拟在2021秋季学习者中实施,新方案中的实践课程与上述实践课程指标体系的衔接将是检验该指标体系科学性的重要依据。从指标体系视角看,新培养方案的实践课程设置情况总体符合《安全科学与工程类教学质量国家标准》要求。

首先,基本满足"工程实践与毕业设计(论文)至少占总学分的20%,20%主要指集中实践环节、单独设课课程学分,课内实验、实践学时不予计入"的要求。由于已经

确定的实践课程课时数达到了 15%（12 学分），随着综合实践和创新创业课程任务的实施落实，总的实践课程课时数即可达到 20%。

其次，通过不断的研究优化以及修订改进，新方案已经达到"应设置完善的实践教学体系，应与企业合作，开展实习、实训，培养学生的动手能力和创新能力"标准，今后将继续加强综合实践课程以及创新创业课程的落实。

依据指标体系及相关政策制定的新方案，具体运行达标情况如表 3-18 所示。

表 3-18　新方案实践课程预计实施效果

项　目	《标准》要求 是否必设	《标准》要求 量化要求或具体内容	新方案结果	是否达标
实践环节总量	是	占学时数不少于 20%	基础量＞20%，总量＞22.5%	是
课程/专业实验	是	人机工程和防火防爆必须设置	已设置课程实验内容	是
课程设计	是	不少于两门课安排课程设计	已安排课程实验和实训	是
社会综合实践	否	无	作为可变实践课程内容，突出开放教育特色	
创新创业	否	无	作为可变实践内容	
实习（认识、生产、毕业）	是	认识：1～2 周 生产：4～6 周 毕业：4～6 周	工作实践：12～18 周	是
毕业设计（论文）	是	10～15 周，内容 50%与实习相关	15 周，与工作实践结合	是
总实习周数	是	＞10 周	在职工作，并完成工作实践课程	是
行业/企业专家	是	实践课程和毕业设计有行业/企业专家参与	行业/企业专家参与直播课、毕业设计指导、工作实践	是

（一）新培养方案中明确了专业课程中的实验、实训方式及课时要求

新方案要求专业课的学习者必须根据课程特点，设置案例分析、相关知识的实验数据与操作过程（完成后用视频形式提交），同时学习者可以根据课程特点提交实践作品，如消防设备现场操作视频、人工急救操作视频、危化现场操作、有限空间操作实践过程等。这些要求与指标体系中的实验和实训对应，且课时数量整体增加，按 10 门专业课程计算，每门课程 10～20 课时，总计课时量可达到 100～200 课时，满足指标体系合计

120 课时的要求。

（二）支持学习者参与综合实践

从 2020 年开始，学校教务处先后为安全工程、社会工作、法学专业下发了专门的学习要求，三个专业可对学习者工作期间的课程灵活考勤。但对于学习者参与类似上述性质的社会综合实践如何兑换学分学时，学校教务处尚未制定正式文件，只有针对参与此类工作的优秀学习者提交综合实践报告并通过学校评审后可以替代毕业顶岗实习这样的操作。之后，包括安全工程在内的上述三个专业的学习者综合实践报告通过了评审，且该类学习者可以用评审后的综合实践报告替代专业实习报告（对应应急工作实践课程中的实践报告任务部分），这既实现了综合实践正式进入课程实践整体环节，也体现了综合实践的可变量属性。

（三）认可学习者个人的创新创业成果和经历

由于安全工程专业的生源主要为应急系统专职安全员以及北京市大型企业安全工作人员，都是在职工作者，故在创新创业成果方面尚未有学习者提交成果申请。但基于未来生源的多样性变化，将会有更多学习者参与创新创业，故需要将个人创新创业成果与经历同北京开放大学学分银行管理规定进行对接，认定学习者创新创业工作相关学分并免修指定的选修课程。

（四）持续推进培训实习和专业实习

由于旧培养方案中有关这两类实践课程的实施相对完善，在读学习者和已毕业学习者的实习实训基地主要通过合作办学形式实现。绝大多数学习者参加过上岗培训以及年度轮训，所有学习者都在安全岗位和安全相关岗位从事安全类工作多年，两类实践课程开展顺利。未来专业工作的重点之一是随着生源多样化，为切实有效完成培训和工作实践教学内容，需要与更多的实训基地开展项目合作，以便应急行业及大型企业安全工作人员之外的学习者能顺利完成岗位培训和工作实践。此项合作任务正在积极开展并预计能取得较好的合作成果。

（五）加大毕业设计的支持和投入

新培养方案将毕业设计课程学分由 4 分调增到 8 分，一是为了体现毕业设计在工学类专业中的重要性，一定程度上提升学习者的设计水平，另外也是为了增强对毕业设计环节的专业指导力度，让学习者的毕业设计质量进一步提升。这一改进需要学校和学院层面加大指导教师团队建设力度，投入更多资源。

三、指标体系的应用评价和展望

指标体系的量化方法和过程可能有许多不成熟的地方，但指标体系的设计和建立能使安全工程专业实践课程的实施更具科学性，可以作为今后实践课程量化标准建设的努力方向，对开放教育的其他相关专业也能增加一些思考和借鉴。

本次研究恰逢学校开展培养方案修订工作，这为评价指标提供了检验的机会，这也是今年团队研究和实践的重要方向，即通过北京开放大学安全工程专业新旧培养方案中实践课程设置的指标量化对比，更好地将指标体系与安全工程专业 2021 年秋季实施的新培养方案进行衔接，顺利检验指标体系与该专业实践课程运行效果，也初步对指标体系进行修订和完善，未来将持续跟进。同时，学历教育的周期性特点，决定了对指标体系的评价应在安全工程专业新培养方案运行 2～3 年后（两届学习者完成毕业的周期）再次展开，这也是开展持续性研究需要关注的重点，即跟踪安全工程专业新方案实施结果并积极开展指标体系评价工作，以便逐步修正，从而更好地完善指标体系。

第四章 学分银行是开放教育实践课程建设的特色

第一节 学分银行建设与开放教育实践课程融合初论

一、学分银行概述

学分银行概念自 20 世纪引入我国，并逐步由研究转向应用。21 世纪以来，学分银行在研究和实践探索方面都得以迅猛发展，并广泛应用于我国高等教育、职业教育、成人教育和全民终身教育领域。学分银行是一种模拟或借鉴银行的功能特点，使学习者能够自由选择学习内容、时间和地点的学习过程管理模式。在学分银行中，学习成果的获得与商业银行零存整取的储蓄方式相似，学习者平时参与并得到认可的学分能像货币一样被存储在国家相关部门授权的机构，当积累达到一定标准之后，学习者能根据需求兑换相应的学历和非学历证书。

学分银行的成功实施与现代学习广泛采用学分制模式相关。学分银行有利于调动学习者的积极性；有利于学校同就业和教育产业市场更紧密结合；有利于不同类型教育机构间的沟通衔接；有利于学历教育与非学历教育的融通；有利于发挥教师技能。学分银行尤其适合边实践边学习的成人教育。

近些年，我国提出了构建终身教育体系，全面建设学习型社会的目标。2010 年，《国家中长期教育改革和发展规划纲要（2010—2020 年）》明确提出"建立学习成果认证体系，建立学分银行制度"。学分银行的主要内容为累积学分，它突破传统的专业限制和学习时段限制，将技能培训与学历教育结合，将学习者完成学业的方式从固定学习制转变为弹性学习制，学习者完成一门课甚至一个完整的知识点、一个项目，学习一项特殊技能，就能获得一定的学分，同时相关的培训证书也计学分，然后按全部应得学分累积，达到一定要求就可以获得相应的学历。学习过程中允许学习者不按常规的学期时间进行学习，可以像银行存款零存整取一样，学习时间可以连续，也可以中断。中断或者间隔时间可以是几个月，也可以是几年，曾有学习经历仍可折合成学分，存于学分银行。学分银行建设是一个制度建设过程，更是一个标准建设过程，它离不开信息化手段的应用。成熟的学分银行体系是制度、标准、媒介、认证管理、转化等一系列工作的完善和系统化。简单的学分银行体系如图4-1所示。

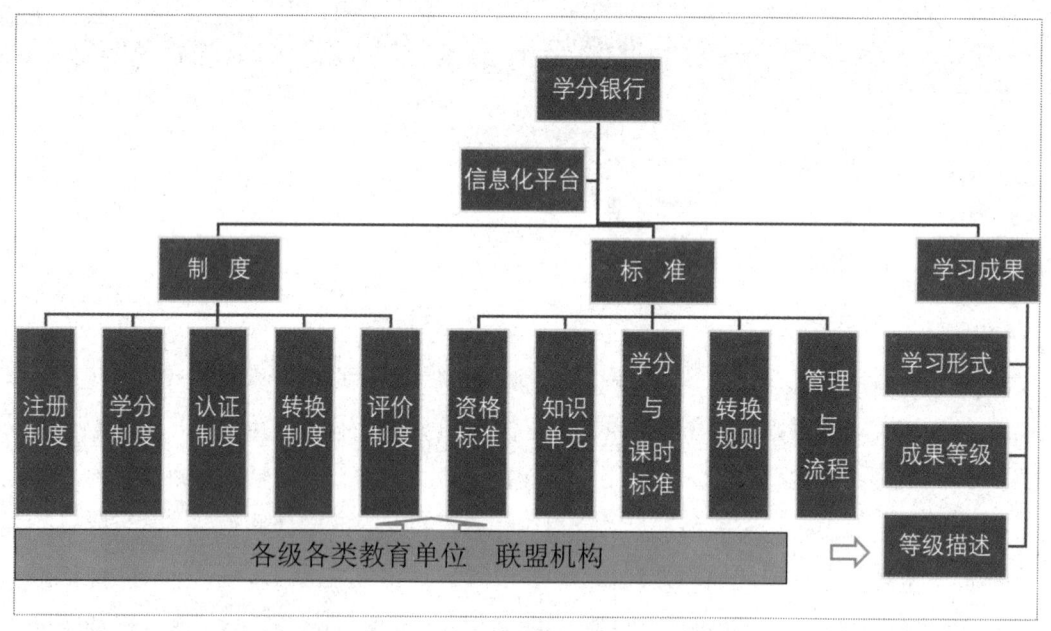

图4-1 学分银行体系

2016年，教育部发布的《关于推进高等教育学分认定和转换工作的意见》中提出，探索建立国家学分银行，构建分级认证服务网络，对学习者不同形式的学习成果及学分进行认定、记录和存储。鼓励区域、联盟学校建立学分认定、积累及转换系统。

至此，全国范围的学分银行建设工作逐步兴盛，成人教育尤其是开放教育在学分银行建设过程中被赋予重任，其积极性也空前高涨。

学分银行建设工作是一个系统化工程，既要考虑国情，也要借鉴国际优秀经验以实现取长补短，还要考虑参与教育过程的各类主体的能力和需求，更要考虑教育资源、教育经费等的投入和效益问题。《中国教育现代化2035》提出，推进教育现代化的总体目标是：到2020年，全面实现"十三五"发展目标，教育总体实力和国际影响力显著增强，劳动年龄人口平均受教育年限明显增加，教育现代化取得重要进展，为全面建成小康社会作出重要贡献。在此基础上，再经过15年努力，到2035年，总体实现教育现代化，迈入教育强国行列。《加快推进教育现代化实施方案（2018—2022年）》也制定了搭建沟通各级各类教育、衔接多种学习成果的全民终身学习"立交桥"，提出要加快发展社区教育、老年教育，深入推动学习型组织建设和学习型城市建设。学分银行体系建设是终身教育体系建设的重要内容和有力支撑。在众多探索建设学分银行的地区和系统中，诸如北京、上海、广东、浙江、江苏、云南、福建、陕西、山东，以及国家开放大学等，都取得了较理想的成果，尤其在承担主体、制度文件、学分互认和相关平台方面取得了实质进展，但在目标与任务、资金来源渠道、投入和供给的持续、参与主体、收益分享等方面存在很多问题，导致学习者和机构积极性不高。这些问题的逐步解决还需要一个较长的过程。

二、开放教育学分银行建设历程

2010年10月，国务院办公厅在《关于开展国家教育体制改革试点的通知》中指出，探索开放大学建设模式，建立学习成果认证和学分银行制度，构建人才成长"立交桥"。2012年，中央广播电视大学更名为国家开放大学，全面启动国家开放大学学分银行建设。这是广播电视大学向开放大学战略转型的重要改革创新举措。随后，"5+1"开放大学建设模式正式启动，几所试点开放大学相继开展学分银行建设工作，主要面向本省区域内的高校在校生和普通市民，服务于各类群体、各类机构，满足其学分互认、学分互换需求，促进全民终身学习。

各省级开放大学学分银行建设工作一般由本地教育委员会或教育厅主办和管理。如北京和上海开放大学学分银行分别由北京和上海市教育委员会主管，江苏、广东、云南、浙江、福建等开放大学学分银行则由省教育厅主管。截至2021年底，除试点的6所开放大学已经陆续开通学分银行运行平台外，其他省市级开放大学也在本地教育主管部门的统一部署和国家开放大学的指导下，陆续开展学分银行的建设运行工作。这些开放大学学分银行的进度和特色各有不同，其中涉及认证转换的学习者范围是校内学习者还是校外人员，以及认证成果是校内成果还是社会其他教育单位或机构取得的成果。

国家开放大学在学分银行建设过程中提出了"框架+标准"的技术路径，由教育部指导并联合行业企业、普通高校、高职院校、省级广播电视大学（开放大学）、社区学院以及教育培训机构等 70 多家单位开展试点，试点结果初显良好发展趋势。据国家开放大学党委书记、校长荆德刚介绍，截至 2020 年，全国开放教育系统学分银行已为 31 个省份教育行政部门、新疆生产建设兵团教育局、1828 所院校、14 家培训评价组织建立了业务管理账号，这也说明开放教育系统学分银行建设的成果还是比较明显的。

三、学分银行与终身教育体系建设关系的理论观点

针对如何推动学分银行建设、实现学分银行建设目标的问题，学者们从不同视角开展研究、提出问题、给出结论，不仅在理论上丰富了学分银行建设的相关研究，也在技术上提出了严密和周全的路径和思路。

（一）发展论

发展论主要是从社会发展与技术进步角度研究学分银行是教育促进社会发展的必然产物。郭青春（2010）较早做了"开放教育可通过学分银行实现终身学习理念"的可行性研究。李霖曙、鄢小平等（2013）认为，学分银行制度本质上就是学习成果认证、积累与转换的制度，其主要目标是建立各级各类教育衔接和沟通机制，拓宽学习和成才的途径与渠道，为学习者提供学习的多次和多种选择机会，满足个人多样化的学习和发展需要，推动全民学习、终身学习的学习型社会建设。学分银行制度建设不是简单的教育问题，需要从终身学习发展、市场经济、人力资源开发、学习成果导向、教育国际化和社会文化等多个角度去深刻研究和认识，同时要结合国际经验和我国实际，指出我国学分银行应采取建立国家层面的学习成果认证、积累与转换制度模式，应在大量研究和调查的基础上进行整体设计，建立继续教育协调机构、学习成果框架和标准体系，并通过国际合作和试点，协同、稳步推进学分银行建设实践。朱龙博、郭翠（2021）在具体研究长三角地区的学分银行建设成果后指出，长三角地区的学分银行建设是长三角教育一体化进程中的重点协作项目之一，服务于长三角地区终身学习区域联动机制和学习型社会建设，需要沪苏浙皖三省一市多元主体的共同参与。长三角地区开放教育学分银行在政策、制度、业务、主体和平台等方面已具备了一定的合作建设基础，但也遇到了区域差异、主体多元、动力不足等实际困境。长三角地区开放教育学分银行建设需要边实

践边研究，并通过建立反馈机制、加强统筹协调、建立合作机制、促进交流共享、构建动力机制、形成长效模式等，及时梳理各类要素，有序分步推进。

发展论是学分银行建设研究的主流，也是学分银行研究领域的主要研究方向。由于学分银行建设工作涉及领域较多，开启制度、体制、机制等方面的研究有利于看到事物与问题的复杂性，是新事物产生并不断优化改进的必然过程。学分银行建设过程不能缺少基于发展视角的研究结论。

（二）系统论

系统论主要是从机制、体制等方面研究学分银行建设过程中存在的各种阻碍和矛盾，通过科学设计学分银行运行体系实现学分银行快速落地，并使社会广为接受，使学分银行成为实现社会终身教育体系的主要抓手。汤书波、陈梅艳（2011）较早从理解开放教育的概念入手，在论述开放教育与学分银行关系的基础上，主要以学分存储、学分转换、学分消费、学分信贷和学分结算五个功能模块提出开放教育学分银行系统总体设计方案，简要描述系统的运行机制。郝克明（2012）提出通过非学历教育的学习成果实行登记制度，有步骤地科学开展对学习成果的认定、积累和转换工作，并建立不同类型学习成果的认证、评估与转换制度。一定要建立在科学研究和认真探索与实践的基础上，把区分不同情况和提高质量放在突出的位置，建立和完善与学分银行相配套的人才选拔制度。李惠康（2012）在介绍上海市终身教育学分银行的构建背景、定位、基本功能、特点以及运行方式的基础上，展示了上海市终身教育学分银行运行的信息化服务平台，并简要分析了上海市终身教育学分银行构建与运行面临的困境，为国内各省市建设学分银行、搭建终身学习"立交桥"、促进各级各类教育的融通，提供一个实践案例。江丽（2021）总结分析了安徽开放大学在学习成果认证转换实践中的具体运作和成效，提炼出以课程为基础，构建区域性继续教育共同体的学习成果认证转换模式，并对国家层面推进学习成果认证转换工作提出思考。

系统论可以说是学分银行建设研究的"务实"派，通常这类研究基于实践视角，设计学分银行建设的流程和技术手段也来自实践者的经验总结，这类研究从基础和技术层面推动了学分银行工作的不断进步。

（三）成本与收益论

这个方向的研究实质是教育资源视角的研究。这一理论主要从参与学分银行的不同利益相关者角度出发，通过研究不同利益主体各自的成本和收益解决学分银行建设过程的参与问题。这里面所说的不同利益相关者主要包括学习者、教育行政主管部门、高等教育机构、社会教育机构、中介评价机构、劳动者所在单位等。李锋亮、张非男（2014）研究得出：得益于学分银行的支持，学习者的流动性、学习便利性、主动性、学习灵活度与学习效率将大大提高，学习者的学习门槛、辍学概率、学习浪费和教育不匹配现象将降低到最低程度，学习者的私人教育成本将减少，教育私人收益将得到明显的提升；在学分银行体系下，学习者规模的增加将提升办学机构的规模经济与范围经济，与此同时，办学机构之间不但会加强竞争，还会加强合作，这样社会整体的教育质量会提高到新的水平，也会构建起覆盖全社会的教育网络；学分银行的实施将降低行业和企业的人力资源管理成本，提升人力资源管理的效率；学分银行能够有效增加人力资本供给、促进教育公平，有利于促进学习型社会的建设，提升国家创新能力，使教育的社会收益率达到一个新的水平。因此，学分银行的利益相关方，尤其是政府应该重视学分银行的建设，在学分银行建设的初期应该加大投入。相关主管部门需要做好国家层面的顶层设计，并着手在合适的地区与领域开展试点，推动学分银行建设。吴卓平、陈小艳等（2018）提出，不同利益相关者对学分银行建设既有共性的利益诉求，也有各自不同的利益诉求和发展主张，学分银行建设的动力主要包括政府主管部门的推动力、行业组织的支撑力、学习成果生产方的驱动力和学习者的内生动力等。目前，我国学分银行建设尚不能满足各方利益诉求，原因在于发展动力欠缺，尚未形成完善的动力机制，亟须构建基于共赢、共享理念的由动力生成机制、动力聚合机制和动力保障机制组成的学分银行建设的动力机制。曹影、耿成义从成本收益视角出发，研究得出学分银行建设的策略，包括：法律引领、政策辅助，以实现学分认证、累积和转换，不同利益共同体支持学分银行建设，第三方独立机构主导学分银行建设。

总之，这一研究方向主要从不同利益主体的诉求以及参与学分银行建设的成本收益角度研究利益主体的积极性。不同利益主体参与的积极性差异将直接影响学分银行建设的结果。所以，重点关注不同利益主体需求、解决存在的问题是学分银行建设的重点工作，必须开展研究并在实践中解决不断遇到的问题。

四、实践技能认证与学分银行

从学分银行资历框架的研究成果看,学分银行设计的学习成果包括各类学历文凭、证书和先前学习成果等。现阶段,由于受学分银行建设区域性、主管单位归属、参与单位复杂性等因素影响,从表面看,虽然最容易实现学分转换的学历文凭是学分银行建设发展的最好部分,但实际上该部分在各省学分银行中的转换结果较差。现阶段,虽然颁发证书单位的复杂性影响了证书转换的整体比例,但无论从申请者还是从审核者角度看,证书转换都是最多的,以至于现阶段关于学分银行的研究也更集中于同"1+X证书"结合领域。另外,先前学习成果的认证转换难度相对较大。从各省学分银行的执行进度和实际效果看,认证成果除主要集中在证书转换外,也有部分先前成果。申请者的证书或先前成果更多是体现了申请者的实践操作和特殊技能水平,更多时候,操作和特殊技能是在工作、生活中获得的。开放教育学习者由于其工学兼顾的特殊性,有更多获取操作技能的机会,因此对学分银行的学分认定和转换需求更为迫切。

第二节　学分银行建设与受益对象

学分银行的研究主流极少系统地涉及利益相关者的成本收益问题,而学分银行建设工作是一项系统工程,需要政府、各教育主体、教育合作单位、企业及其高层管理者、家庭、相关培训考试机构乃至社会整体共同参与,而且重视不同利益相关者的利益。教育要考虑货币、时间等成本问题,考虑不同利益主体的成本。从教育成本分担理论出发,分析各利益相关者在学分银行建设过程中的收益和成本特性,一方面能够更清晰地理顺学分银行参与主体的权利和义务,另一方面也能为学分银行体系建设提供一些基础参考,尤其是参与主体的重要性和优先顺序方面。

一、成本分担与教育受益

公共产品理论认为,教育兼有私有产品和公共产品的属性,从我国国民经济行业分类角度看,作为服务业的教育仍不能脱离成本收益问题。教育成本是培养学生所耗费的教育资源的价值,是为培养学生而由社会和受教育者个人或家庭直接或间接支付的全部费用。相对于这一广义的教育成本,狭义的教育成本只是学校为培养人才发生的所有开支。高等教育的成本分担指的是高等教育成本由谁支付、如何支付以及分担比例问题。成本分担理论是由美国高等教育财政专家布鲁斯•约翰斯通提出的,其价值基础是:高等教育是既有投资也有收益的活动,满足了众多主体的需要,且受益对象包括国家、受教育者个人、企业、企业雇主(股东)、家庭、大学机构等众多社会主体,根据谁受益谁付款的基本准则,高等教育的成本必须由相应的社会主体承担。

从经济学成本收益的对等原则看,成本收益既包括可货币化的部分,主要是能计入单位和个人家庭财务报表的收支;也包括不可货币化的部分,如以信息化为手段扩大优质教育资源覆盖面,被视为扩大受益面、缩小城乡数字鸿沟和区域差距的机会。因此,教育及其产品产生的收益既能让社会受益,也可以使受教育者增加预期经济收益,并能收获非经济利益。如受教育者在竞争市场中提高了资源配置能力,增加了预期收入与福利,获得更多职位职务的晋升晋级,增加了作为人才的横向流动机会,以及提升代际效应等。有时候,收益也指兼顾社会和个人目标,如先进教育技术的应用,增加了教育公平,从而更好地实现社会公平;学分银行制度建设与教育技术进步及推广应用息息相关。

二、高等教育利益相关者

(一)利益相关者定义与理论观点

利益相关者概念最早提出于 20 世纪的美国,并被应用到经济管理学界。其中,美国学者伊戈尔•安索夫提出:"要制定出一个理想的企业目标,必须综合平衡考虑企业的诸多利益相关者之间相互冲突的索取权,他们可能包括管理人员、工人、股东、供应商以及分销商。"之后,利益相关者的概念逐渐被重视和研究。英国学者弗里曼对相关利益者的定义是:"可以影响到组织目标的实现或受其实现影响的群体或个人。"加拿大学者克拉克森将利益相关者定义为：在企业过去、现在、未来的活动中具有或要求所有权、权益、权利等的个人或集团。他把利益相关者分为主要利益相关者和次要利益相关者。主要利益相关者是指一旦没有他们，企业就无法正常运行的利益相关者，如股东、投资机构、职工、顾客、供应商和政府；次要利益相关者是指能够影响企业，也能够被企业影响的群体，但他们不介入企业的事务，如媒体、社会团体、民族组织、宗教组织和一些非营利组织等等。由此，关于利益相关者的划分显得非常复杂，单就划分的结果看，利益相关者就有 20 多种。包括：作为主要社会利益相关者的投资者、客户、供应者、业务伙伴、员工、管理人员和当地社区；作为次要社会利益相关者的竞争对手、贸易团体、媒体、工会和政府等；作为主要的非社会利益相关者的自然环境、非人类物种和人类后代等；作为次要非社会利益相关者的环境压力集团、动物利益压力集团等。除此之外，还有其他各种划分方式。

在此，按照我国理论界和大学教材中较为常见的划分方式，可将利益相关者划分为以下几种：投资人（股东）、债权人、员工与管理者、供应商、分销商及消费者、政府、社会团体、公众及媒体等。消费者、政府、社会团体、公众、媒体以及未来在这些主体中的潜在股东属于企业未来社会责任对象。

利益相关者研究领域的核心内容是进行企业绩效评价。弗里曼认为："经济价值是由这样一些人创造的，这些人自愿聚集在一起，通过合作来改善各自的现状。"该理论出现后，如何进行企业绩效评价、评价是基于利益相关者中的哪些、评价主体是谁、评价方法、如何进行权衡等问题充满争论与疑问，甚至受到各个流派的攻击。总体来讲，理论界认为，关于企业绩效评价的范畴可以分为三种：第一种认为，企业绩效指的就是企业社会绩效。该观点主要体现在美国学者索尼菲尔德提出的外部利益相关者评价模式和加拿大学者克拉克森提出的 RDAP 模式。第二种认为，企业绩效不仅包括企业的财务绩效，还包括许多非财务绩效。该观点主要体现于哈佛大学教授罗伯特·卡普兰和复兴全球战略集团总裁戴维·诺顿于 20 世纪 90 年代初提出的平衡计分卡。第三种认为，企业的绩效应分解为任务绩效和周边绩效两个组成部分，只有将任务绩效和周边绩效结合起来，才能真正、有效地评价企业绩效。现阶段，我国学者对利益相关者的研究以及基于利益相关者出发进行企业绩效评价研究侧重于企业的经济绩效，对企业社会绩效评价研究相对较少。

由此，利益相关者理论认为，企业发展不能仅考虑股东利益，现代管理需要新的企业目标，新目标既要有收入和利润的考量，也需要考虑规模发展和社会福利，还要保证企业客户、债权债务人、员工等的获益。利益相关者理论让与企业发生相关关系的各类主体的利益在企业发展中得到重视。

（二）高等教育学中的利益相关者

利益相关者理论最早于 1963 年由美国斯坦福研究院提出，是基于对企业经营理论以及财务管理方面的深层思考和假设重构，起初并未涉及教育部门。传统"资本"视角的财富理论和股东利益至上的观念推崇的企业发展目标是财富最大化，更体现作为资本所有人——股东的财富最大化。但传统理论面临众多问题，如股东利益至上产生的环境恶化等社会负面效应，所有权和管理权分离时遇到委托代理障碍，债权人基于自身利益限制股东和企业资金使用，信息不对称导致企业收益与金融市场反馈有差距致使财富估价不准确，政府希望企业承担更多责任以减少特殊时期为企业买单的可能。

具备现代组织特征的大学自然也契合了现代企业发展理论，研究利益相关者理论对推进我国大学治理体系和治理能力现代化具有借鉴和现实意义。再者，涉及教育成本支出和享受教育收益成果的各类主体，无论是公共主体、单位主体还是个人，都与利益相关者主体的目标具有一致性。因此，将经济学和财务学领域的利益相关者理论观点引入教育学领域，分析学分银行建设过程中涉及主体利益或收益成本是具有可行性的。

三、利益相关者间的重要性与顺序划分问题

梳理已有教育领域尤其是高等教育有关利益相关者方面的研究，不难发现，这些研究基本都从大学治理角度出发，且非常重视将利益相关者按重要程度分成不同层次。哈佛大学的罗索夫斯基按照对大学的重要程度将利益相关者划分为最重要群体、重要群体、部分拥有者、次要群体等四类。我国学者有划分为权威、核心、紧密、边缘四个层次的；有划分为核心、重要、次要三层次的；也有仅从影响力最大，关系最为密切的政府、高校继续教育办学机构、社会公众三大核心利益主体开展研究的。利益相关者理论在考虑股东之外的利益主体时并未划分地位、层次或者重要性。另外，学分银行建设工作已不是某一个大学的事，不能仅仅局限在开展学历教育的大学治理方面，需跳出将大学作为唯一主角的思维定式，应该从全社会终身教育视角定位主体范围和地位。除政府教育主管部门的特殊地位外，学习者才是真正的主角，因此学习者和教育主管部门不应有地位

划分和顺序划分，否则研究起点的科学性将受到质疑。

再者，国际相关领域利益相关者参与的实践和研究也各有偏重。韩国学分银行由国家财政、学习者用户、运营机构、企事业单位共同且平等筹措经费，并无次序划分。

总之，一个现实的案例就是成人教育学习者学分认定和兑换不能缺少社会化培训经历，而学分银行作为我国建设开放式的终身教育体系的一部分，其中学习者的学分更多是在高校之外获取的，因此不对利益相关者进行重要性排序是合理的。基于教育具有私有产品属性的特征，应重点分析各利益相关者的成本和收益特性，以便学分银行建设主体方面的工作更能有的放矢。

第三节　受益对象在学分银行建设中的成本与收益

一、各利益相关者的成本与收益特性

从成本分担理论和工作实践来看，不同利益主体参与学分银行体系的成本和收益存在差异。

（一）学习者和家庭

基于成本分担理论，学习者及其家庭应该承担学习过程的学分认定、转换等管理性费用，这类费用通常比较低廉，学习者和家庭的财务负担较轻。由于学习者参与学分认定和兑换课程的费用是前期支付的，学习者参与学分银行实质上是利用被称为"沉没成本"的前期消耗，此类沉没成本不因学分银行的有无而变化，对学习者及其家庭而言是额外的收益。至于学习者耗费在学分银行系统的管理时间，在现代移动互联网和人工智能支持的学分银行系统下，学习者利用碎片化时间足不出户即可完成，此类管理性的无形成本几乎可以忽略。

在收益方面，学习者是学分银行建设受益最大的个体，这体现了学分银行服务学习者的宗旨，其收益包括可货币化和不可货币化两种形式。首先，学习者可以将自己分散

的学习结果，通过学分银行有效地完成最佳组合和"化零取整"，从而提升终身学习的效率，减少无效的重复，节约时间。其次，由于学分银行可以兑换，增大了学习者自由选择学习内容的空间，学习者可以将固定学习内容进行相对自由的组合安排，之后根据证书需要兑换已学学分，实现个人发展需要，甚至通过兑换个性化学分实现个人的成长需求，如此便提升了学习者的积极性和主动性。再次，地域空间和行业领域范围足够宽广的学分银行体系，能使学习者从信息对称角度获得更加自由的生存选择，降低机会成本，也能更好地实现个人的充分发展。最后，上述三个方面的收益都蕴含了学习者及其家庭在货币上的支付节约，更为重要的是，学习者及其家庭也由此实现了更多货币化收益，使未来期望收益更容易实现，他们在物质和精神上都获得了更大满足。

（二）政府主管部门和高等教育机构

政府主管部门出于公共服务目标，义务性地为全社会提供教育资源和产品，在学分银行建设支出方面责任重大，政府以财政经费形式拨款给相关机构，相关机构以项目形式承担建设任务。现阶段，我国以财政经费为主承担学分银行建设工作的机构在国家层面主要是教育部委托相关高校协同承担不同教育形式下学分银行分支建设任务，各省委托本省普通高校、职业院校及成人院校承担本省学分银行建设工作。此模式下，政府承担主要成本支出，相关高校承担部分建设费用、主要人力资本、部分设施设备和场地等有形成本，还承担制度建设、平台联合开发等无形成本。在成本支出方面，政府主管部门的有形和无形支出主要起到引导和奠基作用，各类高等教育机构从人力、制度建设、运行保障等方面承担了主要的管理成本，同时在补充经费方面提供支撑。

政府提供教育类公共服务的主要目标是促进社会全体成员知识技能和综合素质的提升，学分银行建设增加了社会全体成员的学习机会，从而更好地实现了教育公平，促进了终身教育体系和学习型社会建设，并从资源优化配置和提升创新角度使个体和全社会成员受益，真正实现教育产出并推动社会进步。

参与的高等教育机构除同政府部门一起实现上述社会效益外，也实现了本校社会声誉的提升，还能利用学分银行平台实现本校的教育资源共建共享。从外部视角看，政府主管部门和高等教育机构共同实现社会效益，不仅降低了单个学校的边际办学成本，也提升了高校综合水平与培养人的能力。另外，过程中的互通有无、良性竞争也是教育进步的体现。高等教育机构最直接的收益是因增加学习者的数量或选择学习资源的人数等带来的学费增加。不同教育单位之间通过成绩互认也能获得一定收益，且我国民办性质高校在这两类收益之外还能因学分银行的存在拓展更多生源，非税收入也得以增加。

（三）相关机构和教育合作单位

政府主导模式下的学分银行体系建设，使相关机构和教育合作组织承担的成本费用较低。可以将这类主体划分为两类：一类是提供教育或培训内容的专门教育单位，如合作办学、资格培训、技能培训、政策法规培训等，也包括学习者工作单位的内部培训机构等；另一类是提供政策建议、咨询、运维、推广等综合服务或教育技术类单位，如各类考试管理机构、技能鉴定机构、咨询公司、教育技术公司、人力资源保障机构等。第一类主体由于学习者的成果需要进入学分银行系统并获得认可，需要承担分系统站点的建设和运行费用，包括人力、有形设施设备和无形资源的投入，也要耗费管理和时间成本。第二类主体由于学分银行系统的成果认定需借助其力量，故其主动承担成本支出的可能性较小，至多是提供免费或低价的服务，甚至为吸引其更好地承担学分银行系统的角色任务，学分银行系统可能会向其支付费用。

就收益而言，第一类主体由于其提供的教育培训成果能得到更广泛的认可和使用，可直接为其提升学习者数量和学费收入，间接提升其在社会机构中的份额，其收益可用"获利颇丰"形容。第二类主体的收益主要是较为直接的服务性收入，业务量的增加和业务能力的提升也属直接收益。另外，其同样可以获得更高的社会声誉和社会价值。相关机构和教育合作单位从总体上能通过横向竞争提升自己，也能在同一个教育网络系统中增加互信与合作，提升协同发展能力，这对社会进步也具有正面促进作用。

（四）用人单位及管理者

从单位及其管理者视角出发，学习者就是其员工。无论现有用人单位，还是潜在用人单位，尤其是具备一定规模化的单位，其常规职能包含本单位人事管理部门对职工开展继续教育与培训。为现有员工和潜在员工支付参加技能培训或理论学习的教育投入是必须支出项目，不能因学分银行建设而改变，可视为非增量的沉没成本。当然，这类教育培训可能由企业自己完成，也可能委托专门教育培训机构完成。由本单位实施继续教育和培训，需要单位同教育培训机构一样建立相应的学分银行分系统站点，否则无法将本单位完成的教育成果纳入学分银行系统，其成本增加类似专门的教育培训机构。

如果单位不承担员工的继续教育和持续学习费用，其虽没有产生直接货币性支出，但可能会被动承担员工因学习和考试而产生的时间占用，这类占用可能是允许员工享有假期，也可能是默许员工"挤占"原本的工作时间，还有可能是员工因学习而产生的工作倦怠和效率降低。还有一种经常发生的情况，员工因完成各类学习并基于学分银行体系提升了个人市场价值后而带来的跳槽、离职等人才流失，是单位和管理层需承担的隐形成本。即使由单位自己部门完成继续教育与培训，工作倦怠与离职这两类成本的情况也仍然存在。

学分银行对员工参加继续教育和培训是更好的催化剂，员工在原有存量学习机会的基础上，基于学分银行选择更有利于自己和单位发展的灵活或增量学习资源，实现自身劳动同单位的更高效匹配。单位由此可提高效率或增加产值，赚取更多的收益，多方共赢，学习者、单位和单位管理者都满意。

（五）社会

利益相关者理论研究的一个现实问题是，各利益主体在追求利益最大化目标时，减少了社会责任的承担，甚至产生对社会整体利益的损害。在我国，由于学分银行建设的参与者包括政府部门以及承担社会公共服务的公立教育单位，它们在一定程度上主导了学分银行建设，这两类主体参与的主要目标是为了更多更好地承担社会责任，这就最大限度地减少了对社会的不利或负面影响。当然，新事物的产生必须基于社会资源的使用，所有主体支付的成本都将为全社会所承担。另外，探索新事物的曲折性和反复性必将产生不必要和不科学的浪费，这是人类社会发展的规律和必然。

教育成果最终要对社会产生贡献并推动社会进步，学分银行让更多的学习者实现学习目标，这既提升了人口素质，更好地实现了教育公平，也让作为利益相关者的教育机构、家庭、企事业单位、政府等主体因学分银行而获益，由此形成了一个共赢的、覆盖全社会的教育网络，促进了学习性社会建设，从而实现社会进步。

二、各利益相关者成本承担评价

通过对各利益相关者的成本特性解析，成本初步划分如表4-1所示。

第四章 学分银行是开放教育实践课程建设的特色

表 4-1 利益相关者负担的成本项目划分

成本项		成本内容说明
可货币化类	当期报表成本	可以货币量化并计入单位当期报表或个人家庭需直接支付货币的项目，包括学分银行事务直接的货币支付、占用的土地、固定或无形资产、人员报酬等
	机会成本	各利益相关者因参与学分银行而直接损失的其他收益机会且能用货币计量的部分，是一种失去的收益
	沉没成本	过去期间已经发生并在前期完成货币计量、现被学分银行占用且不能单独划分出来的支出项，如共用其他项目已经使用的土地、固定资产、无形资产、人员等
不可货币化类	时间	学分银行建设和运行过程中各利益相关者耗费的时间
	管理	各利益相关者承担的无法量化的管理过程，此类管理可能在工作时间和非工作时间发生，涉及个人或单位承担的计划、组织、协调和控制工作全过程
	负消耗	因学分银行而产生的对其他事项或项目的负影响，如学习者家庭内部矛盾、用人单位被挤占的工作时间或怠工等

成本、利益相关者、收益三者间的对应关系，如图4-2所示。

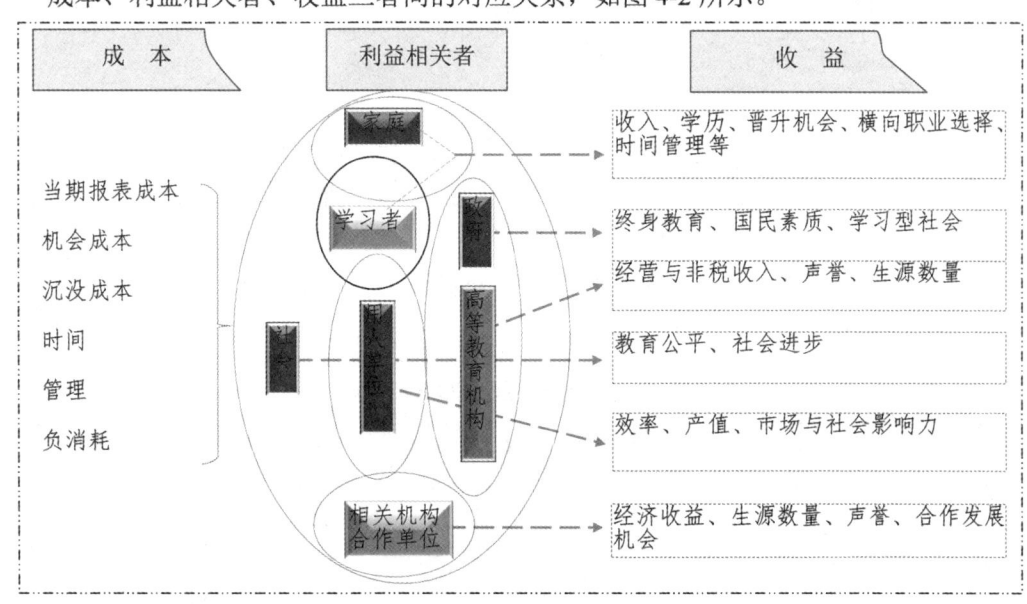

图 4-2 利益相关者成本、收益对应关系

基于国内外学者对利益相关者在教育治理以及学分银行建设中的收益问题研究较多且相对成熟，在此仅对成本问题进行量化分析评价是合适的。笔者将六项成本指标利用优序图矩阵分析，如表4-2所示。

表4-2 成本指标项评分矩阵

	当期报表	机会成本	沉没成本	时间	管理	负消耗
当期报表	0.5					
机会成本		0.5				
沉没成本			0.5			
时间				0.5		
管理					0.5	
负消耗						0.5

1分：相对更重要； 0.5分：同等重要； 0分：相对不重要

选五位学分银行建设领域专家对各利益相关者逐一进行成本评分，汇总计算每类利益相关者的六类成本权重，如表4-3所示。

表4-3 各利益相关者评分后六类成本权重

利益主体	当期报表	机会成本	沉没成本	时间	管理	负消耗
学习者和家庭	0.2264	0.2830	0.0881	0.2390	0.1195	0.0440
政府、高等教育机构	0.3125	0.2273	0.0739	0.1136	0.2330	0.0398
相关机构、合作单位	0.2297	0.1689	0.1149	0.2500	0.1959	0.0405
用人单位及管理者	0.0391	0.2458	0.2346	0.2235	0.1173	0.1397
社 会	0.0625	0.2938	0.2563	0.1063	0.1438	0.1375

运用模糊评价方法，将六项成本的总得分划为三个等级，初步得出五类利益相关者的各项成本承担情况，如表4-4所示。

表4-4 各利益相关者成本承担模糊评价

利益主体	可货币化成本			不可货币化成本		
	当期报表	机会成本	沉没成本	时间	管理	负消耗
学习者和家庭	A	A	C	A	B	C
政府、高等教育机构	A	A	C	B	A	C
相关机构、合作单位	A	B	B	A	B	C
用人单位及管理者	C	A	A	A	B	B
社 会	C	A	A	B	B	B

A：≥0.2，承担多，重要； B：≥0.1且<0.2，承担适中，中等； C：<0.1，承担较少，不重要

三、利益相关者与学分银行的成本关系启示

基于特性分析与成本量化评价,初步得出学分银行成本收益方面的结论。

(一)不同利益主体在学分银行建设中承担的成本不同

首先,一类成本是可用货币量化的、能进入单位会计报表的支付,如货币资金、场地、有形设备、无形资产、人力成本,这类成本主要是针对学分银行的直接支出,也有部分是沉没成本或可用货币计量的机会成本;另一类成本是不可货币化的耗费,包括付出的时间、管理或无效消耗等,也包括丧失的或被抵消的不能货币化计量的机会成本,如个体因参与学分银行学习而丧失的短期休闲、政府因支付学分银行建设费用而损失了其他社会公共服务的机会等。

其次,各类主体都需承担当期报表成本,政府、高校、学习者和家庭及教育机构承担得最为直接,也是学分银行建设中可货币化成本的基础。相关机构和合作单位外的其他主体承担的机会成本都较高。单位和社会对学分银行的责任属于已有资源的投入,沉没成本较高。

最后,各类主体也承担不可货币化成本,尤其是时间成本;政府和各类教育机构承担的管理责任较大;负消耗的主要承担者是单位和社会,其他利益主体很少被负消耗所拖累。

(二)各利益主体的期望收益目标和收益结果不同

首先,这里的收益是广义的收益,包括可货币化收益,也包括不可货币化的、无形的、长远的综合性效益,整体上促进了社会公平与进步,增强了民众幸福感。

其次,从治理角度看,非从事社会公共服务的主体目标明确,即获得产生利润的学费以及股价的升值,其管理层的目标主要是薪酬和奖励。从事服务类业务的非公立教育培训机构为了提升服务质量、获得良好的社会评价,因此增进利益相关者的信任至关重要。长期的信任和评价的重要性决定了这类主体及其管理者必须考虑长远和综合收益。教育类非公共服务主体会更多地考虑短期利润和股价,也在乎长远的社会认可。社会公共服务主体如政府管理部门和政府举办的大学等教育机构获得了学费收入和社会声誉。

最后,学习者个体和家庭的收益除了直接的短期或长期的薪酬增加外,更重要的是

由薪酬和社会价值的增加带来的幸福指数提升。

（三）各利益主体在学分银行建设中的行为存在差别

学习者及其家庭是学分银行最直接的受益主体，其参与学分银行必须承担直接的学费和时间成本，获得短期收益以及长期收益，其参与学分银行的主动性不低于政府和高等教育机构。从长远考虑，承担公共管理和公共服务职能的政府机构和公办教育机构主动承担了货币化、持续性的成本，收益反而更多是非货币化、缓慢的收益，基于职能因素，承担公共管理和公共服务职能的政府机构和公办教育机构是学分银行建设的"奠基者"，且高等教育机构还能获得学费收入，这类主体是学分银行建设最主动、最庞大的动力源泉。其他主体可能更多地考虑短期利益，对前期货币化投入动力不足，但其对收益的态度是同时重视现实、远期和无形三个方面，需要用减少、简化相关成本的方式增加吸引力，提升其参与积极性。社会虽然是学分银行建设中的被动承担者，但学分银行一旦成功实施，便会以一种良性的动力"反馈"给其他主体，从而规范社会秩序。

学分银行建设旨在将不同所有制形式、不同类型和规模，乃至不同发展目标的教育培训成果汇集在一个系统平台上，让学习者轻松完成知识技能的获取，方便实现执业空间和岗位的转换，且过程体现主动、灵活和高效率。同时，得益于学分银行带来的学习规模扩大，其他主体承担一定成本后收获了经济利益及其他有形、无形财富，推动了社会进步，全体社会成员也因此获益。建成学分银行体系并非易事，虽然学分银行能够为各利益相关者带来系统化的收益与效益，但由于各利益主体关注的成本和收益目标不同，在学分银行建设过程中需要关注每个利益相关者参与的动机与时机、能力与担负的角色、承担的责任及方式、利益的分享方式等因素，并逐步完善运行机制。①公平机制，平衡投入与分配，在满足全体社会成员终身学习需求的前提下，量化收支指标，尽可能做到谁投入谁受益，多投入多获益；②共享机制，做到让所有参与的利益主体都能获益，尤其要保护好弱势利益主体的利益，方能达成共建目标；③平等机制，处理好"创建者"与"后来人"的关系，政府部门和实力强的主体以"创始人"身份先行开展工作，允许并积极吸引其他主体以"后来人"身份"摘桃"，平等参与事业，最终目标是服务全民终身学习，建设学习型社会。

第四节 学分银行在开放教育实践课程中的作用

学分银行在成人继续教育和市民终身学习领域具有非凡的意义和作用。早在《国家中长期教育改革和发展规划纲要（2010—2020年）》中就提出学分银行建设的相关要求。《中国教育现代化2035》更是明确要求各地区各部门构建服务全民的终身学习体系，构建更加开放畅通的人才成长通道，完善继续教育制度，建立健全国家学分银行制度和学习成果认证制度，搭建沟通各级各类教育、衔接多类学习成果的全民终身学习"立交桥"，提高应用型、复合型、技术技能型人才的培养比重。从中不难看出，学分银行对于从事继续教育、市民终身教育，尤其是对两类教育中涉及应用和技术技能知识具有导向与指引作用。这也说明学分银行对成人继续教育实践教学环节的意义重大，开放大学实践课程的成功实施与学分银行的关系密不可分。

无论是从工作实践中已经落实和开展的学分认定工作展现出的特征，还是从学分认定工作中参与主体的视角，都能看到学分银行在开放教育实践课程建设中所发挥的作用。

一、成人在职学习者使用学分银行的特点

学分银行是将学习者的各种成果进行认证的一种制度和管理模式，开放教育学习者的在职特点决定了其自身优势是实践技能而非理论的丰富性，学习者能在大学学习阶段提出的成果更多是基于工作经验的成果，如工作岗位培训、岗位实习、岗位技能证书（资格证书或奖励证书）、大赛成绩、技能创新等实践型成果。谢妙忻、吴晓辉（2021）认为，学分银行理念下的开放教育实践教学，让不同层次、不同专业、不同经历的学习者可申请进行某专业的全部或部分实践课程教学，将其在行业里的经验用于理论学习，提高其实践教学的参与度，真正做到理论知识与实践结合；实践教学的方式与内容更加丰富，更加具有拆零和整合性；实践教学评价方式更切合实际、更科学；实践教学资源配备（实践基地、实践工具）更优化，合理的实践型成果经由学分银行系统认证，更应该转化或替代实践型课程。谭中利、黄志坚（2022）等人指出，1+X证书制度的本质理论是终身教育，而终身教育的理论源自学分银行，由此可推出，1+X证书制度与学分银行之

间也存在密切联系，而 1+X 证书制度设计的本质是对学生职业技术资格的重视。所以可以看出，实践技能和实践课程同学分银行的关系非常紧密。

另外，从几所试点开放大学已经建成的学分银行制度体系，尤其是从学习成果认证的角度来看，其涉及的实践技能认证所占比重较大，如广东开放大学和上海开放大学，其认证制度中涉及的几类项目，除了前置学历课程和其他来源的学历课程外，其他类型都比较一致，包括技能培训、职业资格证书、技能大赛奖励、其他社会或工作奖励等。

从北京开放大学安全工程专业学分认证试运行阶段的实施细则看，对于本专业学习者的学分认证更多的是涉及各类职业技术资格、技能证书、奖励等实践技能型成果，而对于文化课或其他理论课程的认证则相对容易操作。从学分认定执行实践来看，本专业学分认证工作开展了几年，除部分学习者有前期参加自学考试的课程认证外，涉及的认证几乎都是资格证书、培训证书、工作技能证书或奖励，兑换学分和免修课程主要涉及专业技能类课程，而开放教育最重要的也是最具特色的实习（工作实践）课程更是所有学习者都要提交完成的，这一实践课程的现有实施模式实际上也是采用学分银行兑换的模式。

故此，学分银行最终对开放教育学习者的直接影响更多地指向实践型课程，而理论课程相对较少，因此可以说，学分银行对开放教育实践课程的影响意义更大。

二、其他利益相关者对学分银行成果认证的参与特点

对于开放教育学分认证工作，政府除了从整体社会发展层面出台文件外，更多是基于职业教育一体化发展的建设理念思考。《国家中长期教育改革和发展规划纲要（2010—2020 年）》强调，建立开放教育学分积累与转换制度，以现代化信息技术为手段，利用学分银行服务模式，实现职业教育与开放教育的结合，促进教育体系的完善发展。另外，国务院印发的《国家职业教育改革实施方案》指出，1+X 证书制度是技能型人才成长的快速通道，而学分银行是追溯、查询、检验学生人才所获证书有效性的具体途径，二者的有效结合能切实促进教育链与人才链的有机衔接，能进一步推动职业教育实现高质量发展。从中可以看出，政府在开放教育与职业教育领域建设学分银行更多的是从职业技能和实践技能角度出发。

对教育培训机构而言，其参与学分银行建设工作，基本是出于对其从事的培训内容

融入学历教育。教育培训机构对成人的培训更多是职业技能培训，机构希望将培训成果在学历教育中得以认证和兑换。

合作办学单位本身可能并不举办合作专业之外的单独课程或技能教学培训，即使有相应的课程内容，也更多是基于自己的行业特性开展的行业课程教学培训，他们更关注能否将学习者的资历背景以及技能融入专业和学历中，其除了配合学历教育专业举办院校完成专业课程的认证转换外，更关注转换与认证的宽度和广度，即是否能将自己招收的学习者所拥有的各项工作技能全部纳入认证，而且更倾向于实践课程内容。

从社会视角看，鼓励和帮助已经在职的学习者参加专业学习的同时，能最大化地为所有社会成员提供便捷的学习方式，实现社会和谐与提升人民幸福生活指数是开放教育的重要内容。社会期望成人学习者在自己职业岗位上发挥更大的潜能，在学习理论的同时提升在职工作技能。

三、学历教育与非学历教育的衔接机制

《国家开放大学综合改革方案》提出"建立学分认定体系和标准，开展学分互认试点，实现学历教育与非学历教育学分的有机衔接"的发展计划。学历教育与非学历教育的衔接机制是学分银行的一项重大职能，而开放大学非学历教育更多的是基于其承担的"构建服务全民终身学习的教育体系"中的重要角色内容，这一角色任务包括市民家庭教育、学校教育及社会教育中所有的学习内容，是一切时间、一切地点、一切场合和一切方面的教育，是理论知识的教育，更是工作与实践技能的教育。由此，才能使开放大学教育大平台成为全民终身学习的公共服务大平台，使开放大学的社会职能更好地得以实现。

第五章　开放教育实践课程改革的基本内容

初步运用实践课程指标体系对专业培养方案实践环节的整体评价结果较好，设置的实践课程类型和课程的课时量均达到《安全科学与工程类教学质量国家标准》的要求，但仍需不断推进改革进程。学校应结合学分银行制度建设完善学分认证和相关的免修免考工作内容，从而提升实践课程实施效果；也应持续对每一实践环节、每类实践课程的现有实施过程与内容进行反馈、评价、指导和修正，在实际实施过程中科学完善整体实践课程。

完成课程方案改革、改革课程教学内容与实践课程设置及其实施，这是专业发展的必然历程。2020年，学校开展了专业培养方案修订工作，修订了每一自主专业整体培养方案内容，尤其对实践课程重新进行科学规划与设置，并在此基础上展开了从课程内容、课程实现形式、师资队伍、导学管理、学习者评价、校园文化、考试考评、教材学材、视频资源、考试资源、平台资源等方面系统科学的梳理与改造，实现了专业培养内容在细节上的精准化，符合《教育部关于新时代高等学历继续教育改革实施意见（征求意见稿）》文件要求。另外，将学校学分银行平台和安全工程专业已经实施的学分认定工作进行科学衔接，完成单个专业学分认定向学校整体学分银行建设工作的顺利过渡。

第一节 专业培养方案修订的具体内容

一、培养目标

培养目标的修订是在综合考虑教育部对开放教育的定位以及学校对开放教育自主专业举办的特色要求，并开展多轮专家研讨基础上完成的。修订前后的培养目标情况如表 5-1 所示。

表 5-1 安全工程专业培养目标修订前后对比

修订前	修订后
本专业培养掌握安全科学与技术、突发公共安全事件应急管理、安全生产法律法规、安全管理与职业健康等方面基础知识与基本技能，具备较强的实践技能，能够熟练开展重点领域安全检查工作，并能从事安全监督管理实践与研究和突发公共安全事件应急处置等工作的高素质复合型工程技术人才	本专业以习近平新时代中国特色社会主义思想为指导，培养德、智、体、美、劳全面发展，具有一定的科学文化水平和良好的人文素养、职业道德，符合"四个中心"的首都城市战略定位，掌握安全科学与技术、突发公共安全事件应急管理、安全生产法律法规、安全管理与职业健康等方面的基础知识与基本技能，具备较强的实践技能，能够熟练开展重点领域安全检查工作，并能从事安全监督管理实践与研究、突发公共安全事件应急处置等工作的技术应用型人才

修订后，培养方案特色更加鲜明，定位更准确。

第一，突显专业办学定位，体现时代特色；第二，专业战略定位与北京市首都城市发展战略的"四个中心"保持一致；第三，突出实践技能培养，将人才培养主要定位在安全检查和公共安全事件应急处置的技术应用方向。

二、毕业生基本要求

本次修订对毕业生基本要求的变化较大，这也是为了保证专业培养目标的一致性。修订前后变化如表 5-2 所示。

表 5-2 毕业生基本要求修订前后对比

基本要求	修订前	修订后
知识能力	掌握安全工程及技术基础理论知识； 具有从事工程工作所需的自然科学和经济管理知识； 掌握安全科学的基本原理和思维方法，熟悉事故防范的基本原则； 具备注册安全工程师的基本认知和基本专业能力； 适合在各级政府安全生产监管部门，企事业单位安全管理部门，社区公共安全管理机构，安全评价、咨询及培训机构，从事安全管理相关工作； 通过校内外实践环节、专业相关课程的课程设计和毕业设计的基本训练并完成文本撰写	掌握安全工程及技术基础理论知识； 具有从事安全监督检查及应急处置工作所需的自然科学和经济管理知识； 掌握安全科学的基本原理和思维方法，熟悉事故防范的基本原则； 适合在各级政府安全生产监管部门，企事业单位安全管理部门，社区公共安全管理机构，安全评价、咨询及培训机构，从事安全管理相关工作； 通过校内外实践环节和专业课程的设计操作，能完成毕业设计的基本训练与论文撰写
基本素养（职业态度情感）	树立科学的教育观、学习观和正确的世界观、人生观、价值观； 具有人文社会科学素养、社会责任感和工程职业道德； 具有健全的人格和达观的情感，具有一定的组织管理能力、表达能力和人际交往能力以及在团队中发挥作用的能力； 在组织工作中顺利完成个人职业规划，实现自我完善	树立科学的教育观、学习观和正确的世界观、人生观、价值观； 具有人文社科素养、社会责任感和工程职业道德； 适应组织和团队工作并顺利完成个人职业规划、实现自我完善和自我发展
实践应用能力	具有计算机操作和文字处理能力及远程网络在线学习能力； 具备发现和解决生产过程中安全问题的能力； 能了解与本专业相关的职业和行业的生产、设计、研究开发、环境保护和可持续发展等方面的方针、政策和法律法规，并运用其解决工作实践问题； 具有在基层社区工作中综合运用理论和技	具有计算机操作和文字处理能力及在线学习能力； 具备发现和解决生产过程中安全问题的能力； 能了解与本专业相关的职业和行业的生产、运行及可持续发展等方面的方针、政策和法律法规，并运用其解决工作实践问题； 具有在基层社区工作中综合运用理论和

续 表

基本要求	修订前	修订后
实践应用能力	术手段设计系统和过程的能力，设计过程中能够综合考虑经济、环境、法律、安全、健康、伦理等制约因素； 具有应对危机和突发事件的能力	技术手段设计和维护安全系统的能力，并在过程中能够综合考虑经济、环境、法律、安全、健康、伦理等制约因素； 适合在各级政府安全生产监管部门，企事业单位安全管理部门，社区公共安全管理机构，安全评价、咨询及培训机构，从事安全管理相关工作； 具有应对危机和突发事件的能力
终身学习能力	掌握文献检索、资料查询及运用现代信息技术获取相关信息的基本方法； 掌握科学的思维方法和基本创新方法，追求创新的态度和意识； 对终身学习有正确认识，具有不断学习和适应发展的能力； 能通过学习了解本专业的前沿发展现状和趋势	掌握文献检索、资料查询及运用现代信息技术获取相关信息的基本方法； 掌握科学的思维方法和基本创新方法，具有追求创新的态度和意识； 对终身学习有正确认识，具有不断学习和适应发展的能力； 能通过学习，了解本专业的前沿发展现状和趋势

修订后的课程内容除强化了学生实践技能的培养外，对学生能力素养的概念描述更加直接准确，删除了一些模糊的、不利于实际执行的概念，使能力培养更好地对应相关课程，从而在相应的课程内容学习中真正实现学习者能力的培养。这种对应关系也是修订专业课程设置的依据之一。专业能力与课程体系的对应关系如图5-1所示。

课程类型	拟选用课程	基础理论	人文素养	专业理论	专业技能	政策文件及高校调研	专本一体化	专业群	应急处置	城市定位	专家与合作单位调研
通识教育课	大学英语（2）	√									
	计算机应用基础（2）	√									
	马克思主义基本原理概论	√									
	中国近现代史纲要	√									
	形势与政策（2）		√			√				√	
	通识选修课（4门）		√								
专业教育课（安全生产与管理）	安全生产法律法规			√		√				√	√
	安全评价技术			√	√	√				√	√
	危险化学品管理			√	√	√				√	√
	安全信息管理			√	√	√				√	√
	安全人机工程			√		√				√	√
	安全管理学			√		√				√	√
	科学基础原理			√		√				√	√
	安全经济学			√		√				√	√
	家庭安全与应急			√	√	√					√
	建筑工程安全			√	√	√	√			√	√
	职业卫生学			√		√	√			√	√
	工程力学与结构	√		√		√	√				
	建筑识图与制图			√	√	√	√				
	工程项目管理			√	√	√				√	√
	网络信息化专题			√	√	√				√	√
	安全系统工程			√		√				√	√
	安全行为学			√		√				√	√
	电气安全技术			√	√	√				√	√
	消防安全技术			√	√	√				√	√
	防火防爆技术			√	√	√				√	√
应急类	公共安全与应急管理			√	√	√			√	√	√
	城市危机治理			√	√	√			√	√	√
	公共安全管理			√	√	√			√	√	√
	事故应急管理与应急处置			√	√	√			√	√	√
实践教育课	应急与安全工作实践	√		√	√	√				√	√
	毕业设计			√	√					√	√

图 5-1　专业能力体系

三、课程模块和主要课程

首先,学校增加了实践性课程的学分和学时数;其次,基于前述培养目标以及能力体系的变化,对专业的主体课程进行了改进。另外,学校从整个开放教育课程逻辑体系视角入手,将课程模块进行了梳理,体现了与时俱进,实现了完全学分制,真正意义上让学习者自主完成选修课选课学习。修订前后的对比如表 5-3 所示。

表 5-3 课程模块及主要课程修订前后对比

修订前课程模块及课程		修订后课程模块及课程		
通识课 (13 学分)	课程 1 …… 课程 n	通识教育课程 (23 学分)	入学教育课 (1 学分)	学习指南
			公共基础课 (14 学分)	课程 1 …… 课程 5
学科大类课 (12 学分)	课程 1 课程 2 课程 3		通识选修课 (8 学分)	课程 1 …… 课程 n
专业核心课 (16 学分)	课程 1 …… 课程 4	专业教育课程 (45 学分)	专业核心课 (21 学分)	课程 1 …… 课程 5
专业选修课 (12 学分)	课程 1 …… 课程 12		专业选修课 (12 学分)	课程 1 …… 课程 10
任选课 (19 学分)	课程 1 …… 课程 n		跨学科/专业选修课(12 学分)	课程 1 …… 课程 n
综合实践 (8 学分)	课程 1 课程 2	实践教育课程 (12 学分)	综合实践课 (12 学分)	课程 1 课程 2
通识课学分	13	通识教育课程学分和课时要求		23
学科大类课学分	12			
专业核心课学分	16	专业教育学分和课时要求		45
专业选修课学分	12			
任选课学分	19	实践教育课程学分和课时要求		12
综合实践课学分	8			

课程修订涉及的具体内容较多，除课程模块变化以及课程增减外，修订的部分还包括课程学分学时、开设或选修学期、跨专业补修以及通识教育课程的组成。通过修订课程，不仅实现了更加科学的课程体系和选修模式，也使得课程学分分布更加符合课程本身特点，知识的逻辑顺序体系更符合教育教学规律，同时保证了实践类课程的学分学时更加合理。

四、主要实践性教学环节

培养方案修订后，对实践性教学环节的描述变得更为具体化，改变了原来只设置综合实践课程模块的简单方式，修订后具体到每一专业课的课程实践任务，要求必须列出专业课程和部分通识选修课程的实践内容。例如对《应用写作》课程的描述：专门开设了相关公文的写作技能讲解和训练课程，通过不断的写作训练，提高了学习者的日常公文撰写能力，也提高了学习者撰写毕业论文的文字功底。其他课程也进行了比较详尽的描述。

对于实践教育课程，不再仅是描述学分和课时数，也在课程说明中明确描述课程目标和实践内容。

第二节 教学综合改革试点

为了更好地贯彻国家教育方针，进一步深化教育教学改革，坚持德智体美劳"五育"并举，着力解决人才培养中有关教学内容、方式、效果及教学管理等方面存在的突出问题，也为了贯彻教育部 2021 年发布的《教育部关于新时代高等学历继续教育改革实施意见（征求意见稿）》（以下简称《实施意见》）文件宗旨和精神，各省市成人教育、网络教育、开放教育和高等教育自学考试等机构纷纷展开讨论，并制定相关改革措施。开放大学在充分研讨的基础上，结合学校自身特点，于 2021 年底开展教学综合改革试点工作。试点工作对专业运行尤其是课程实施给出了具体试点要求和完成指标，其中尤其涉及实践课程的改革运行。

结合试点改革内容简要阐述分析涉及的重要事项以及对实践课程的影响。

一、教学资源量达标工作

表 5-4 为安全工程专业教学资源在试点改革前与改革后拟达到的数量标准对比,其中大部分教学资源在改革前已达标。

表 5-4 安全工程专业教学资源情况统计

类 别	学习时长	子 项	数量要求	现有或拟完成
学习资源	每 1 学分 ≥6.67 课时（其中视频资源每 1 学分 ≥3.34 课时）	文本资源	每 1 学分≥8000 字,且每 1 门课≥2 万字（不含 1 学分课程）	专业课程全部达标
		音视频/动画资源	每 1 学分 100～180 分钟,且每 1 门课程≥300 分钟（不含 1 学分课程）	2 门专业选修课申请资源改建,拟在一年内完成并达标
			每 1 个资源时长 10～20 分钟	
学习活动和考核	≥课程总学时 1/3	学习活动	每 1 门课≥2 个,且学习活动类型≥2 类	达标并已执行多学期
			每 1 门专业核心课程体现高层次认知目标的学习活动≥5 个	
			每 1 门其他专业教育课程体现高层次认知目标的学习活动≥2 个	
		题 库	每 1 门专业核心课≥300 道	3 门专业课申请试题库改建,拟在一年内完成并达标
			其他课程 200～300 道（综合实践课除外）	
实践课程改革			年度内完成毕业设计（论文）课程资源部署,包括视频、学材和相关活动,实现毕业设计（论文）课程由之前的线下实施改为线下+多平台（学习平台、论文管理平台）实施	

二、教学内容的实用性

教学内容的实用性主要解决现有课程学习活动的设计是否对应学习目标的要求、是否为学生提供脚手架学习步骤、是否能够结合学生的实际工作设计学习活动、是否能够引导学生对所学知识进行反思等几个问题。学校应结合要求和问题解决导向的几个步骤，具体开展相关落实工作。

1.梳理每一门专业课程的教学大纲，针对每个单元和章节的学习目标明确对标具体教学活动设计，重点考察教学活动是否科学，是否体现技能培养目标。

2.完成每个单元和章节的学习目标是否有过程性引导，如是否通过多步骤或问题的层级深入度以及多选项，使学习者能循序渐进、由浅入深地掌握知识，并能举一反三思考问题。每个目标与过程尽量在考虑课程特性前提下，融入学习者工作实际的需要。

3.坚持开展学习者调研。通过设计问卷，对部分课程的学习任务、目标完成以及实用性等问题实施调研，在分析的基础上调整教学内容和学习活动设计。这类调研除通过定期设计发放问卷方式外，还可以通过学校督导或学习者日常问题反馈获得意见和建议。

4.针对考核方式和考核内容，除定期调整外，还要重点结合党和国家大政方针政策及相关课程的设计要求，做到考核内容与时俱进。

5.课程内容改革重点考虑实践课程任务，课程实践或专业实践环节都需要科学规划，定期调整。

三、面授/直播课程的实施

（一）按要求部署和安排专业课直播

根据试点要求，经过研讨并狠抓落实，完成情况如下：

1.结合课程资源核查情况安排面授/直播教学，现有线上资源不足的，可暂时用面授/直播替代。此标准在资源基本充足（除2门课外）的情况下，可全部落实直播要求。

2.课程主讲教师应将面授/直播内容与网络课程资源有效衔接，每个专业须保证专业课（含实验实训）的面授/直播教学总和不少于专业课（含实验实训）总学时的20%。该数量要求也基本落实，对于个别操作技能要求高的课程和任务活动，已和课程责任教师沟通，联系专业技能教师开展面授/直播，并获得学院和学校的支持。

3.公共基础课须确保面授/直播教学不少于课程总学时的20%，主要由学院和教务管理部门沟通完成，并落实量化指标要求。

（二）课程周期与面授课程时间安排

按照 1 学分对应 3 周的标准计划课程实施周期，并设置结课时间，由课程责任教师依据学期开课计划，调整课程的开课和结课日期等。

对于面授课程的时间安排，首先要明确开放教育学习者的工作岗位特性，充分考虑工学矛盾与课程实施形式的冲突问题，结合多种学习方式和总课时数量标准，利用教学场地资源或直播平台资源，依据已经制定好的每学期课程计划，设计好每学期面授或直播课程的计划表，并提前向学习者、各教学单位及导学教师公布，保证面授或直播课程质量。

（三）学习者考勤与教师考核评价

为实现"学生学习过程性数据、学习活跃度、参与度以及目标达成度"等多元化考勤方式，具体对应考勤落实方式如下：

1.学生课程学习时长不少于课程总学时的三分之二，且学习平台资源点击量不少于总资源数量的三分之二。此考勤方式主要依据学习平台信息化建设完成。

2.继续执行原考勤规则。继续执行原考勤规则，需要采用师、生、管各方都已适应并执行容易的规则。由于原考勤方式过于简单化，尤其要考虑到面授或直播时不能完成实时考勤的情况，故需慎重考虑该方式下的面授或直播效果与效率。

3.学习者参与面授或直播的次数不少于总次数的三分之二，基本同第二种方式。需要结合第一种方式执行更严格的考勤管理。

4.教师的直播/面授考核评价按照学院统一部署完成，实施校、院两级面授/直播教学督导模式，实现教学督导全程覆盖。学院确定开展每次面授/直播课程的督导或检查，并对每次课程予以评价，学校教务管理部门可聘请兼职督导教师对试点课程面授/直播情况开展抽查。

第三节　学分银行建设与学分认定工作的重新规划

学分认定或学分银行建设工作对于继续教育实践课程的实施意义非凡，对于发挥成人学习者工作经验和技能优势非常重要，是成人学习者提升学习积极性、顺利完成学历教育的重要基础保障。

一、学分认定工作基本规定

在全面、正式的学分银行体系建立并完整运行前，依据不同专业特点开展学分认定和相应课程免修免考工作是有意义的。由于受到各种因素限制，我校学分银行并未全面投入运行，在学分银行体系完全建成前，笔者对学分认定工作的部分主要内容以及存在的问题进行梳理，并根据被赋予的专业管理权限，最大限度地实施和完成学分认定工作。部分正在执行的学分认定工作内容及学分认定范围梳理如表 5-5、表 5-6 所示。

表 5-5　学分认定工作相关内容

重要内容	执行或变更情况	备注或问题
由学院组织并以专业为单位制定标准	已执行	有利于各类证书认定
标准由 5 位专家审议	已执行	学科专家、行业专家组成
先前学习成果的专业层次、教学内容和教学要求不低于现修专业课程的层次、教学内容和教学要求	已执行	层次划分难度较大
非学历证书须为省级及以上层次	已执行	无法满足行业内的学习和定期岗位培训轮训实际，需调低层级要求
全部认定学分不高于专业总学分的 40%	已执行	
一项单独学习成果或课程不高于 4 学分	已执行	没有最低要求
毕业设计（论文）原则上不参加认定或免修	已执行	个人发明或专利是否考虑认定尚需研讨
认定后确定的免修课程不参加绩点核算	已执行	绩点计算涉及学位授予条件

表 5-6　学分认定范围

重要内容	执行或变更情况	备注或问题
国民教育系列学历的正式学习成果：课程吻合度高于 2/3，总量不超过总学分 40%，其他专本科学历可认定 4 门	已执行	不得认定的专业核心课需考虑例外情况
国家承认的资格证书类学习成果：学校制定统一目录，证书成绩合格，总量不超过总学分 30%	已执行，需修改并考虑低分值成果的累计	目录的完整性和时间性需要有标准
先前经验、能力等非正式学习成果：行业培训、奖励、著作权等，须有支撑材料，总量不超过总学分 20%	部分执行 提高实训的分值，著作、专利、项目应和综合实训、创新创业以及毕业设计一并考虑，做出本专业的特色	不易描述每一类或一个成果的学分，著作权应单列一类并提高认定学分的数量
就读期间获得的各种奖励：单位、行业、政府等奖励，总量不超过总学分 10%	部分执行 高层次技能大赛成果提高学分数并同一类实训课程对应	最低层级奖励要求需明确

二、学分银行体系建立的节点

学分银行体系建设是一个系统工程，即使在先期开展校内部分学分银行的工作和学分认定，也需要众多教学和非教学部门的协调，还要考虑与其他大学、教育培训机构、社会等校外系统的逐步对接运行。

我校自主开展学分认定工作已多年，基本是在学校统一文件指导下，各专业在自行设计标准或细则并经科学论证程序后，由学校教务管理部门统一管理实施。现有的实施过程和完整的学分银行系统并没有实现完全对接，导致资源浪费和认定效率低下。现阶段，在完成学分银行系统全面建设的同时，尽可能利用已完成部分的建设内容和学分认定工作任务与流程进行节点式管理，从而逐步完成学分银行系统在校内或开放教育系统内的独立运行。简单列示学分银行体系中节点工作和能利用的环节，如图 5-2 所示。

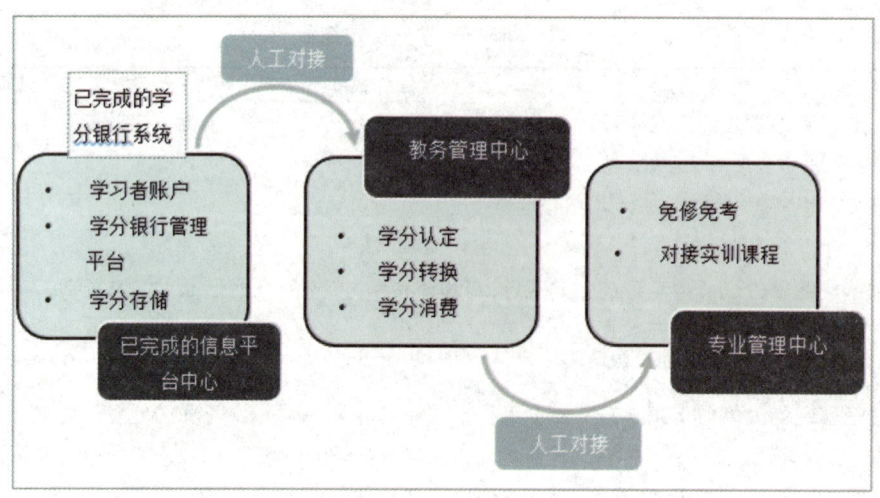

图 5-2 学分银行体系部分建设利用效果

三、变革学分认定或申请免修免考的时间要求

按照现有学分认定模式，尽可能利用学校已完成的学分银行系统，实现学习者申请学分认定和免修免考的全周期开放，是最现实可行的折中策略，以此保证随时认定学习者持有的已有学习成果，并使其免修免考相应的课程。具体思路如图 5-3、图 5-4 所示。

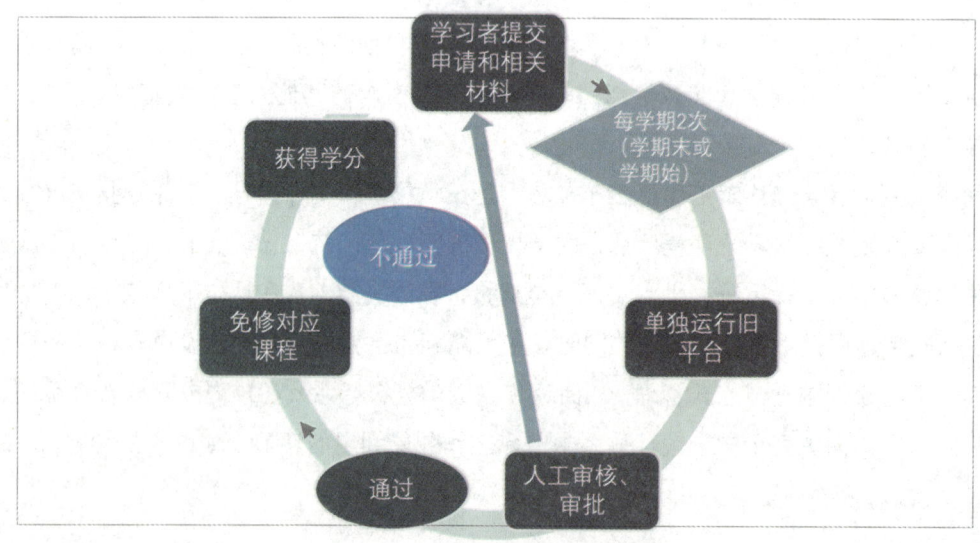

图 5-3 现有学分认定和免修课流程

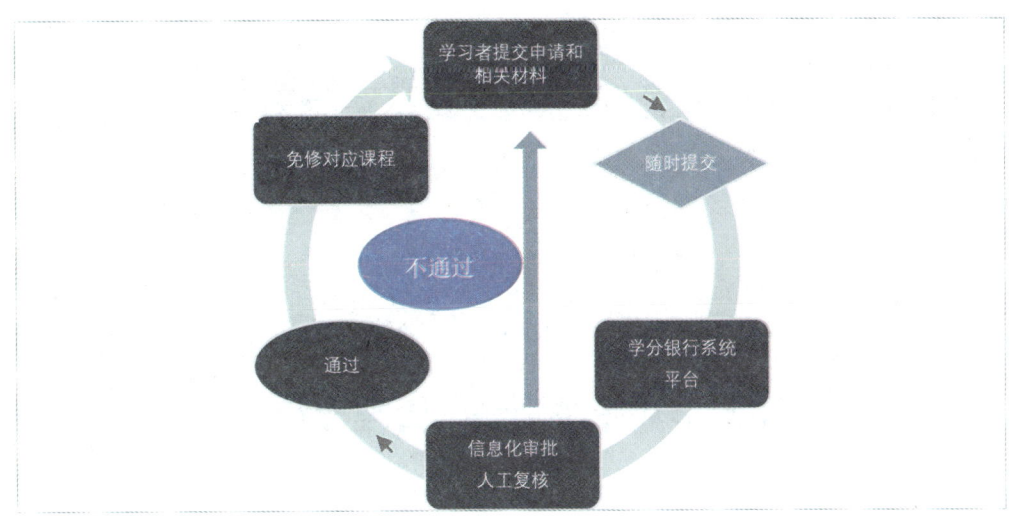

图 5-4 利用已有学分银行系统平台的学分认定和免修课流程

四、积极推动"小学分"积累与转化工作

在学分银行系统全面建设成功之前,单独的某个专业可以实施以课程或标准培训资格证书展现的学分认定任务,这两类认定涉及的学分通常标准化、整数化,甚至直接可以同一门完整课程相对应。但基于学分银行建设的初衷是以市民终身学习和培育学习型社会为立足点,而学习者在终身学习过程中更多的学习成果是多次化、小课时累计式的学习,或者是获得了一个小项目、小技能,这样的单次短时间、小项目的学习成果所能获得的学分很低,可能不足 1 学分,终身学习过程实质上就是这类"小学分"的累积。累计的"小学分"为了能够兑换,首先必须完成分类分项,也就是要做系统化的分类管理工作,要解决时间纵向与不同类别学习的横向之间的交错问题,之后才能汇总。

虽然成人高等学历继续教育可以先行实施学分银行体系的一部分内容,即主要完成学习者的课程或证书以及较高层级的奖励等的学分单独认定。但由于学分银行建设系统化完成时间的不确定性,成人学习者又对类似"小学分"的学习成果认定抱有很高的期望,故学分认定工作的真正普及还需要加快系统化的学分银行建设工作,从而完成项目后续的开放教育系统内的小学分积累转换工作。

第六章　开放教育实践课程改革实施效果与评价

第一节　招生环节的管理设计

注重招生同实训、实习等实践环节的融合发展，是职业教育的重要特色。职业教育通过校企合作模式开设企业冠名班或建设校外实训基地，在招生环节就已制定学习者实训和实习的应对策略，培养学习者技术技能，提升办学质量。开放教育基于成人学习者工学兼顾这一特色和优势，在招生环节也更全面地考虑和设计课程实践和专业实践的实施过程与实现内容。安全工程专业在招生的实施方法方面进行了突破性的尝试，也取得了较好的经验。

一、理论探究

（一）基于招生策略考虑的人才培养模式

无论是从职业教育的成功经验，还是开放教育的基础资源条件，亦或是基于招生与实践课程环节融合的现实考量，落实实践环节课程任务最成功的模式都指向校企合作。校企合作招生是高等教育的特殊招生形式，校企合作本身也有不同的特色。

1.订单式人才培养模式

是指企业根据自身的人才需求及规格向学校下达人才培养订单，学校接单后，在企业的主导和协作下按订单进行人才培养，这种模式也叫委培班模式。出于质量管理考虑，此种模式下的企业所提供的就业机会往往和学生的学习成绩挂钩，学生只有完成各项前置考核要求，才能顺利在合作企业就业。因此，签了协议并不意味着高枕无忧，这种培养模式的学生同其他培养模式的学生一样,不能放松学习,仍需严格要求自己,这就避免了学生因"坐享其成"的惰性心理而存在学习积极性不高的问题,学校也不会因此放松对学生的要求。相反,为了保证学生的就业率,学校还会在学校通行管理要求的基础上配合企业完成对学生的成绩要求,这实际上进一步加强了学生高质量完成学业的保障力度。

2.校企共建模式

是指高校与企业合作,共建校外实训基地,并由企业派专人参与实践课程和技能培训的教学过程。特殊情况下,企业将空闲的工作场所或工作岗位提供给学生,学校给予企业一定的补助或其他支持。校外实训基地往往会参照合作企业的生产工作环境搭建,模拟工作环境,让学生在这里获得更多真实感受。通常情况下,这种培养模式能参与的专业往往比较单一,不能满足所有专业学生的就业需求。在该合作模式下往往产生许多企业冠名班。

3.合作实训模式

是指为了完成专业实训任务而建立的学校、企业、学生三方共赢模式,也可以将该模式视为订单培养模式的一种延续。该模式下,由于企业缺少独立且多余的操作场地和设备,从而利用学校的场地和实训设备来达到既让学生实践,又能为企业减少人才培养成本的目的。企业既解决了场地不足的问题,也实现了特定成本下的利益最大化;合作高校可以让企业的技术人才参与学员的实践技能指导,减少自身的人力教育成本;学生在学校就可以学到更多的技术,接触和分享来自企业实践经验丰富的技术人才的经验,可以较早地拥有一定参与实际工作的能力。

4.工学交替模式

是指学生分时期或分批完成学校授课与企业实习的定期轮换,或学生在假期全天候地参与实习工作,利用空闲时间学习的一种模式。此种模式可以让学生在学习理论知识与部分技能同时,能够学以致用、边学边用、学用互助,从而提升学生对理论与实践操作技能的理解和熟练掌握。并且在实习期满后,本着双向选择的原则,表现优秀或者合格的学生可以与企业签订正式的劳动合同,成为企业正式员工,而企业也可以通过此种模式获得更多的人力资源。

(二)校政企合作模式的探索

现代高等教育,尤其是成人教育和职业教育,其办学模式开展较多且成熟的模式是校企合作模式,此模式也被高校重视并大力推广。校政合作模式值得研究和推广,例如,基于首都安全生产工作由政府相关部门主导,对从事安全生产或应急救援人员的管理和技能训练融入了较多的政府监管因素,也获得了政府相关部门的大力支持,这即形成了校政合作共赢模式的基础。该模式在实现首都职工素养提升及维护城市安全发展方面有新的积极意义,也符合开放大学的长远发展与定位。

校政企合作需要基于一定的基础,或者说要照顾到各利益相关者的利益,只有实现各方利益,才能合作稳固。一个思路是:通过北京市安全生产行政主管部门和教育行政主管部门单独或共同申请立项,依托本市高校或其他专门从事远程网络教育的单位以及专业的互联网教育技术公司,建立专门的、全市共享的安全教育网络平台和实践性体验基地,建设完整的线上课程教育体系,打造适合各类群体的安全教育课程平台。

1. 建立共享的网络教育平台

由北京市安全生产行政主管部门和市教育行政主管部门牵头,联合北京市高等教育机构共同立项,以北京市全市安全执法检查人员培训和企业安全管理人员安全教育培训需求为基础,确定网络学习课程体系,搭建PC端和移动端在线学习与管理平台,开展网络培训。此网络平台与北京市安全生产执法检查综合实训基地形成优势互补,并与现有的各级安全管理平台和网站实现对接,共同服务全市安全执法检查人员队伍,使其实现素质提升和业务提高。该平台依托市内高等教育机构建设,由高校提供网络平台设计思路,进行日常运营管理,并联合专业的网络技术公司提供技术支撑和服务。

针对企业需求、学校需求、市民需求开发专门的学习通道、模块化知识以及定制化课程与培训项目,扩大网络教育平台影响力,使全民参与网络平台学习,奠定安全生产社会共治与全民自治的良好基础。

平台可以提供定制化的安全教育培训模块,也可以提供适合非专业安全工作人员的教育培训模块,这样既能解决专业学习要求,也能解决一般安全知识学习需求。更重要的是,通过功能和模块的分类,可以实现定制化安全教育培训收费功能,以解决平台长期运营经费的问题,同时将具有大众化和公益属性的课程模块向市民和学生免费开放,完成全市公益性安全教育持续发展的目标。

2. 开通课程超市,共享课程资源

在开发网络学习平台的同时开展课程体系建设,课程体系依据学习对象不同,分别面向专职安全工作人员、执法检查人员、企业安全生产管理人员、家庭、中小学生、中高职学生、本专科学生开发建设,打造课程超市。

以安全领域专职工作人员为基础打造专业学习课程，分期建设包括法律法规通用模块以及用电安全检查、危化品安全检查、加油站安全检查、高处悬吊安全检查、建筑施工安全检查、燃气安全检查、有限空间安全检查、工业粉尘安全检查、职业卫生防护等方面的专科课程模块。同时，将上述专业课程模块中适合其他非专业人员的课程设置为公益性非专业人员学习课程。针对非专业人员，开发专门的安全教育课程，如针对中小学生和职业院校开发的课程。课程超市逐年建设专业有偿课程和公益性课程，针对不同的使用注册群体设置不同权限，实现不同学习者的差异化学习目标。通过建设专业性的有偿课程，把模块内部分课程重新分类，用有偿盈利课程收益投资其他无偿公益性课程，实现课程库建设的良性循环发展和资源共享。通过上述分类改造和专门建设，建成适合义务教育（含高中和中职阶段）、高等（含高职）教育以及市民学习的公益性课程体系，完成课程库建成。

3. 利用网络教育平台，建设基于共享的安全实训体验基地

各类受教育群体（包括首都职工群体、高等学校学生、中小学生、普通市民与家庭）共享安全实训基地，除重点考虑完成安全生产工作人员的实训外，还要考虑其他三类人员在职业卫生、危险品、电气安全等方面的共享学习要求。此类学习要求，除在政府公共管理部门主导的安全实训基地建设时统筹考虑外，还要重点利用相关企业的生产场所和设施，尤其是专业性企业的场所和设施，如环境科学技术类企业、制造企业、医疗卫生单位、危险品企业等。共享的实训基地需要相关部门和单位在资金投入和制度设计时统筹考虑，从全社会安全教育需求角度出发。在完成单位自身安全教育实训目标的同时，可以向其他单位开放，也可基于公益目标，针对在校学生和社区居民家庭免费开放使用，实现安全实训体验基地的共享。上述可以共享的实训体验基地通过网络教育平台进行管理，从基地信息、学习内容、在线注册选课、学习和积累管理等方面实现真正的共享。

4. 以职工安全教育为重点，带动学生和市民的安全教育

现阶段，无论是已经积累的资源和经验，还是从开展的时间、受重视程度以及参与安全教育的主体等方面看，针对企事业单位专职员工和普通员工的安全教育要比其他三个领域的安全教育完善得多。在资源有限的条件下，集中力量，重点建设企事业单位安全教育中的资源、平台、师资、实训基地等，积累经验并不断完善。在此基础上，将成熟的经验和适合其他三个领域的相关资源逐步共享给学校和普通市民家庭，同时将已经建好的平台及实训基地向其他领域开放，将已经沉淀在政府管理机构、高等级机构和专业培训机构等相关部门和单位的存量安全教育资源转变成针对其他三个领域的增量共

享教育资源，从而形成全局的良性安全教育发展格局。

二、基于不同利益相关者考虑的招生措施与规划

多级办学模式决定了开放教育更需考虑不同利益相关者在合作办学中的利益，其中首先要关注合作办学单位、学习者工作单位的利益。为了实现开放教育长期可持续发展的战略规划，也要借助政府相关部门重视城市安全生产发展、建设终身教育体系和学习型社会的契机，办好开放教育。

（一）规范招生管理，拓展外部渠道，减少工学矛盾

成人教育招生管理规范化一直是成人高等学历继续教育领域风险管理和学校建设的重要内容，由于开放教育具有非考试入学模式的优势，决定了规范招生将是开放教育办学过程中的常态管理工作。多年来，国家开放大学一直严厉打击违规招生、中介招生、代理招生，要求各级办学单位严格审查学生的入学资格，坚决遏止违纪违规现象发生。地方开放大学通过严控招生专业，缩减跨省和不合格办学单位招生人数，精简了报名人数少、自建资源少、辅导教师少的专业，逐步减少开放教育招生的风险点。

同时，教育主管部门应严格规范开放教育办学权限下放事项。一直以来，国家开放大学系统严格按照"两级统筹、四级办学"运行体制规范合作办学和招生管理，即由国家开放大学、省级开放大学两级统筹，按国家、省(区、市)、市(地、州)、县(区、市)分级办学，形成一体化办学格局。而教育部发布的《校外教学点设置工作指引》也严格要求办学单位的办学权限，尤其是招生权限的下放层级，规范招生将成为开放教育专业管理工作的一项重要任务，是一项日常管理工作。

制度和现实的严格要求，促使安全工程专业在举办之初便开始探索更规范、更稳定的招生之路，主要模式是学校本级办学，直接招生管理。即招生管理工作由学校二级学院直接参与并完成学生从招生到毕业的管理工作，打破传统国家开放大学的招生和管理模式，不再由合作单位或分校完成从学校招生到毕业环节的全部工作。合作分校与我校相关学院完成招生后，参与部分课程建设与运行管理工作，其他从学籍、教学教务管理、毕业设计（论文）和毕业环节都主要由我校相关学院完成。此种模式使从招生到学生毕业全程的质量管控工作得到了强化，减少了诸如代理跨省招生带来的教学管理难等问题。

上述模式的落地，必须加大学院在招生环节的投入，拓展招生渠道，改革招生机制，主动出击，同合作分校一起，基于学历需求出发，广泛接触北京市内大中型企事业单位，通过共同研讨，宣传安全生产与应急管理工作在首都的重要地位。如通过市应急管理部门向市级大型企业提供安全工程专业办学模式与特色宣传资料，并基于该合作能为企业和相关单位实现员工能力提升的优势，让单位管理层关注职工的学习和成长。由此，逐步拓宽安全工程专业在相关企业定向招生的渠道，使招生数量和质量得到保障。

（二）加强校政合作，积极开拓订单培养模式，奠定实训实习基础

校政合作模式是指通过与市总工会开展合作办学，推动政府实施的基层职工激励计划与安全类专业技能学习的深度融合，提高职工参与学习的积极性。在此基础上，首期办学需将提升应急管理部门（原安全生产管理部门）员工的学历引入合作项目。由校政合作共同发布招生简章和报名通知，如此规模化的联合招生在本校持续了四届，之后几届实施双方合作发布招生简章，并通过市总工会官方网站向全市公开招生。面向全市招生的对象包括工会会员、全市基层技术操作类岗位在职员工，且招生对象要具备一定的安全岗位工作实践经验，能在行业实训场所或企业实训基地完成安全工作或岗位的实训、培训和轮训，以此保证学习者拥有一定的安全技能，为未来课程实训打下基础。

（三）加强校企合作，培育实习、实训基地

除通过校政合作并充分利用相关实训基地外，通过校企合作开展招生并落实实践性教学内容，也是现代高等教育普遍采用的一种模式。开放教育由于其学习者的在职属性，通过校企合作完成实践教学任务更具先天优势。

安全工程专业在招生环节设计并制定实践课程实施内容，主要措施是招生只针对特定合作单位的在职员工，这类职工主要为市燃气集团、中石化北京分公司和中石油北京分公司的一线安全技术员工和业务操作员工。此外，还包括几家化学品实验类服务企业及北京经济技术开发区大中型企业的专职安全员。合作模式通常是与上述相关单位签署合作培养协议，或邀请职工加入单位工会成为工会会员，学校负责学历教育课程的所有内容，单位负责下发员工的招生简章、组织报名、相关资助奖励、安全岗位技能培训、实习实训安排等任务。由此，从招生环节开始便实现了学校与企业的"无缝对接"。

三、效果

从安全工程专业招生统计结果看,该专业生源相对集中,且来源规范,实践课程实施在合作企事业单位的参与下得到了更好的保证。具体招生来源以及生源单位对实践教学环节的保障内容,如表6-1所示。

表6-1 生源单位对实践教学环节的保障统计

生源方向	比例	生源单位对实践实训的基础保障	主要安全工作内容
各区专职安全员	41%	在政府主办的大型安全生产实训基地,完成全部学习者入职培训和年度轮训	安全生产检查
燃气集团	43%	岗位培训、年度培训、工作场所班组安全岗位日常强化学习、"大师"与骨干示范学习、安全岗位专业培训	工作站点和场所的消防、设施设备安全检查
石化、石油	9%	年度培训、工作场所班组安全岗位日常强化学习、安全岗位专业培训	工作站点消防、场所与设施设备安全检查
水务系统	5.5%	年度培训、工作场所班组安全岗位日常强化学习	场所与设施设备安全检查
其他	1.5%	企业年度培训、安全岗位专业培训	工作部门消防、场所与设施设备安全检查

上述企事业单位对本单位职工的安全实训和部分实验提供了必要且相对完整的硬件保障,在职学习者受益颇多。另外,基于工作经验而形成的问题思考以及改进策略成为在职学习者毕业设计(论文)环节的重要资料和案例来源,学习者完成毕业设计(论文)的过程,对其个人经验的累积和成长也是一次提高和促进。总体来看,学习者的学历和研究能力将进一步提高,学习者将获得更多机会实现个人价值,增强对社会的贡献能力。

四、问题、改进与期望

(一)问题

现有的招生管理模式对实践课程的实现起到了切实的保障作用,但基于校政企三方的合作任务与目标差异,仍存在许多需要破解的合作难题。

（1）学校寻找合作企业较难，如果没有政府相关管理部门的介入，学校基本无从下手。

（2）政府部门基于其阶段性规划目标，其参与合作的长期性与持续性受到影响。

（3）企业提供的实训和安全技能培训任务与学历教育实训、实验课程目标存在差距，校企合作较难达成一致，如企业大型培训基地培训任务与学校实践教学任务对接存在明显的分歧，共建共用实训基地的目标仍难全面达成。

（4）企业基于利润最大化目标，更注重是否按时完成生产任务，忽视对员工的培训教育，缺少对员工的精神鼓励和物质奖励机制，如企业对员工的绩效奖励不明确等。

（5）在职员工的工学矛盾仍然存在，学习时间难以保证等。

（二）改进措施与期望

1.加强企业调研，理顺合作机制

基于首都的城市战略定位，研究和梳理全市安全生产和应急管理的职能职责，通过战略合作与项目研究等形式，由学校或学院实施长期跟踪服务，为政府相关部门提供安全教育需求咨询和服务指引，理顺合作关系，并由管理部门协调学校与大中型企业的对接合作，通过多方研讨、深度磨合，实现持续合作共赢。

企业合作方面，在政府职能管理部门的指导下，通过对全市大中型企业进行深入调研，探明企业安全用工需求，找准校企合作的切入点。大中型企业应成为校企合作的主要单位，因为其在社会上有较好的声誉，规模大、发展潜力强，有独特的企业文化，注重人才培养，注重企业安全管理与安全文化建设，拥有大量素质优秀且技能良好的技术人才，这类企业之所以能吸引、保留和激励这些人才资源并发挥能力，不仅靠丰厚的物质待遇，更重要的是可以给人才提供良好的成长和发展的机会，如帮助每位员工制定有针对性的职业发展计划，提供专项培训等。企业的这些特点正是开放教育走进企业，实现校企合作的必要条件。学校应考虑为这类企业提供全面的教育培训服务，充分利用现代远程教育的办学模式和师资，以多级平台教学资源为依托，实行校企互联、送教上门，为企业和员工提供全方位支持服务，包括学历教育、培训以及参与企业文化的创建等项目。在学费方面，除继续实施首都职工工会会员激励计划外，重点探索由优势企业承担一部分、个人出资一部分的校企合作新模式，使员工有更强的学习动力，在工作的同时获得并珍惜学习机会，为今后事业发展积蓄知识和力量。

2.考虑合作办学单位与企业利益，提供全方位教育服务

合作办学单位和系统分校是开放教育生存发展的基础，必须考虑各级办学单位的利益，要把为各级分校与合作企业服务的工作提升到重要位置。不能只重视专业办学规模，忽视分校和企业利益，要考虑为企业、员工提供全方位服务，包括学历教育、非学历教育以及参与企业文化的创建等项目，积极配合企业要求，精心组织，不定期聘请相关领域的专家，无偿为各层次人员提供专项培训，为员工介绍专业前沿理论知识，弥补其在思想品德、知识结构和专业技能上的欠缺与不足。这样有利于提升企业干部职工的学历层次，提升员工职业素养和工作技能。企业若想更好地追求利润，留住优秀员工是关键，学校在提升员工素质和留住优秀员工方面，同企业合作的目标是一致的。因此，应由企业和学校共同规范和管理学生的学习纪律与考勤，企业与学校应分别设立不同的奖惩机制。通过校政企三方激励、三方共管的方式，既可提升员工的荣誉感和成就感，也有利于企业留住优秀员工，同时企业也能更好地实现自身利益。

3.充分实现校政企合作资源共享

要充分利用开放教育的师资和教学资源，实行校企互联，送教上门。学校可以考虑在企业建立学习点，或者将政府相关资源与企业共享，调整实训的时间以适应员工的作息时间，使企业管理层和员工都打消学习会影响生产的顾虑，企业员工完成工作任务的同时又有了学习机会，从而会倍感珍惜。相比开放教育实验、实训条件不足，企业工作场所与培训场所具有独特的优势，是一种资源补充，其提供的资源为在读职工所用，资源将得到高效利用。

总之，校政企合作是学校、政府管理部门、企业三方为了各自的利益共谋发展、优势互补而形成的办学新模式，是理顺招生管理环节、扩展开放教育办学空间、保持专业可持续发展的有益尝试。通过建构和完善校政企互联机制，政府更好地实现了自身职能，学校为企业培养了更多优秀员工，企业为学校培训更多的"双师"，各方软硬件资源实现了共享，发挥了更大的社会效用，从而真正形成学校、政府、企业、员工多方满意的终身学习模式。

第二节 课程实验、实训

有关课程实验、实训的实施情况,安全工程专业从专业初办阶段的不成熟到随着招生成功以及不间断地在运行中开展课程改造,逐步走上科学化运行道路。初步运用所研究的实践课程评价指标体系进行的评分结果显示:实验和实训课程已实现了形式上的基本达标,但还需完善。伴随学校开展的综合改革试点工作的开始,课程实验与实训内容将得到进一步的充实。

一、相关研究理论及思考

初步调研发现,针对"高等教育课程实验和实训如何科学实施"的问题研究非常活跃,从普通高等教育尤其是普通专科教育,到职业教育,再到开放教育,都有非常丰硕的研究成果,且研究往往结合不同类型教育形式案例开展,是基于经验的实践性研究,相关研究的理论依据也较为丰富。实验与实训课程的实施理论如下:

(一)最近发展区理论

苏联著名心理学家利维·维果茨基依据一系列实验结果提出了学生未来发展空间的理论,其将学生现在拥有的独立处理和解决问题的水平以及在他人的帮助指导下可能达到的发展水平之间的距离,称为最近发展区。实验与实训课程采用小组合作学习模式,根据学生的能力和水平不同,科学地分配学习活动与任务,为学生设立合理的发展目标,促进学生完成最近发展区的跨越,一步一步跨入更高一级能力阶段。该理论符合因材施教的教育理念。对成人教育而言,进行学习小组划分后,分别完成不同学习任务是最佳学习方式。

(二)社会互赖理论

始于 20 世纪初的社会互赖理论是基于现代社会合作与竞争共存的情境提出的,该理论认为积极互赖即合作,合作与竞争是群体中个体之间相互作用的结果。社会互赖理论是研究关于个体之间在不可避免的群体环境中如何相互作用、如何产生有效沟通、相互信任、相互帮助、资源共享等促进性的互动结果。在成人教育领域，仅仅通过划分合作学习小组简单地把一组学习者放在一起，并不能产生互动结果，需要让组员间互相产生积极的影响与思维碰撞，即积极的、相互依赖的合作学习过程，从而实现积极的目标互赖、情感互赖、思维互赖。

（三）建构主义理论

建构主义理论是教育领域广为研究、运用的理论，其认为学习是学习者在他人的帮助下，在真实情景中自觉主动构建知识体系的过程，学习者是学习的主体，学习目标与活动的安排全部围绕学习者开展。建构主义认为完整的学习设计必须具备六大基本要素：创设情境、提出问题、搭建桥梁、组织协作、展示成果与反思过程。在实验与实训课程中，通过创设真实的任务情境，提出实验、实训任务目标，提供优质有效的学习资源，以学习者为主体进行分组协作，设计实验方案、合作实践，再由学习者反馈实验成果，进行讨论反思，最终构建一套有意义的知识体系。基于该理论的思路，在课程实施过程中，各类教师一定要基于学习任务和活动为学习者搭建好学习的"脚手架"，这是学习成功的关键要素。

（四）合作学习理论

合作学习理论是一种结构化、系统的学习策略，以共同的目标为导向，以小组活动为基本学习单位，进行合作与互助学习。相关研究表明，合作学习更适于科学探究类学习，通过激发学习者的深层学习潜力，让学习者具备更好的图表理解、实验设计、数据测量、解释等能力。通常情况下，课程中的实验与实训任务包含探索性的方案设计、拓展性的思维训练、多路径的比较分析、复杂的操作步骤、可能产生认知冲突的工作任务等，这些特征非常适合采用小组合作学习的方式，凝聚集体的智慧来完成学习任务。

由此，可以将实验、实训课程的实现与开放教育现有的基础条件深度结合，实施分组学习，从而在组内互相借鉴相关课程知识或工作技能，脚手架搭建的探究式学习步骤可以激发学习者对科学原理的深入探讨，并由教师设计好学习的整套策略帮助学习者实现上述两个目标，从而实现学习者能力的步步提升，逐步缩短最近发展区。

二、专业发展不同阶段的措施

(一)专业初设阶段

专业审批后,基于开放教育办学的特色以及专业申请文件和相关资料的要求,课程中的实验、实训主要利用案例教学或通过教学活动环节设计实现。具体几门课程活动设计以及案例内容如表 6-2 所示。

表 6-2 部分课程中部分实验、实训环节设计内容

课程	教学活动类型	教学活动(实践)要求	活动具体要求
安全生产法律法规	1.案例分析	结合安全检查工作展开讨论	结合自己的安全工作经历,谈谈在安全工作实践或安全生产检查中,生产经营单位的安全生产基本条件应该有哪些? 思考:在自己的认识中基本条件还应该有哪些?如何在现有的经济条件和社会发展水平下做到优者更优,劣者变优
	2.形考作业	劳动者在职业病防护方面的权益	在从事危险化学品类管理工作过程中或学习这类知识后,若发生在职业病诊断、鉴定过程中,如果无法获取用人单位工作场所职业病危害检测资料(如单位不配合、用人单位因破产解散不能提供等),或者劳动者对用人单位提供的检测结果有异议的,相关管理部门应如何开展诊断、鉴定?
应用文写作	1.形考作业	撰写一篇标准格式的申请	(1)以教学视频和学材范例为格式参考; (2)请以本人现所在岗位工作添加购买某型号办公用设施设备为需求向单位资产管理部门提出申请(具体单位名称可省略); (3)字数要求:300~500 字
	2.形考作业	撰写一篇正式的年终岗位工作总结	(1)以教学视频和学材范例为格式参考; (2)以本人年度工作为例(具体单位名称可省略); (3)报告内容包括但不限于:个人年度工作内容或职责、工作业绩、工作计划完成情况、受教育情况、工作中存在的问题、未来工作的思考或计划等; (4)字数要求:3000~5000 字

续 表

课程	教学活动类型	教学活动（实践）要求	活动具体要求
危险化学品管理	1. 形考作业	一辆待卸液的槽罐车在×市的加气站内发生外壳爆裂，声音刺耳，罐体上部喷射的天然气白雾达10多米高。该事故车辆共装载液化天然气20吨，现场形势危急。假如你是此次事件应急救援的负责人，你会从哪些方面做好相关工作	任务实现目标： （1）通过学习化学事故应急救援的基本原则、任务和形式，根据应急救援要求组织救援和急救； （2）通过学习编制化学事故应急处理预案的目的、依据和步骤，根据单位实际编制或参与化学事故应急处理预案
	2. 形考作业	请同学们任选两种危化品，谈谈如何将它们安全地储存和运输	（1）依据课程视频讲授和学材内容，选择两种最熟悉或接触过的危化品； （2）字数不限，叙述清楚所列举的危化品储存和运输中的关键节点及安全操作内容

此阶段的实验、实训内容存在的问题是没有量化要求，如教学活动中设计的课程实验、实训内容的数量与学分学时的比例关系没有明确的规定，更突出的问题是，并非所有课程都有实验、实训相关的设计要求，导致实验、实训环节在不同课程间的要求参差不齐。另外，在旧的专业培养方案中，对于课程实践的描述过于简化和笼统，这也是导致前述问题的根本原因。

（二）专业培养方案修订后的改革情况

虽然在专业申请阶段对于专业的实验和实训设施设备以及其他条件都按文件要求提交了支撑材料，并在材料中对设施设备的数量、对应的课程需求、指导教师等进行了详尽的列示，但在初设阶段正式采用的专业培养方案中，并无针对课程如何完成实践任务做出描述或要求。2020年，学校实施的自主专业培养方案修订工作，对实践课程进行了明确的描述和要求。如修订方案文件中要求对课程实践内容要有明确的描述，具体增加的描述如表6-3所示。

表6-3　新培养方案中部分课程实践内容的描述

课　程	课程实践任务描述
安全生产法律法规	课程设置了代表性的真实案例分析,以提升学生运用安全生产法分析、解决实际监督检查工作中遇到的问题的能力
安全信息管理	通过对有关案例和技术问题的分析,促进学生掌握安全信息系统的分析、设计、实施和维护等关键应用方法
危险化学品管理	课程设置了如何检查城市危险化学品生产场地、可能存在或经常易发的隐患及详细的检查流程,以解决从事该类工作的学生实际工作经验不足的问题
建筑工程安全	通过对建筑工程安全环节的详细介绍和案例分析,让学生在学习中参与案例,尽可能将学到的知识运用到工作实践中,进一步提升建筑场所的安全生产保障水平
职业卫生学	课程给出了在安全类场地工作中人身健康保护的详细规定与急救措施训练,可提高学生在工作中的安全应急技能和自我保护能力
应用写作	课程专门开设了相关公文的写作技能讲解和训练课程,通过写作训练,提高学生工作中的日常公文撰写能力,也为学生毕业设计打好文字功底
应急与安全工作实践	实践内容:参与安全检查、城市应急管理、安全行政管理与评价等相关工作,涉及建筑、电气、可燃物体、爆炸物、危险化学品、消防、有限空间、社区居民设施、计算机网络等安全领域。本课程主要通过考查学生在应急与安全工作领域工作实践过程的完整性与能力表现,或通过安全实训课程协调和促进学生理论知识与实践工作能力的衔接融合。本课程既是专业必备的技能类课程,也是体现和充分展示成人教育特点的课程 实践目标:(1)熟练运用与工作相关的安全生产技能;(2)提高理论与实践相结合的能力;(3)协同参与安全生产事故与应急突发事件的处理过程,提升个人综合能力
毕业设计	实践内容:本课程主要考查学生在经过系统的理论课和实训课程学习后,是否具备在自己熟悉的工作领域综合应用所学理论知识和技能解决问题的能力。学生在辅导教师指导下进行全面、系统的基本技能与技术训练,设计和编写安全项目方案,对专业知识进行总结和升华。过程中需要阅读相关文献,选取并应用基本工具,一定程度上创新安全技术方法和流程,科学提出解决安全生产生活中所遇问题的对策建议,并将方案以论文形式完成和提交。方案设计和论文撰写应遵守学术道德和学术规范 实践目标:(1)培养和训练学生发现问题、分析问题的能力;(2)提高学生运用安全工程技术方法设计、解决实际问题的能力;(3)培养创新思维,提高学生从事工作研究的能力

（三）综合改革试点得以强化

正在开展的专业教学综合改革试点工作针对课程实验、实训的实际操作内容，包括且不限于：结合学习者工作实际或解决工作中可能遇到的问题的学习活动要明确量化，增加直播或面授课程数量，提高教学活动和课程案例设计的脚手架搭建管理等。具体而言，应提高直播或面授课程的比例，责任教师开展直播或面授课程的课时数量应达到总课时的20%，这里的20%包括两项指标，一是占整个专业总课时量不低于20%，二是专业课程直播或面授课时量不低于课程总课时20%。两项指标外另有一项质量标准，即直播和面授课不能是重复课程或已有教学视频的讲课内容，必须是针对学习者学习过程中集中提出的问题或课程新知识点，尤其是要增加一些专业操作的讲解，同时要在课程中设计思想政治教育元素，设计的教学内容和环节需要结合时代要求，符合党和国家的基本方针政策。总体增加的量化直播（或面授）讲解内容如表6-4所示。

表6-4 综合改革试点工作部分专业课程结合工作实践的学习活动要求

课程名称	学习活动	主题	对应教学目标	是否结合实际工作	脚手架设计	主讲教师	直播或面授课时数
安全评价技术	线上讨论	围绕教材第九章的安全评价实例（或其他典型安全评价案例）的内容讨论	强化学习者对典型安全评价案例的理解，为将来工作实践打下基础	是	步骤1 步骤2 ……	课程责任教师	15
	实践性作业	电气设备的危险危害因素辨识包括哪些内容	加强学习者对典型设备危险危害因素辨识的理解，包括对电气设备的基本描述；结合安全工程要求，阐述电气设备危险危害因素辨识的方法；能结合学习和工作体会应用到安全工程领域	是	步骤1 步骤2 ……		
	实践性作业	结合实例说明化工企业六阶段安全评价法的工作步骤	加强学习者对典型安全评价法的理解和应用，包括对六阶段评价法步骤、六阶段评价法的优缺点及适用范围；能结合学习和工作体会应用到安全工程领域	是	步骤1 步骤2 ……		

第六章 开放教育实践课程改革实施效果与评价

续 表

课程名称	学习活动	主 题	对应教学目标	是否结合实际工作	脚手架设计	主讲教师	直播或面授课时数
安全评价技术	实践性作业	结合实例说明安全评价方法的选择	强化学习者对安全评价方法的选择方法;要求学生掌握并能应用的内容包括:安全评价方法的选择原则、安全评价方法的选择过程、选择安全评价方法的准则和流程、选择安全评价方法应注意的问题等	是	步骤1 步骤2 ……		
	实践性作业	结合实例说明如何撰写安全评价报告	强化学习者安全评价报告的认知和撰写能力;需达到的基本要求包括:评价数据采集和分析处理;编制安全评价结论的一般步骤、评价结论的编制原则、评价结果分析、归类和评价结论的主要内容等	是	步骤1 步骤2 ……		
家庭安全与急救	技能实操	人工呼吸与急救、包扎、止血等技能熟练操作并拍摄上传操作视频	熟练掌握急救操作技能	是	步骤1 步骤2 ……	课程责任教师	12
	工作和生活实践	工作和生活中的火灾隐患举例并分析	掌握家庭安全的相关避险方式	是	步骤1 步骤2 ……		
职业卫生学	实践性作业	论述职业性传染病的特点与一般预防措施(结合实例分析说明)	加强学生对职业性传染病特征的理解,能够在实际生产中识别职业性传染病,并实施有效的预防措施;能结合工作情境与案例进行有效应用	是	步骤1 步骤2 ……	课程责任教师、行业匠师	12
	实践性作业	如何实施胸外心脏按压法?并实操练习	强化学生掌握胸外心脏按压的正确方法,在危急时刻能够挽救生命	是	步骤1 步骤2 ……		

续表

课程名称	学习活动	主题	对应教学目标	是否结合实际工作	脚手架设计	主讲教师	直播或面授课时数
安全管理学	实践性作业	论述为什么要强调"以人为中心"的安全管理模式	加强学生对安全管理模式的理解，并能结合工作实例进行有效分析与应用	是	步骤1 步骤2 ……	课程责任教师、行业匠师	12
	实践性作业	企业如何开展安全文化建设	强化学生对安全管理以及相关原理的理解，有效应用到企业文化建设中	是	步骤1 步骤2 ……		
安全信息管理	线上讨论	安全信息管理的必要性	领会安全信息管理的必要性；理解要实施安全信息管理的重要性；分析在当前时代，安全信息管理表现的新特点	是	步骤1 步骤2 ……	课程责任教师	21
	线上讨论	风险与风险评估	识记风险评估的常见方法、策略与技术；结合社会现实问题，会分析风险评估策略在安全生产中的实际应用	是	步骤1 步骤2 ……		
	线上讨论	信息系统的风险	理解信息系统的风险；在案例分析基础上，理解信息系统环境所面临的风险	是	步骤1 步骤2 ……		
	线上讨论	企业安全事故案例分析	归纳企业安全事故发生的隐患原因和特点；结合案例能够分析应对事故发生的对策	是	步骤1 步骤2 ……		
	线上讨论	新技术与安全信息	理解新技术与安全信息的关系；领会人工智能、GIS、大数据在安全信息管理中的作用	是	步骤1 步骤2 ……		

（四）修订后课程实训的一个设计案例

对于部分非技术和操作类课程，课程中的实验与实训任务可以通过案例形式落实完成，如表6-5所示。

第六章　开放教育实践课程改革实施效果与评价

表 6-5　案例模式的课程实训内容设计

课　　程	安全生产法律法规
课程内容	安全生产相关法规：行政处罚法
目　　标	直接目标： 1. 行政处罚决定书格式与内容； 2. 相对人权利； 3. 行政处罚结果的确定与不确定性； 4. 安全检查工作中行政处罚要做到合法与科学 延伸目标： 1. 我国法制建设的目标； 2. 课程思政内容实施
学习者完成实训准备	我国行政处罚法中相对人权利、行政处罚决定书主要内容及格式等
案例内容	请各位学习者搜集 2021 年 12 月 30 日，海南省儋州市综合行政执法局下发给儋州信恒旅游开发有限公司有关其海花岛 2 号岛建设项目的《行政处罚（限期拆除）决定书》（以下简称《决定书》）的具体内容
案例分析要求	1. 学习并描述行政处罚决定书格式和重要内容； 2. 结合案例《决定书》理解行政相对人的权利都有哪几项； 3. 理解案例《决定书》的最终执行结果会有哪几种情形
脚手架搭建	1. 首先学习行政处罚决定书的各种格式和通用条款，力求理解； 2. 直接指出该《决定书》中相对人是谁，都有哪几项权利； 3. 重点分情况分析相对人行使或不行使这几项权利会产生什么样的结果； 4. 应用性思考： 儋州市综合行政执法局的《决定书》中 10 日内限期拆除的处罚条款是否一定会被执行？由此，在我们执业过程中，发现的一些有违安全生产法而产生的处罚决定是否也会有类似的情况？我们如何做到更科学地处理这类违法违规事件？
延伸思考	假设该案例中相对人合法行使自己的权利，历经规定的行政和法律程序后，该项目得以保留并以更加利民的形式存续。请思考： 相对人合法行使相对人权利产生的此种结果同《决定书》中的限期拆除决定相比，是否体现了我国法制建设的成果？

三、预计实施效果

上述方案实施后,能强化实验和实训课程内容的实施,而预计实施过程如下:

第一,依据课程内容和任务做好实践性教学活动设计。

第二,完成学习小组划分,需要在学习平台由课程责任教师依据学习者特征,如工作领域、岗位、年龄、学习投入时间、自学能力等,划分小组。由于开放教育的规模化特征,这一步实现难度相对较大,但划分小组可以基于特性而非学习者数量,故可以克服因学习者的绝对数量导致划分的小组过多而增加管理成本和难度以及弱化分组教学优点的弊端。

第三,各类角色教师的引导,包括脚手架设计、直播或面授课的指导。

第四,考勤考核。主要利用高效的在线平台完成学习者在学习小组内的学习考勤,还要完成直播或面授课程的学习考勤,尤其需要关注学习者碎片化的学习时间考核。另外,基于现代学习途径的多样化,小组学习也可以在学习平台外完成,如微信小组,此时的考勤考核需要考虑这类学习经历和参与过程。

第五,学习成果评价。学习成果评价采用多元化模式,评价主体可以是多元的,包括小组内、小组间、教师评价等。评价可以针对结果也可以针对过程,过程如个人实践、个人合作、小组实践、小组合作;结果评价可以采用提交任务的模式。评价方式可以采用量化成绩、观察、测试、评语、问卷等。评价内容可以是实验报告的完成度、技能操作熟练度、学习态度、合作参与度、发言频次及深度等。评价既要有肯定性反馈,还需有纠错性反馈,以促使学生在肯定与鞭策中持续进步。

第六,多样性学习成果与成绩的汇总。以学习平台为主体的成果获取模式,学习平台成果的成绩获取可以是自动评阅,也可以是教师评阅(根据学校要求,专业课程一般教师评阅的课程任务每门课 2—5 个及以上)模式,以便对小组任务结果及过程、成绩进行汇总。另外,也要关注其他平台或场所的成果、成绩汇总问题。具体过程如图 6-1 所示。

第六章 开放教育实践课程改革实施效果与评价

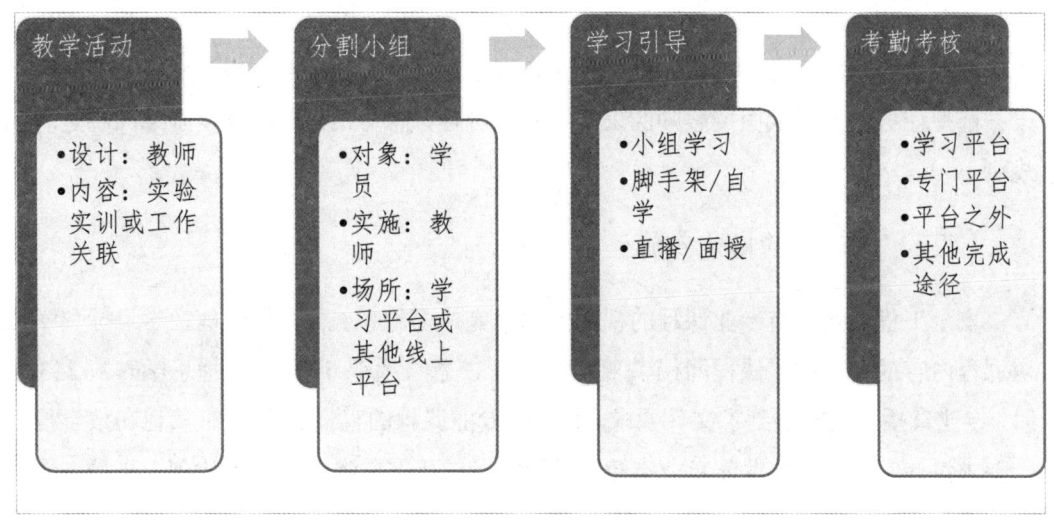

图 6-1 实验、实训课程改革实施路线

四、关键环节与问题梳理

学校通过对专业和课程进行改革与完善，使得实验、实训课程任务在数量和质量上逐步达到教育部文件要求及专业规划设计的要求，但总结前期运行以及开放教育的历史发展经验，还有许多问题亟待研究与解决。

（一）做好教学内容的设计研究

依据学校相关改革文件，首先对专业课程的学习活动进行核查和统计，结果显示，学习活动的类型和数量符合试点文件的要求。其次还要对实施过程和学习活动的重点内容进行研究，研究内容包括：①探讨教学目标与内容之间的对应；②深入分析学生的学习投入、学习活动达成、学习绩效之间的关系；③研究为学生提供脚手架的问题，做到让学生真正学习。

（二）厘清参与教师的角色

任务的完成除设计教学活动外，从小组分割到指引学习、考勤考核以及最后的成果评价和成绩汇总，都需要教师角色的参与。依据传统管理模式及运行经验，课程责任教师与辅导教师以及导学管理教师的角色内容已运行顺畅，但增加的一些细节性工作分配尚需与教学管理部门开展对接并做好分工，如小组切分、平台外成绩汇总等。另外，基于技能型任务的直播或面授教师的来源以及适合性，需要相关部门与学院共同制定聘用规则。

（三）课时量的量化实施

安全工程专业所有专业课程的视频资源已完成多轮核查，根据课程教学目标和学校对课程内容的要求做了课程面授/直播教学设计，总直播课64次，直播总学时数233学时，专业直播总学时达到了文件要求。其他非专业课程的直播/面授课时量也在按学校统一要求设计制定，整体保证专业实验、实训任务的落实，专业整体也达到了直播、面授课的基础要求。

（四）考勤的多方位实施与信息化建设

远程网络教学的考勤工作是教学管理的关键内容之一，而课程实验、实训任务完成不仅在传统、单一的学习平台，也会跨越其他平台，甚至部分学习者的部分成果要在线下完成。这就需要进一步优化考勤和成绩考核模式，将多渠道或多途径发生的学习过程以及成果汇集到总成绩和考核结果中，这需要信息化建设的持续跟进。

五、一种高效的实训、实验课程模式——虚拟软件

管理类专业及其课程广泛采用模拟实训软件完成实训课程或课程中的实训任务，这类软件通常模拟真实的管理工程场景和工作流程，由学习者一人或团队合作完成设定的情景工作任务。这种方式使得课程实训任务的完成变得更加容易且高效。开放教育的远程网络教育特性以及学习者学习时间的分散性，使虚拟软件的应用更具价值，虚拟软件可以不受空间、时间以及重复练习次数的限制完成实训任务，但这类软件因为情景化再现和标准化工作流程特点，更多地被运用到管理类专业中，如图6-2所示。

第六章 开放教育实践课程改革实施效果与评价

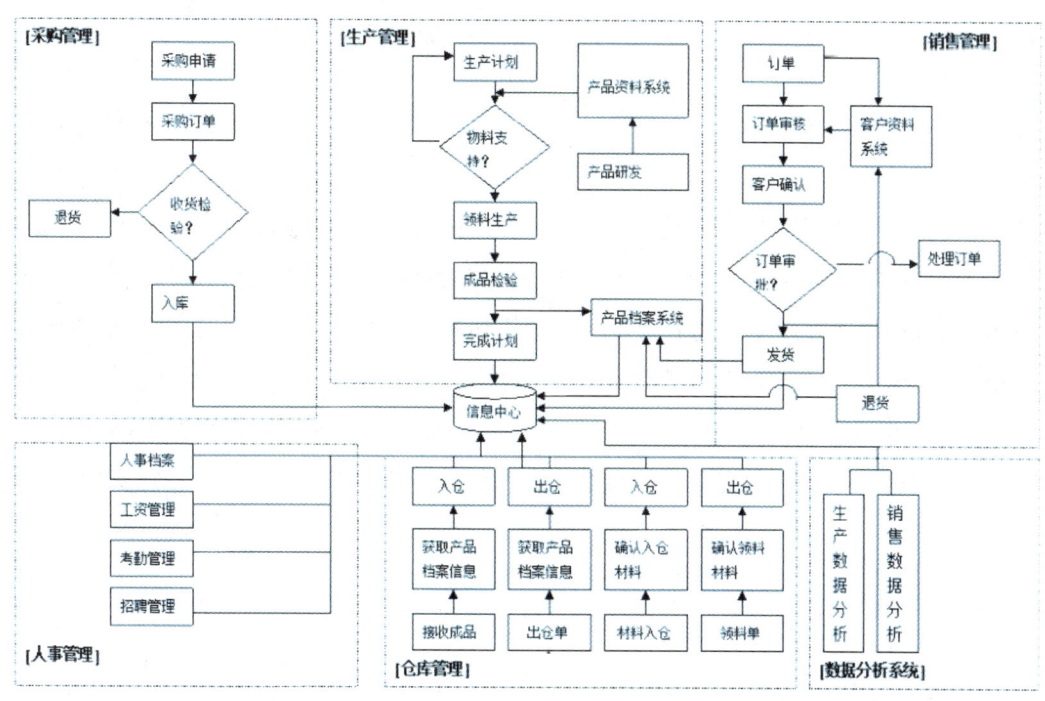

图 6-2 管理类专业常用 ERP 系统功能

仿真软件可以解决部分电子、电工、机械和化工甚至建筑类课程的实验任务，但仿真软件更多地应用在演示和讲解环节，该类软件对于实现将学习者融入操作场景中的难度较大，而且这样的操作又产生了一个类似编程和建模的过程，这导致计算机软件操作能力弱的学习者难以完成。而对于大多数成人学习者而言，操作功能的实现较难，这类软件在成人教育领域基本还停留在第一层次，即用于演示与讲解。

由此，这类模拟软件在诸如工商管理类、财会类、工程管理等专业中使用较多，也解决了部分课程中的实训难题，或者直接像会计实务、出纳实务一样完成整个实训课程的学习操作，虚拟软件使这类课程的实训变得更加容易实现。但其他工科类课程仍需要重点采用传统实验、实训模式，并不断优化和改革课程实施方式，科学完成实验、实训任务。

第三节　社会综合实践

基于专业特性以及工作实践需要，社会综合实践环节通常在公共管理或工商管理类专业中设置。在《安全科学与工程类教学质量国家标准》中也无社会综合实践形式的实践课要求，故在专业实践课程实施指标体系研究中，将社会综合实践作为整体实践课中的可变量，学习者可以选择不用专门完成该实践课程内容。但由于开放教育在职学习者的特殊性，同时受到城市定位、在职学习者身份、工作背景、综合素养和技能提升等诸多因素影响，安全工程专业学习者在社会角色扮演和工作内容分担中，较多涉及社会公共服务的内容。因此，应将学习者有机会参与的社会综合实践作为实践课程内容计入专业课程中。

一、概念与理论研究

社会综合实践的目的是倡导和支持学生参加生产劳动、参观访问、志愿服务、公益活动和勤工助学，同时通过举办各类创新创意设计、创业计划等专题竞赛，围绕重要节庆日等，开展特色鲜明的国防教育、生产劳动教育，培养学生组织纪律性、集体观念和吃苦耐劳精神。学校也可以结合自身与学生实际设计或鼓励学生参加更加丰富的社会实践活动，为学生走出学校、深入社会创造条件。

社会综合实践是对学生进行思想政治教育和社会工作能力锻炼的重要载体。社会综合实践的内容比较丰富，就大学教育阶段而言，综合《普通高等学校本科专业类教学质量国家标准》对不同专业社会实践课程的要求，社会综合实践包括：军训、志愿服务活动、领导力训练、参加社区单位安防、大型活动安保、法律咨询援助、社会调查、社会见习、勤工俭学、"三助"（助教、助研、助管）活动、公益劳动等。部分专业也可以组织学生参加各种课外研究或兴趣小组、社团活动、人文专题讲座、大学生科研训练项目、大学生创新创业训练计划项目、各种课外活动等。

社会综合实践的特点包括：

（一）综合性

体现了个人、社会、自然的内在整合，也是对科学、社会、艺术、道德的内在整合，并以此获得更多的社会信息和个人发展信息。

（二）实践性

该类课程的实施往往以各种活动为载体，强调学生参加活动或亲身体验活动，活动是实践过程，参加活动是为了学习。"活动"或"实践"不能停留于字面，不能简单理解为让学生"动"起来，或者让学生去"操作"，而应理解为"知与行""动手与动脑"的结合与统一。那些不需要学生动脑思考，对学生的情感态度没有触动的"活动"，不是综合实践活动中所讲的活动。真正具有"育人"价值的综合实践活动，应当让学生在活动结束时"有所知""有所得""有所悟"。对综合实践活动课程而言，活动只是一种教学的手段与方法，它本身并不是目的。

（三）开放性

活动的内容涉及学生的全部生活世界，其内容与学生个人生活或现实社会紧密相连，往往表现为一个没有固定答案的开放性问题。要解决这样的开放性问题，学生不可能到书本上去找现成的答案，只有通过自己的努力去探索、去发现，才能找到可能的答案。

（四）生成性

课程任务的实施很少从预定的课程目标入手，经常围绕某个开放性的主题或问题展开，且伴随活动的不断开展与实施，更新的目标、问题、主题不断生成，进一步推动学生的认识和体验不断加深，创造性的火花不断迸发，这便是生成性的集中体现。

（五）自主性

社会综合实践注重从学生自身兴趣与已有经验出发，开展自主选择与探究。学生不仅可以选择学习的内容、进度与方式，还可以对自己的学习过程或结果进行评价与反思。

通常，社会综合实践包含参与实践的过程与成果，学习者要以报告的形式提交成果，以获得相关课程成绩。基于社会综合实践的内容与特性，在开放教育办学模式下，众多学习者会有更多的参与机会。从教育主管部门制定的大学生参与社会综合实践的文件要求看，其目的是让学生提前接触社会和工作领域，更好地拓宽未来就业的渠道，提升学生综合素质以及未来工作中的业务素养，帮助学生做好职业生涯规划，同时也能让学生承担更多的社会服务职责，营造更好的社会风尚。为了更好地实现上述目标，开放教育学习者在工作之中或工作之余应参与社会综合实践类服务，积极参与社会综合实践将更有利于开放教育的发展。

二、举措

（一）鼓励学习者参与工作领域或其他领域的资格考试

通过学分银行制度的落实，尤其是已经开展的学分认定工作，学校对学习者持有的各类有效资格证书、获奖证书、行业资历、社会培训、公益服务、技能大赛等都开展了学分认定、兑换学分和免修相关课程。从 2018 年首届学员入学后，学校即开展学分认定工作，涉及学习者参与的各种形式大赛、非安全岗位类资格证书、社会奖励、特殊技能（如专利）等，且学习者从入校一直到毕业前的每学期都可参加学分认定。现已经完成了几届非安全工作类证书的认定工作，如培训证书和区级以上工作奖励的认定，通常认定为 2 学分（40 课时）。若在职学习者获得的此类社会实践证书较多，可能累计学分超过 2 学分。根据学校学分银行制度，这类认定不超过总学分的 10%。由于参与这类认定人数较少，故在评价指标体系中将此类社会综合实践定位为可变量指标，也即社会综合实践不要求所有学习者都必须完成，有完成能力或机会的学习者可以通过学分认定获得学分后免修相关课程，未获得此类证书的学习者不强制必须参加。

今后，学校将在学分银行体系全面建成后，在外部社会实践评价体系逐步完善后，加强这方面的认证工作。诚然，教学实践中对于鼓励学习者参与的社会实践活动尚没有做系统化设计，学习者对此课程内容的接受也不深刻，其中的原因在于学校现有制度对学习者的实践过程评价不够详尽，也不够重视，尚没有全面研究社会实践成果是否符合专业，也未全面调查学习者参加社会综合实践后的专业工作技能和认知水平是否得到提高，这进一步加剧了学习者对社会综合实践课程的重要性以及作用认识不到位的问题。另外，从成果认证角度看，从事社会综合实践课程指导的教师在评定实践成绩的时候应该从专业要求、实践目标、实践报告等方面进行综合评判；指导教师要耐心地、全方位地对学习者的社会综合实践进行评判，使学习者的劳动成果能够获得公正客观的评价；管理人员在审核材料的时候，要认真检查材料的真实性和有效性，要对相关的材料以及一些质疑的声音进行主动、详细的管理审核，确保材料的客观、准确。只有多方共同努力，才能让社会综合实践真正起到提升学生专业技能和素养的作用。

（二）鼓励学习者参与社区应急与安全管理工作，认可工作成果

由于专业学习者全部为在职状态，而且主要集中在街道应急系统和大中型国企分布于城市基层角落的工作站点，学习者所从事的工作与所学专业一致，他们可以结合自身工作实际，特别是针对某方面的技能缺陷开展专项社会实践。这既突出了专业特色，也提高了自身某项工作能力和专业技能。对于参加此类工作的学习者，学校或在当年下发通知，开通学习者对其他在线课程学习的"绿色通道"，对其参加的工作可全部认定为工作实践，学习者可将工作过程包括总结、照片、视频、介绍、证明等直接作为工作实践课程的一部分提交，也可将其完成的报告作为课程报告提交，教师评阅后，学习者获得的学分可以达到2~4分，课时量占40~80课时。同样，这类实践任务也只作为评价指标的可变量，不要求所有学习者必须完成，基于工作和学分的社会实践直接激发了学习者的参与情绪。

学习者进入开放大学的目的是提升自己的能力，从而能够更好地完成工作，所以，在社会综合实践环节中，只有选择和自己工作相符合的社会综合实践课程，才能够获得有效的经验。学习者结合工作实际，有针对性地选择社会综合实践课程，能够改善其不想参加社会综合实践而应付了事的现象，从而在工作中完成社会综合实践任务，以社会综合实践中积累的能力改善自身工作效果。

（三）加强教师队伍建设，引领学习者参与社会综合实践

相较我校开放教育的其他传统专业，安全工程专业起步晚、经验少、发展空间有限，最突出的问题是缺乏专业的教师队伍。学校和学院两级都重视师资队伍建设，教师队伍从2018年开办专业时的不足10人（含兼职和外聘），发展到现在校内专职教师团队10人，外聘各类教师30余人。外聘教师队伍涉及行业专家、院校教授、企业技术型专家和合作办学机构人员，以此保证未来社会实践指导、政策制定及咨询等工作实施的科学性和完整性。

三、问题及改进思考

（一）拓宽学习者参与社会综合实践工作认定的范围，强化标准建设

由于社会综合实践涉及的领域众多，且学习者有的是基于工作需要，有的是出于个人发展，有的是基于社会公益，对于获得认可的社会综合实践项目，学校需要做出详尽的规定和描述，如此才能更科学地开展此项工作，同时激发学习者参与社会实践的兴趣与动力。开放教育的学习者基本都为在职状态，如果学习者所从事的工作与所学专业一致，那么可以结合学习者工作实际，特别是针对某方面的技能欠缺或短板开展专项社会实践，这样既突出了专业特色，也提高了学习者某项工作能力和专业技能。

另外，强化评价体系的标准化建设，即通过加强制度建设，对学习者可能涉及的社会综合实践工作进行广泛深入的调研，逐步纳入考核认定范围，并制定出科学的认定流程与条件要求，使完成社会综合实践后的成果能快速得到认可和学分兑换，学习者在参与社会综合实践的同时，还获得了成绩和学历上的认可。

（二）加强学校对实践基地的建设和培育

开放教育学习者虽然是在职员工，但其工作的领域和内容决定了其获取工作领域之外事务的信息十分有限。学校需要将参与社会综合实践的机会及信息通过专门的渠道和方式筛选汇集，利用专业的师资队伍指导学习者更广泛地参与其中。实践性基地或社会活动渠道由学校和学院共同落实。

还有一种情况，即开放教育的一部分学习者有可能从事的工作与所学专业并不相符，甚至部分学习者没有真正在岗工作，他们没有社会实践经验，也没有参与社会综合实践的场所和条件。此种情况，学校与学院应积极完善实践教学基地建设，与不同类型的机构或企业开展合作，满足不同专业的实践需求。可以通过自建、借用和共建等多种方式建立实践教学基地，或者基层教学单位之间通过共用共建方式保证实践教学需求，增强教学设施和实践项目的适用性及专业实践教学条件的通用性，从而提高实践教学基地资源的利用率。学校作为实践环节的主要组织者，在实践实习基地建设方面要能够为每个学习者提供相应的平台，增加学习者的学习机会，确保其与行业前沿接触。从长远来看，学校与企业共同搭建一些实践平台不仅可以为学习者提供更多的实习机会，为学校教学注入新的活力，也可以为企业培养、输送更为合格的人才，创造互利互惠的双赢局面。

（三）持续建设指导教师队伍

虽然安全工程专业的教师队伍历经几年的发展已具备了较为雄厚的实力，但和学校其他传统专业相比还有差距，同普通高校相比更是差距巨大。很多校内专职教师并无行业工作经验，因此需加大力度制定相关鼓励政策，让教师积极参与行业工作，实现更多社会服务职能，提升其指导学习者参与社会实践的能力。

借鉴职业教育的经验，建设一支"双师型"指导教师队伍，充分发挥指导教师的引领作用。加强师资队伍建设，对学习者而言，既可以提高他们的理论水平，也可以借助教师的社会技能经验及理论知识指导自己的社会实践工作，还能提升从事本职工作的能力。加强教师队伍建设，既需要学校注重对教师的培养，也需要教师具备不断学习和自我进取的意识，教师应该与企业接触，不断吸收实践技术知识，博采众长。当然，基于教育主管部门对专业实践课的实施中有行业或企业专家参与的要求，故应开展企业高水平技术人才引进工作或合作事项，充分利用他们的技术、技能和经验指导学习者，让学习者少走弯路。

第四节 创新与创业

一、政策规定与相关内容

（一）制度与政策发展

我国高等教育开展创业教育始于20世纪80年代，最初提出"创业教育"概念是在1998年。《面向21世纪教育振兴行动计划》提出：加强对教师和学生的创业教育，采取措施鼓励他们自主创办高新技术企业。由此，国家正式将创业教育和提高大学毕业生自主创办高新技术企业的能力作为高校教育工作的主要内容。随后，教育部开展高校创业教育试点工作，将创业教育课程化作为一种制度范式。2007年，教育部办公厅颁布了《大学生职业发展与就业指导课程教学要求》，要求各高校开设职业发展与就业指导公共课程，并对创业教育提出课程教学要求，将创业教育的目标定位于"使学生了解创业的基本知识，培养学生创业意识与创业精神，提高创业素质与能力"。2008年，人力资源和社会保障部、国家发展和改革委员会、教育部等十一部委联合颁布的《关于促进以创业带动就业工作的指导意见》，将创业明确定义为"劳动者通过自主创办生产服务项目、企业或从事个体经营实现市场就业的重要形式"。同期的教育部文件中要求各高校为了促进大学生创业应采取措施加强创业教育、提高创业意识、建设创业文化，使更多的劳动者乐于创业、敢于创业。此后，创业教育在高校教育教学实践中全面展开，但当时并未将创新教育与创业教育一并作为大学教育的实践课程内容。

在创业逐步进入大学教育日程的过程中，创新也逐步被提升到了国家发展战略的高度。党的十三大报告中提出，"把发展科学技术和教育事业放在首要位置，使经济建设转到依靠科技进步和提高劳动者素质的轨道上来""切实加强对引进技术的消化、吸收和创新"。之后，创新对经济发展和社会进步的重大意义在党的多次代表大会报告中都提出，。党的十八大报告首次明确"实施创新驱动发展战略"，党的十九大报告首次把"创新发展"列入新发展理念首位，强调"创新是引领发展的第一动力，是建设现代化经济体系的战略支撑"。

2015年，国务院办公厅印发《关于深化高等学校创新创业教育改革的实施意见》，将创新创业教育作为一个教学整体和新的教育模式来推进，并逐步被各大学确立为大学生创新创业教育课程。2021年，国务院办公厅印发《关于进一步支持大学生创新创业的指导意见》，各地支持大学生创新创业的力度进一步加大，协同支持大学生创新创业的机制更加完善、顺畅，高校创新创业教育改革进一步深化推进。

（二）大学生创新创业课程的制定实施

从各地教育主管部门及各大学执行国家有关政策规定的实际效果来看，通常大学生创新创业要涉及以下几个方面的内容：

1. 创新创业成果涵盖的内容与学分计算

学生参加创新创业、社会实践等活动，发表论文、获得专利授权等与专业学习、学业要求相关的经历和成果，可以折算为学分并计入学业成绩。具体量化计算办法由各学校自行制定。

2. 创新创业的时间管理与冲突解决

各高校根据自身情况建立并实施灵活的学习管理制度。简化休学批准程序，对休学创业的学生，可以单独规定最长学习年限；对休学创业后要求复学的学生和因自身情况需要转专业的学生，学校应当优先批准同意。

3.基地建设与经费保障

大学生创业示范基地是大学生从事创新创业的物质条件保障，如大学科技园、创业园、创业孵化基地和实习实践基地等。高校应积极参与相关基地建设并开辟专门场地用于学生创新创业实践活动。教育部可协调将属于政府部门管理的研究中心、各类实验室、教学仪器设备逐步向创业学生开放。另外，高校要优化经费支出结构，多渠道统筹安排资金，支持创新创业教育教学，资助学生创新创业项目，而政府管理机构，如市场监管、税务等部门，应通过立法方式对大学生创新创业给予优惠政策。

4.高校课程和学分管理保障

各高校要根据人才培养定位和创新创业教育目标要求，促进专业教育与创新创业教育有机融合，调整专业课程设置，挖掘各类专业课程的创新创业教育资源，在传授专业知识的过程中加强创新创业教育。高校要积极面向全体学生开设创新创业必修课和选修课，并将其纳入学分管理。各高校还要通过制定明确的管理办法，尤其要制定管理学生毕业成绩的办法，从而解除学生后顾之忧，以鼓励和支持学生参加创新创业活动。有条件的高校还可以建立创新创业档案、设置创新创业学分，而对于有条件的地方和大学可以通过学分银行方式记录、兑换学分，方便学生获得成绩并完成学业。

（三）开放教育学习者在创新创业方面的特色

开放教育学习者大多数都是从事基层事务或基础技术工作的人员，就创新而言可能不如一流普通高校学生，但其在创业方面具备一定优势。

1.创新

通过对近几届开放教育学习者学分认定以及毕业环节的管理过程观察，开放教育学生的创新主要集中在专利权申请方面。这些学生虽然有申请并获得专利的能力，但开放教育系统长期的教学管理模式并未将此项内容纳入教学过程和正式的教学内容中，因此需要在今后逐步予以重视，同时在学分银行建设过程中考虑学分认定。

2.创业

开放教育的学习者尤其是年轻的学员，有工作经验，而且众多学习者本身兼具典型的创业者身份，这与普通高校和职业院校的学生是不同的。一般来说，开放教育学员在学习过程中开始创业或在创业过程中入学接受教育的情况比较普遍，在数量上要高于普通高校在校学生。

以安全工程专业为例，通常开放教育学员的创业主要集中在工程安全领域业务承包、消防设施管理和消防器材经营、安全评价服务、安保管理服务等领域。而 21 世纪最大的创业领域当属网络平台销售，我校电子商务专业学员的创业比例居于各专业前列。

二、措施

与社会综合实践一样，在评价指标体系研究中，可以将创新创业作为整体实践课程中的可变量内容，学习者可以不用专门完成该实践课程内容。但完成创新创业项目的学习者，学校可以将其视为完成部分课程学分，并通过学分银行体系认定 4—8 学分（80—160 学时）后，由学习者申请免修相关课程。具体措施如下：

（一）转发教育主管部门相关文件，鼓励参与创新

全国性的创新大赛比较多，学校招生和教务部门及学院会将符合专业特点的赛事通知或文件转发给学习者，鼓励学习者积极参与全国性或者行业性的创新大赛。另外，通知学习者关注政府基层组织发布的支持创业的文件。学习者可以在创新获奖或创业成功后申请课程学分并免修相关课程。

（二）学习者个人实践

主要是学习者基于自身专利发明等方面的技能和知识自发申请相关知识产权，更多的情况是学习者完全从个人事业发展及人生职业规划角度做出的个人或者与他人共同创业的行动。虽然学校并未参与学习者的这一创业行动，但基于国家出台的各类政策，学习者在学习期间成功完成创业成果或项目，可以申请暂停课程学习并可以据此申请学分认证，指导教师可认定为相关实践课程的学分。

（三）组织并指导学习者参加开放教育系统内的技能大赛

全国开放教育系统相关技能大赛一直是各级开放大学学习者参加的主要赛事。该技能大赛是每年根据上级教育系统下发的文件，由学院组织实施，具体措施主要是由各学院宣传动员学习者参加，并安排技能型教师一对一指导学习者，对于完成并获奖的学习

者予以学分认定,指导教师可将认定结果列为年度绩效考核内容。

开放大学现有几类创新创业方式实施的过程,如图6-3所示。

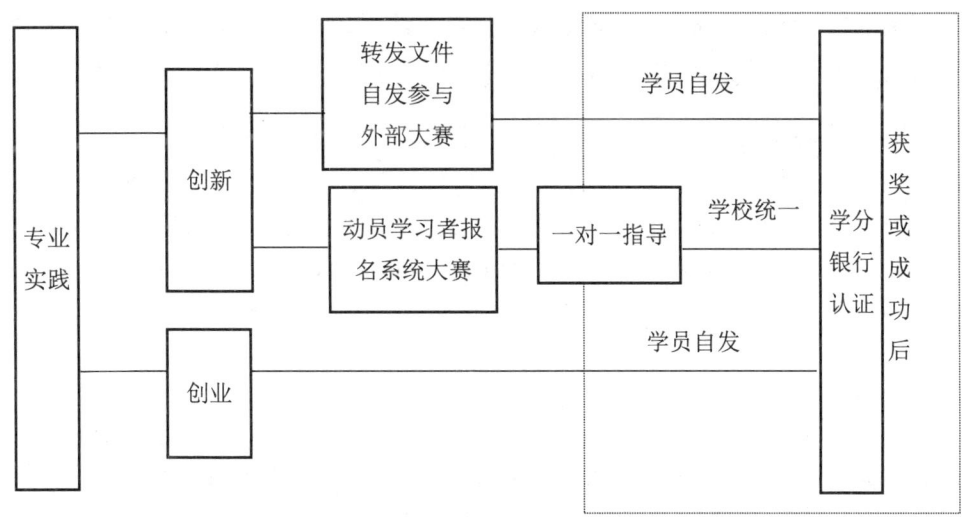

图6-3 学习者创新创业管理过程现状

三、效果

从客观现状看,高校对于成人教育创新创业并未予以应有的重视,就前述既有的实施经验和结果看,效果不够理想。创新创业课程是所有实践课程最薄弱的部分,进入学校课程管理的成果基本上是以技能大赛类奖励为主的创新,涉及极少的专利申请等知识产权类创新。成人学习者的创新创业实践则基本上没纳入开放教育课程体系管理中,这是今后开放教育课程体系需进一步完善的一项内容。通过制定相关制度并与学分银行管理进行对接,逐步将成人学习者的创新创业实践课程与学历需求深度融合,将是成人继续教育和开放教育融合发展的特色和亮点,也是开放教育建设工作的一项精细化内容。

四、问题与思考

整体而言,开放教育系统在提升学习者创新创业能力方面的作用相对有限,学校的创新创业氛围和文化并不浓厚。造成这样局面的原因比较复杂,但其中有几个方面的问题在今后的工作中需要引起重视。

(一)经费限制

由于受到经费管理模式、学校立项惯性以及经费筹措能力等的限制,长期以来上级教育主管部门并未直接规定开放大学在大学生创新创业方面的量化要求,导致各校普遍不重视学生创业的立项管理和事务管理。

(二)创业是学习者个人的事

开放大学对学习者的管理主要是针对学习者的课上时间,对学习者课程学习之外的工作与就业、生活和外部联络等基本不参与,从而形成一种"学习者就业换岗、独立创业或者合伙创业这类事是学习者个人的事"的惯性认识,学校没有积极参与其中,更没有做好相关的引导和指导管理工作。虽然也有部分学校积极参与学习者的创业项目,但在更多情况下是政府机构与学习者直接的一种对接和政策帮扶,学校参与的积极性并不高。

(三)成人学习者的主要目标不同

更多时候,开放教育系统内存在一个普遍的刻板认识:成人学习者主要目标在于学历需求,创新应该是一流高校的高水平、高科技含量专业大学生的事。这一认识忽视了创新既可以是大的发明创造,也可以是国家立项的技术攻关项目,而更广泛的创新是在自己工作岗位上的创新。开放教育学习者有机会也有能力在自己工作岗位上通过不断的学习创造更好的技术技能成果,并为企业和社会所使用,提升自身工作效率,形成企业新的利润增长点。

(四)师资队伍限制

开放教育师资队伍建设往往受多级办学机构和分散管理模式的限制,不能形成强大的团队合作力量,即使成立纵向多级合作团体,也会受到人员归属、经费管理、地域限制、核心任务等因素影响,师资团队的能力被极大削弱。另外,缺少专业技能强、社会服务经验丰富的教师,限制了学校单独开设创新创业课程的能力,如前述区县分校在开展与政府基层创业管理机构的合作时,学校更多应该发挥导师的作用,但拥有技术或者创业经验的特殊专业能力教师在基层是极度稀缺的,即使是省一级开放大学,"大师"型和社会经验型教师数量和比例也不高,教师队伍缺少高精尖人才的引领。

在解决上述问题的同时,学校应积极参与运行试点改革,逐步将学习者创新创业课程内容作为专业发展的一项重要课程任务,逐步实现科学的创新创业课程管理模式,从而提高专业实践课程综合水平,如图6-4所示。

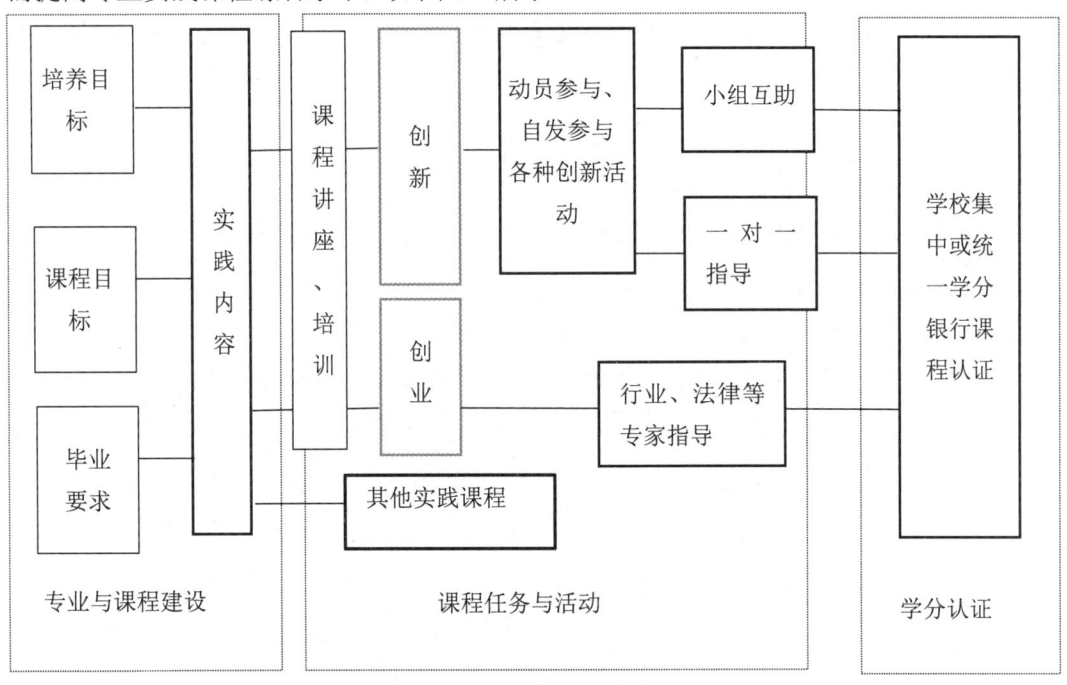

图6-4 计划的学习者创新创业管理过程

第五节 实习（工作实践）

一、课程设计要求

开放教育学习者基本上全部为在职工作人员。安全工程专业招生模式的设计保证了学习者都出自规模以上企业，且全部为正在或过去从事安全生产专门职业工作、企业安全相关岗位工作、安全工作文档或设施设备管理的首都市民。学习者完成实习任务的过程实质上是对长期工作实践的一次提炼和总结，是对工作再认识和提高的过程，是一次个人全方位的提升。实习工作保障了学习者理论学习与技能操作的相互融合，也能提升部分学习者在原工作岗位上的创新能力。另外，由于学习者在京工作的地域便利性，使得本专业学习者能够拥有不同于其他成人教育模式下的成长和收获。学习者在指导教师的带领及企业能手的引领下学习更加科学的安全技能，之后他们可以基于小组或团队学习方式实现工作交流，更好地提升自己的工作水平和能力。

基于此，本专业课程在学分设置上突出专业特色，《应急与安全工作实践》课程学分为 4 学分，学习者通常在 12 周内完成。为了更好地落实《安全科学与工程类教学质量国家标准》中"一般毕业设计（论文）50%以上应在实验、实习、工程实践和社会调查等社会实践的基础上完成"的要求，学校将实习（安全工作实践课程）与毕业设计（论文）进行了一体化设计。

二、措施

（一）同毕业设计（论文）进行一体化设计

一体化设计首先体现在教学大纲上，学校将教学大纲中的两门实践教育课程做了一体化制定，部分大纲内容如图 6-3 所示。

一体化设计的核心是由教师指导并将实习（工作实践）报告示例化，以此提高学习者在撰写报告时发现和总结问题的能力以及深入思考问题的能力，为学习者在后续毕业设计（论文）环节提供丰富的素材和案例。这既提高了实习（工作实践）报告的实用性，也能进一步提升学习者尤其是成人在职学习者结合本身工作开展毕业设计（论文）的能力，使毕业设计更有实践价值，使实习（工作实践）环节变得更有实际意义。

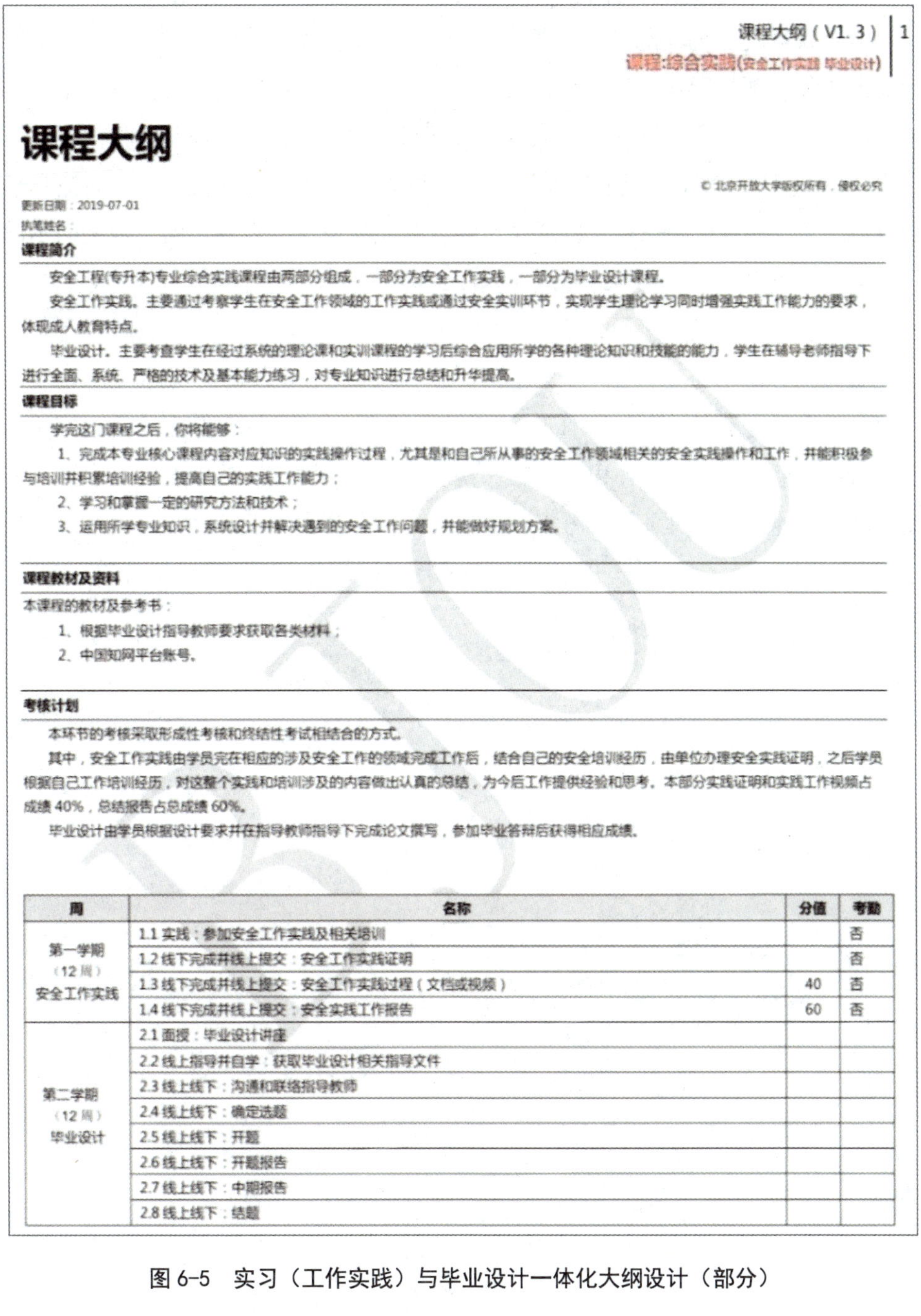

课程大纲（V1.3） 1

课程:综合实践(安全工作实践 毕业设计)

课程大纲

© 北京开放大学版权所有，侵权必究

更新日期：2019-07-01

执笔姓名：

课程简介

安全工程(专升本)专业综合实践课程由两部分组成，一部分为安全工作实践，一部分为毕业设计课程。

安全工作实践。主要通过考察学生在安全工作领域的工作实践或通过安全实训环节，实现学生理论学习同时增强实践工作能力的要求，体现成人教育特点。

毕业设计。主要考查学生在经过系统的理论课和实训课程的学习后综合应用所学的各种理论知识和技能的能力，学生在辅导老师指导下进行全面、系统、严格的技术及基本能力练习，对专业知识进行总结和升华提高。

课程目标

学完这门课程之后，你将能够：

1、完成本专业核心课程内容对应知识的实践操作过程，尤其是和自己所从事的安全工作领域相关的安全实践操作和工作，并能积极参与培训并积累培训经验，提高自己的实践工作能力；

2、学习和掌握一定的研究方法和技术；

3、运用所学专业知识，系统设计并解决遇到的安全工作问题，并能做好规划方案。

课程教材及资料

本课程的教材及参考书：

1、根据毕业设计指导教师要求获取各类材料；

2、中国知网平台账号。

考核计划

本环节的考核采取形成性考核和终结性考试相结合的方式。

其中，安全工作实践由学员完在相应的涉及安全工作的领域完成工作后，结合自己的安全培训经历，由单位办理安全实践证明，之后学员根据自己工作培训经历，对这整个实践和培训涉及的内容做出认真的总结，为今后工作提供经验和思考。本部分实践证明和实践工作视频占成绩 40%，总结报告占总成绩 60%。

毕业设计由学员根据设计要求并在指导教师指导下完成论文撰写，参加毕业答辩后获得相应成绩。

周	名称	分值	考勤
第一学期（12 周）安全工作实践	1.1 实践：参加安全工作实践及相关培训		否
	1.2 线下完成并线上提交：安全工作实践证明		否
	1.3 线下完成并线上提交：安全工作实践过程（文档或视频）	40	否
	1.4 线下完成并线上提交：安全实践工作报告	60	否
第二学期（12 周）毕业设计	2.1 面授：毕业设计讲座		
	2.2 线上指导并自学：获取毕业设计相关指导文件		
	2.3 线上线下：沟通和联络指导教师		
	2.4 线上线下：确定选题		
	2.5 线上线下：开题		
	2.6 线上线下：开题报告		
	2.7 线上线下：中期报告		
	2.8 线上线下：结题		

图 6-5　实习（工作实践）与毕业设计一体化大纲设计（部分）

（二）成果考核模式的平台化和多维化

传统广播电视大学实习任务的完成通常要求学习者提交相关证明或实习报告（实习或工作单位盖章），表面上看基本与普通高校或职业院校类似（虽然这两类高校通常会派实习指导教师进行实习指导和管理，但在日常操作过程中是由学习者实习单位安排的企业员工或师傅进行指导），证明和报告只是对学习者完成实习岗位流程的证明，故这一模式对学校而言合规且管理成本较低；对学习者而言，因为流程基本相同而能很轻松地完成。从深层次考虑，上述简单模式不利于学习者在学习理论技术知识后提升未来工作的能力。通过多维化和平台化的成果考核，既能体现学习者各自实习成果的不同，也能让指导教师更好地、有区别地完成课程成绩评价，更重要的是实现了学习者专业学习与工作实践的结合，提升了个人素养。

1.实习证明

学习者完成实习后，在规定时间内必须提交完整的工作实习证明（包括相关附件），内容包括从业经历、岗位工作内容、工作情况介绍、各类继续教育或培训成果、奖励成果或获得的其他技能。具体如图6-6所示。

第六章　开放教育实践课程改革实施效果与评价

实习（安全工作）证明

姓名		工作单位（乡街）		
专业	安全工程（专升本）	入学时间	2018 秋	学号	

工作情况	工作期间：　　年　月　日——　　年　月　日　　　　　（必填） 工作岗位：　　　　　　　　　　　　　　　　　　　　　（必填） 工作内容或任务：（按实际情况填写）
实训情况	实训内容**1**：　　　　　　　　　实训地点： 有无证书：　　　　　　　　　　后附附件： 实训内容**2**：　　　　　　　　　实训地点： 有无证书：　　　　　　　　　　后附附件： ……
证书	所获奖励或技能证书及制证单位：（无此项可不填写）
个人声明	本人声明：本表中填写的内容及提交的材料真实、完整，如有不实，本人愿意承担一切后续责任。 　　　　　　　　　申请人签字： 　　　　　　　　　日　　期：
工作单位意见	经我处审核，申请人填写的上述工作实训情况真实、完整。 　　　　　　　　　单位（盖章）： 　　　　　　　　　日　　期：

说明：1.工作单位不在乡镇和街道的填写单位名称；　2.为保证真实完整，个人填写内容必须电脑填写并打印，手工书写无效，之后交单位审核盖章；　3.工作证明也可以使用所在工作单位固定格式证明。

图 6-6　学习者需完成的实习（安全工作）证明

该实习（安全工作）证明是实习（工作实践）的必要环节，如果此证明不能完整和准确地填写并提交，对其他后续环节将不再进行考核评价，本环节将被视同未完成或未按规定完成，学习者需要后期补修或重修。

2.工作过程或关键工作岗位的时点资料

该任务环节需要学习者针对自己参加过的实习（安全工作）内容，拍摄并制作5~10分钟的工作视频，视频要体现本人与工作场地、关键安全岗位工作任务完成过程、安全工作职责的重点内容介绍或要领解释，本人在视频中要处于主角地位，成果重点是将前述证明内容予以直接形象的动态呈现，目的是对个人安全实践工作的展示以及核心工作内容的强化。此任务的实现与开放教育普遍采用的线上学习模式直接关联，简化了学习者的任务完成过程，提交的成果不仅展现了学习者的核心工作，还能实现长期保留，便于未来教学评价。

3.实习（工作实践）报告

实习（工作实践）报告是整个实习任务成果中最具创新价值的，是学习者在过去工作基础上利用所学专业知识对自己综合素养提升情况的一次较全面检验，是学习者改变工作认知的一次良机，也是学习者对即将到来的毕业设计（论文）创作的提前思考与准备。该任务根据专业特色以及学习者来源特征，进行了模板化设计并允许学习者进行个性化添加，这样更能规范学习者成果，也能真正起到激发学习者思考的作用。

三、实施效果

从任务完成的达标角度看，该实践课程完成情况非常好，几乎所有学习者都能如期完成上述三项具体任务，且都符合安全实习的要求，视频内容包括展示学习者本身安全生产检查或企业安全岗位技术操作过程，或者展示企业安全团队管理操作过程。实习课程对学习者参与的各类培训和学习都有所展示，个别学习者完成质量甚至超过了预想的设计内容。笔者选取代表性成果进行以下案例展示：

第六章 开放教育实践课程改革实施效果与评价

1.证明完成情况示例

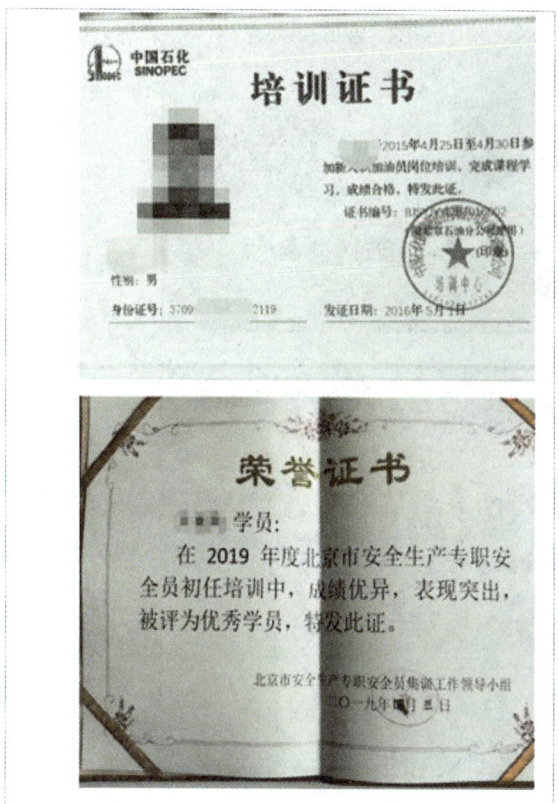

图 6-7　证明示例

187

2.实习（工作实践）核心任务完成情况示例

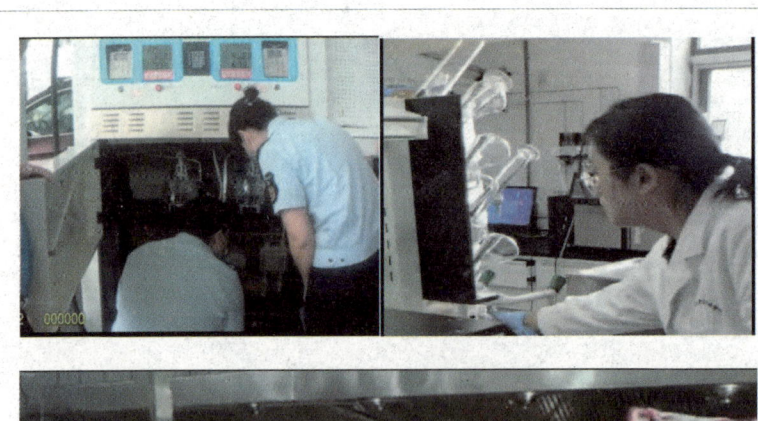

图6-8　实习（工作实践）场景展示

3.实习报告完成情况示例

基于学习者的认真态度和深入思考，实习（工作实践）报告完成质量较高，且部分报告对问题的深入思考可以形成后期毕业设计（论文）的案例问题。选择其中一篇报告进行展示，如下：

第六章　开放教育实践课程改革实施效果与评价

加油站安全工作实践报告

安全工程 20 春 05 班　×××

一、个人介绍

本人自 2009 年 1 月进入中国石油化工集团有限公司从事加油站相关工作，于 2012 年成长为一名加油站站长。自 2012 年 4 月至 2021 年 2 月一直在北京市昌平区×××加油站担任站长；2021 年 2 月至今调到北京市昌平区×××加油站担任站长。我一直工作在一线加油站中，在站长的岗位中已坚守 10 年，这期间加油站从未发生任何安全生产事故。

二、实践工作内容

作为一名加油站的站长，要对本站安全生产全面负责，主要的工作内容包括：落实加油站的各项管理制度；抓好职工的劳动纪律、安全知识的教育、操作技术的培训；组织安全检查，落实隐患整改，确保加油站全年安全生产无事故；学会操作加油站的主要设备，熟悉其性能，了解工艺流程，做到正确指挥；掌握加油站的经营情况，负责协调处理工作中出现的各种问题；对加油站发生的事故及时报告和处理，坚持"四不放过"原则；负责制定加油站防火预案，落实加油站 HSE 管理体系文件，完善安全设施，落实安全措施，实现安全生产。

自从成为加油站站长以来，本人能自觉贯彻落实党和国家安全生产的法律、法规，严格执行《国家安全监管总局工业和信息化部关于危险化学品企业贯彻落实<国务院关于进一步加强企业安全生产工作的通知>的实施意见》等各项安全生产法律文件，并服从行政管理机关的监督管理，始终做到依法经营，无被处罚记录。同时，还能把安全生产纳入我加油站发展战略和长远规划，并每年依据国家有关标准和规范，针对技术、设备设施特点和原材料、辅助材料、产品的特性等管理需要，不断建立和完善各项安全生产规章制度。例如：安全生产例会，设备管理，巡回检查，安全检查和隐患排查治理；干部值班，消防安全管理，防火防爆，应急预案，防泄漏，危险化学品安全管理，安全教育培训，安全生产奖惩等规章制度。及时有效地规范了操作规程和从业人员的操作行为，防范生产安全事故的发生。

为坚持"谁主管、谁负责"的原则，明确主要领导、各职能部门、各级管理人员、工程技术人员和岗位操作人员的安全生产职责，做到全员都能明确安全生产职责，我加油站成立了内部安全领导小组。即：由主要领导任组长、各职能部门负责人任副组长、岗位操作人员为组员的齐抓共管安全领导小组。同时，为进一步加强安全生产工作，加油站还注重配备具有安全管理人员资格证书的安全管理人员作为专职安全生产管理人员，进行现场 24 小时轮流安全值班工作。另外，我加油站能依据领导干部带班制度的要求，坚持加油站现场有领导干部带班作业，切实加强加油站昼夜间和节假日的值班工作，确保遇到现场有重大异常生产情况和突发事件时，能及时应急处置，进而保障加油站的连续安全生产。

　　为进一步规范和强化安全生产管理工作，我按照每年制定的安全培训教育计划，实施持续不断的安全培训教育活动，有效提升加油员的安全生产知识和操作技能，强化对加油员的安全培训教育。一方面，我加油站能定期对新录用的员工进行强制性安全培训教育，保证其了解危险化学品安全生产相关的法律法规，熟悉从业人员安全生产的权利和义务；掌握安全生产的基本常识及操作规程；具备对工作环境中危险因素进行分析的能力；掌握应急处置，个体防险、避灾、自救方法；熟悉劳动防护用品的使用和维护。另一方面，我加油站能经常选送主要负责人和安全生产管理人员参加相关部门组织的安全培训教育活动，促使主要负责人了解国家新颁布的法律、法规，掌握安全管理知识和技能，具有一定的企业安全管理经验。安全生产管理人员应掌握国家有关法律法规；掌握风险管理、隐患排查、应急管理和事故调查等专项技能、方法和手段。

　　在担任加油站站长的这几年，我始终将隐患排查治理工作纳入日常安全管理，形成全面覆盖、全员参与的隐患排查治理工作机制，使隐患排查治理工作制度化、常态化。主要分日常检查、专业性检查、季节性检查、节假日检查和综合性检查。开展每日检查时，按照不同岗位与职责定期检查，做到班组和岗位员工进行交接班检查和班中不间断地巡回检查。每周的专业检查分别包括：由各专业部门负责定期检查；每月在进行季节性检查和节假日检查时，由加油站安全领导小组根据季节和节假日特点组织检查。其主要检查三个方面：一是，检查储存加油罐的压力、温度、液位、泄漏报警等重要参数的情况；二是，检查加油机功能的测试，保证设备、设施的完整性和生产装置的安全稳定运行；三是，检查消防、用电设施等配套器材是否完好等，并将排查情况记录在案。近年来，我加油站在排查安全隐患中，对发现的不合格问题能及时整改。例如：对发现汽油通气管口未安装机械呼吸阀的问题，我加油站及时出资购买机械呼吸阀设备进行安装；对发现站房内润滑油加注间不符合安全要求，我加油站能采取措施及时将润滑油加注间从站房移出，避免同类或类似问题再次发生。

　　为贯彻落实上级关于开展"安全生产月"应急预案演练周活动，按照预案，我站能深入开展"安全生产月"及"夏季汛期危险化学品安全生产集中整治工作"等活动。每年6月我加油站针对汛期危险化学品安全生产的特点，结合本加油站实际，组织加油站所有人员举行一次消防安全应急演练。演练模拟加油站接卸油品时发生火灾，工作人员迅速出动，立即启动应急预案，用消防器材进行灭火等实地演练，整个演练持续15分钟。演练结束后，结合我加油站安全管理工作好的经验和做法，对参加演练人员进行专门培训。通过应急演练，提高了加油站应对自然灾害、突发事故的应急响应处置能力和职工自我保护意识，为顺利度汛打下坚实的基础。

第六章 开放教育实践课程改革实施效果与评价

加油站的安全设施配备齐全，每日对设备设施进行检查，确保完好有效，发现问题及时更换。为了更好地维护设备，要求员工每日对设备设施进行擦拭，确保干净整洁，定期对加油机等设备进行自检、自查，确保正常运行。

为了切实提高我加油站消防设施的防灭火功效，有效预防火灾，确保人民群众生命及财产安全，依照《中华人民共和国消防法》的规定，我加油站能加强消防设施维护保养工作：一是，对到期的消防器材进行集中更换，重点对干粉灭火器进行干粉更换；二是，对器材进行加油、保养；三是，强化消防器材管理制度的执行，确保消防器材管理的科学性。

三、实践工作成就及终身学习

本人在担任加油站站长之后，除了努力提高管理能力与水平之外，还通过不断学习逐步加强自身的业务能力。从加油站操作员中级工成长为一名加油站操作员高级工，并且在每三年一次的职业安全资格证书考试中顺利完成学习任务，取得安全资格证书。为了保证加油站的安全生产运营，本人还经常参加区公司、昌平镇、公安机关等部门组织的各类安全培训。

工作多年来，本人的工作成绩也得到了单位领导的肯定，被评为公司"先进工作者"，2020年取得站长年度综合成绩排名第一的好成绩，所在加油站也多次获得流动红旗。

四、实践工作中遇到的问题

1. ××加油站选址问题。加油站在选址方面存在两大主要问题：一是，加油站建在城市干道的交叉路口附近，这样容易造成车辆堵塞，会减少路口的通行能力；二是，加油站的油罐、加油机和通气管管口与站外建构筑物的安全间距不足。如果加油站出现火灾爆炸事故，站外建筑物会受到很大影响。产生上述问题的主要原因是，近些年来，各中心城市在城市总体规划中，大多数未把周边加油站考虑在内，有些建筑物和道路是在加油站建成后很多年才修建的，很大程度上没有考虑加油站的存在。

2. 平面布置问题及整改加油站在建设过程中的问题。在平面布置方面有三大问题：（1）车辆入口和出口为分开设置，如果发生事故，汽车就不能迅速驶离。（2）有些加油站的加油岛未采用罩棚（有些采用罩棚的，但高度不足4.5米），有雨淋或日晒时，操作人员不能正常工作。对于罩棚的高度，如果过低，有些加油车不能顺利通过加油站。（3）当加油站的设施与站外建筑物的距离小于或等于标准防火距离的1.5倍时，相邻一侧没有2.2米高的非燃烧实体墙，这样不能隔绝一般火种，也不能禁止无关人员进入。

3. 加油工艺及设施主要问题。其主要有：（1）油罐未做全埋地设置，有些是一半在地上，一半在地下，有些全为地上罐，这样设置的油罐不安全；（2）油罐的量油孔没有设带锁的量油帽，不利于加油站的防盗和安全管理；（3）油罐车卸油时，未采用密闭卸油方式，这样增加了油品的挥发和损耗，敞口卸油时会出现油气沿地面扩散，加大了不安全因素；（4）汽油罐和柴油罐的通气管没有分开设置，不同种类的油品互相连通，一旦出现冒罐，油品会通过通气管流到另一个罐，易造成混油事故，使得油品不能使用；（5）通气管管口没有高出地面 4 m 以上；（6）通气管的直径小于 50 mm，直径小，阻力太大，导致卸油时间长；（7）通气管管口没有安装阻火器，这样可能导致外部的火源通过通气管进入罐内，造成事故。

4.电气装置主要问题。其主要有：（1）一、二级加油站的消防房、罩棚、营业室等处没有安装应急照明，若防照明电源突然停电，将给经营者或操作人员撤离危险场所带来困难；（2）油罐与露出地面的工艺管道没有做电气连接并接地，如通气管之间未做电气连接，会因雷电反击火花造成雷害事故；（3）在法兰和阀门处未做金属线跨接，这样可能会发生静电或雷电火花，继而引发火灾、爆炸等事故；（4）在油罐车卸油时，没有放静电接地装置，有可能引发静电事故。

五、针对问题的应对策略

1.对于加油站选址方面存在的问题，进行彻底整改的唯一办法是关闭或搬迁加油站。

2.问题（1）和问题（3）的整改相对比较容易。问题（1）将车辆的出口和入口分开设置即可。问题（3）在建筑物与加油站内工艺设施之间建一道 2.2 米高的非燃烧实体墙即可。针对问题（2），整改的工程比较大，需要投入大量资金进行改造或新建罩棚，这需要上级部门综合研究立项。

3.工艺设施方面存在的主要问题，其整改工作比较容易，只要严格地按照规定标准进行改造即可。

4.电气装置方面存在的主要问题也比较容易解决，可以设置事故照明设备；用金属线将工艺管道作为电气连接，以防雷电反击火花造成雷害事故；用金属线将法兰及阀门两端连接处跨接；安装一部静电接地仪，检测接地线和接地装置是否完好，接地装置接地电阻值是否符合规范要求。

六、未来安全工作展望

生活经验告诉我们，不论是产品还是服务，越会便利得到就会越多被使用和消费。随着信息化技术的应用，加油站服务将变得更加便利和人性化。加油环境更加安全，支付手段更加灵活，消费环境更加友好，自助加油将成为普遍接受的行业模式。加油站设施与服务的人性化设计，使顾客更便利地发现、更便利地进入、更便利地获得、更便利地结算、更便利地离开、更便利地沟通、更便利地投诉。便利顾客，就是为顾客创造价值，对于快速消费品零售行业，便利并节省顾客的时间，就是最大的竞争优势。随着技术的进步，人们的消费需求与方式还将不断创新演变，加油站提供的便利服务范围与模式将与时俱进。

因此，在今后的工作中，我除了一如既往地做好本职工作之外，也会多观察、多思索如何能给顾客带来更加便捷、快速的服务，在这方面多下功夫。希望通过我的努力，加油站能发展得越来越好。

四、进一步改进措施

整体而言,安全工程专业实习课程经过几年运行后会逐步趋向科学和完善,但为了不断进取和做出特色,今后仍需不断思考和研究存在的问题,并逐步完善,以使该专业实践课程能成为其他成人学历教育可以参考的范例。

(一)强化教师指导

虽然成人在职学习者的实习工作基本上是在本职工作岗位上完成的,但由于部分学习者工作过于单一,在工作实践中运用理论解决问题的能力有所欠缺,因此,完成效果不够理想的情况仍然存在,甚至有个别学习者对于公文和报告的撰写也限于口语化的简单表述。这需要专业指导教师重视持续培养学习者基本素养方面的能力,在实习实践中既要给予其专业知识方面的指导,还需给予通识知识方面的指导。基于此,需要进一步壮大专业师资队伍,加强专职教师全面综合指导,并实施专业技能指导。聘用专业化的兼职教师参与学习指导和教学是开放教育长期坚持的一项基本教育策略,今后还需要更加规范、畅通的兼职教师聘用制度。

(二)提升任务完成质量

由于学习者重视程度的不同,导致过去几届学习者实习工作的完成质量参差不齐,甚至存在个别学习者在任务完成上出现超期、不规范等问题,最终撰写的报告没有深度,甚至存在用曾经的年度工作总结替代的问题。究其原因,主要是任务落实过程中的强化管理力度不够,今后学校应在强化教师指导、加强导学管理以及规范化文件示范指导的基础上,逐步减少和杜绝上述问题,进一步提升开放教育在职学习者的实践任务的完成质量。

(三)改进报告内容,促进后续课程衔接

从专业性和技术性角度看,学习者的实习(工作实践)报告缺少对实习中的问题分析和技术解决路径的设计。此问题产生的原因之一是教学安排缺陷,即毕业设计环节的指导工作能够安排教师指导学习者如何利用技术模型或常规的安全生产模型分析问题并解决问题,但在实习(工作实践)环节,由于大多数学习者的工作内容相对较窄或者

单一，再加上部分学习者的前置学历学习缺少基础物理、机械、工程、电气等方面的技术知识，所以他们运用复杂技术手段和模型解决问题的能力有限，对复杂的技术模型学习不够深入。因此，仅靠学习者个人将专业设计方案直接运用到实习（工作实践）中存在巨大困难。基于此，学校需要科学设计和改进报告的模板要素，调研过去学习者提交报告内容的缺失要素，提供一些模型或技术设计的简单案例，以便学习者在分析问题过程中参考案例，逐步学会运用技术模型解决工作中遇到的问题，同时强化能力突出的学习者的个性化设计要素，尤其是要提升创新内容的分值。经过科学改进，可以使学习者将理论知识更好地运用到实践工作中，更好地实现成人开放教育的目标。

第六节　毕业设计（论文）

一、本科毕业论文的思考

进入 21 世纪以来，高等教育规模迅速壮大，因此产生了对本科毕业设计（论文）质量的担忧与争议。2012 年，华中师范大学文学院的戴建业教授就提出"应该取消本科生毕业论文答辩"的观点，而更多的学者从质量管理视角研究并提出加强本科生论文管理的各种研究结论。教育部为加强本科论文质量管理，于 2020 年发布《本科毕业论文（设计）抽检办法（试行）》，提出要对本科毕业论文每年进行抽检，抽检范围和对象为所有举办本科专业的院校（包括开放教育和其他成人类教育）上一学年度授予学士学位的论文，抽检比例原则上应不低于 2%。抽检的主要目的是对论文中的选题意义、写作安排、逻辑构建、专业能力以及学术规范等进行"合格性"考察。由此开启了对本科论文质量管理的新时期。

同时，《普通高等学校本科专业类教学质量国家标准》对于部分专业的毕业设计（论文）提出了密切结合社会实际的要求，如安全工程专业的教学质量标准中规定：学生的毕业设计（论文）选题应紧密结合生产和社会实际，难度、工作量适当，能体现本专业综合训练要求，应有 50%以上的毕业设计（论文）在实验、实习、工程实践和社会调查等社会实践的基础上完成。

开放教育作为一种新的教育模式，具有开放的教学观念、教学资源和教学手段。在教学过程中，毕业设计（论文）课程是实现教学目标的重要环节，是检验教学质量及学生学习成果的必要环节。因此，理顺该环节管理制度，利用好现代化的媒介工具，紧密结合学习者在职工作的实际，处理好理论运用与解决实际问题、创新与实用、研究型与技能应用型目标、理论指导与行业专家技术指导等的矛盾问题，是开放教育毕业设计（论文）质量提升的关键。

二、措施

专业培养方案修订改革后，安全工程专业毕业设计（论文）的学分数是 8 学分（160 学时），占专业总学分的 10%，这是对"实践与毕业设计（论文）至少占总学分的 20%"这一基本要求的进一步保障。同时，毕业设计（论文）安排在最后一学期完成，完成周期从布置到通过论文答辩需要 20 周。20 周的时间涵盖最后一学期前的整个假期，这样既有利于学习者将上学期完成的课程及实习任务更好地与毕业设计（论文）衔接，也为学习者提供了完成设计与写作的充足时间，有利于在职学习者更好地安排时间，化解工学矛盾。

（一）强化时间与流程管理

时间分配和论文撰写流程可以通过平台实施标准化的过程管理，如在论文管理平台固定毕业设计（论文）的各节点时间设置，强制学习者在节点到期前完成相应任务，如此可以实现管理的标准化与统一化，但学生管理需要考虑柔性因素，如何实现柔性管理本身是一个难题。可选的方式之一是对不能按期完成任务的学习者都给予"特殊"处理，如延长时间、调整平台时间节点等。由于开放教育学习者众多，如果对每个特殊情况都采取修改规则和流程的模式，不仅效率低下，还导致任务不能按期完成，也可能让学习者产生懈怠的心理，不利于学生管理和学校整体运行。

安全工程专业毕业设计（论文）采取不同的时间管理方式，分以下几步：

首先，将毕业设计（论文）环节提前到第四学期结束后（开放教育正常毕业期限为五学期或两年半）的假期，这样能确保毕业设计（论文）创作周期在 18 周以上（包括寒

/暑假 6 周）。

其次，设置整个撰写阶段的时间流程表，要求所有学习者认真学习并执行。某届学习者论文时间流程表如图 6-9 所示。

202*年上半年本科毕业设计（论文）写作时间进度表

请学员严格按时间安排完成每个环节任务

序号	工作内容	时间	主要工作说明
1	学员添加指导教师指定联络方式	202*年 01 月 05 日 --202*年 01 月 15 日	①学员获取有关毕业设计（论文）写作资料包，了解论文写作要求及分组 ②添加论文指导教师（按给定联络方式）
2	学员同指导教师沟通并撰写选题描述指导教师指导并确认选题	202*年 01 月 15 日 --202*年 01 月 31 日（学员尽量提前）	①学员研读毕业设计（论文）文件要求，查阅资料，构思选题方向和题目，描述选题主要内容提交指导教师 ②指导教师根据选题描述指导学生修改并确认选题。指导教师未确认选题，学生将不能进行开题
3	学员开题、提交开题报告指导教师确认开题报告	202*年 02 月 1 日 --202*年 02 月 28 日（尽量提前完成）	①学员与指导教师沟通撰写开题报告，按时提交开题报告 ②指导教师指导学员确认开题报告。原则上指导教师未确认开题报告（报告不少于 2000 字），学员不能继续撰写毕业设计初稿
4	学员撰写毕业设计（论文）(初稿与中期检查)，并交指导老师审核	202*年 3 月 1 日 --202*年 4 月 15 日（尽量提前撰写）	①指导教师在写作初期指导学员写作，引导学员确定毕业设计（论文）初稿，学员根据指导教师意见进入毕业设计（论文）初稿写作环节。指导教师及时查看、批阅学员毕业设计（论文），直至通过为止 ②学员撰写中期检查，主要内容为已经完成的工作和下一步要完成的毕业设计工作
5	学员修改初稿、确定毕业设计（论文）终稿并提交	202*年 4 月 16 日 --202*年 5 月 25 日	①指导教师继续指导学员修改毕业设计（论文）并最终定稿，字数不少于 1 万字（学位论文不少于 1.2 万字） ②学员向指导教师提交一份毕业设计（论文）终稿纸质版(同时提交评审表 2 份)，另外提交终稿电子版（终稿要保格式规范）
6	指导教师评阅毕业设计（论文）	202*年 5 月 26 日 --202*年 5 月 31 日	①学员向指导教师提交毕业设计（论文）查重报告电子版 ②指导教师对终稿给出评语和初评成绩 ③向学员公布毕业设计（论文）成绩是否合格
7	申请毕业答辩	202*年 6 月 1 日 --202*年 6 月 5 日	①学员根据毕业设计（论文）成绩及所有课程综合成绩（平均绩点 3.5 分以上）决定是否参加答辩 ②学院整理并发布答辩名单
8	答辩	202*年 6 月 5 日 --202*年 6 月 25 日	①设立答辩委员会并公布答辩组、答辩时间、答辩教室等 ②给出答辩评语、评定毕业设计（论文）终评成绩
9	审核毕业设计（论文）	202*年 6 月 26 日 --202*年 6 月 27 日	①学院聘请教师对毕业设计（论文）进行复核
10	发布成绩	202*年 6 月底	公布毕业设计（论文）最终成绩

备注：学员必须严格按照时间节点完成相关任务。第 2-5 步，学员应当同指导教师协商后尽量提前完成。

图 6-9 学习者毕业设计（论文）时间管理流程

第六章 开放教育实践课程改革实施效果与评价

再次，在论文管理平台上设置流程和时间节点，并在该平台上明确标示，如图6-10所示。同时将时间节点、时间流程表作为基本学习资料，提示学习者随时查阅。

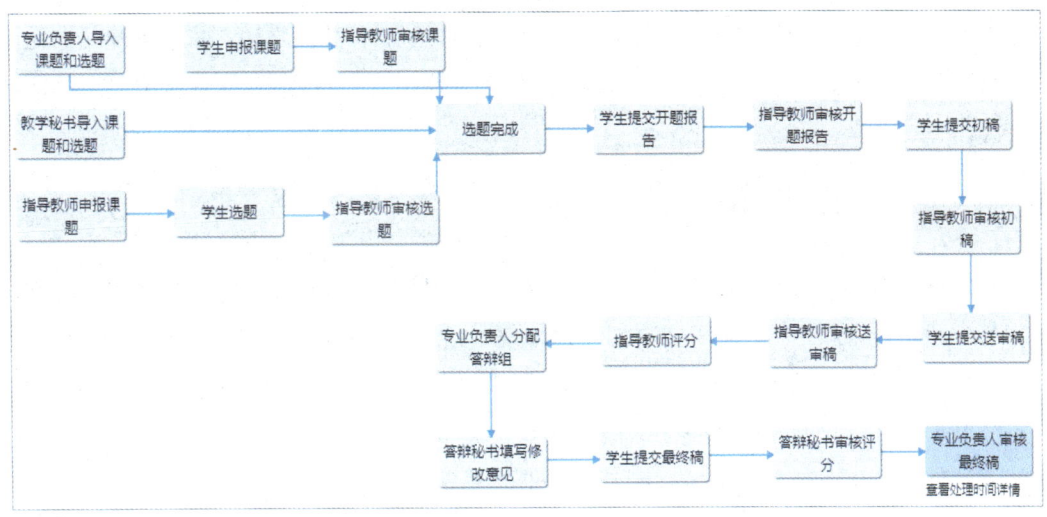

图6-10 维普毕业论文管理平台管理流程

最后，通过班级微信群和论文指导群，由导学教师和论文指导教师分别在关键标示节点提示（包括电话、邮件方式）学习者，学习者按期完成节点任务，对个别有极特殊情况的学习者予以时间节点调整。

此柔性管理方式能够实现整个流程的高效运行，保证了前几届学习者的毕业设计（论文）完成提交比例达到近95%。

（二）重视过程指导和资料准备

每个阶段都需加强对资料收发的重视。课程开始前的师生分配资料，毕业设计（论文）的基本文件、各类参考要求和模板、本专业的设计实施细则、具体实施流程，过程中按进度表由专业责任教师、指导教师、导学教师三级管理联络模式督促和强化过程要求，除中途个别特殊原因不能继续完成设计和论文写作的学习者外，保证不落下一个有时间保障的学习者。

为了实现毕业设计（论文）的科学性并保证完成效率，在进度表中详细设计过程环节需要提交的各步骤文稿，并要求指导教师对每类文稿都予以精心指导，保证学习者整个过程不间断和创作的连续性，促进学习者能力渐进式提升，使其毕业设计（论文）能按期完成。

197

（三）多平台强化过程管理

除利用学校统一的学习平台做好辅导与指导、流程文件等的管理外，主要利用班级微信群和论文指导群等线上社交工具开展小组线上管理和交流学习，并通过专门的论文平台强化论文的过程管理，提高时间管理效率。另外，指导教师要做好教务平台的成绩管理。

（四）行业、企业专家参与指导

无论是考虑教育部文件要求，或是基于校企合作办学的趋势，行业和企业专家都应参与专业建设。从安全工程专业规划到课程建设，从理论课程的指导到实践课程的指导，从专业文件制定修改到学习者成绩设置等环节，都需要重视行业、企业专家的指导。2018年至今，学校建立的校外师资团队成员涵盖行业主管专家、企业专家、普通高校和职业院校教师、合作单位管理层及其教师，团队规模达到50余人，其中从事毕业设计（论文）指导的教师团队达30余人。团队成员涉及专业包括物理、计算机、建筑、消防、安全应急管理、工商管理、电气等，职称涵盖中级技术职称和正高级技术职称，学历有硕士和博士研究生，也有在博士后流动站工作过的教师。

（五）重视毕业设计（论文）与实习（工作实践）的衔接与应用

从教育主管部门的文件要求看，需要成人继续教育学习者的毕业设计（论文）与社会经济发展和生产生活相结合，更要与自己从事的岗位工作相结合。学校安全工程专业自首届招生至今，学习者来源基本为稳定合作单位的在职员工，这既保证了学习者能结合自己的工作实际，运用掌握的专业理论知识提出问题并解决问题，也能促成其毕业设计（论文）与工作结合的可能。

在实习（工作实践）环节，学习者应针对工作中涉及的安全或应急管理的内容进行认真思考，分析挖掘问题，总结成功经验，并提出解决问题的办法。之后，毕业设计（论文）任务可基于前述已完成的课程任务，在研究分析基础上，借鉴和利用成功的技术模型，解决前期的问题，并依据论文写作规范，在教师指导下完成整个论文的撰写，直至定稿。石油石化和燃气行业的学习者在这样的思路下针对自己的行业特点和工作内容完成了毕业设计（论文）。表6-6为部分学习者毕业设计（论文）正式选题与工作结合情况的展示。

表 6-6　部分学习者工作行业（企业）与毕业设计（论文）选题

学习者行业/企业	毕业设计（论文）题目
燃气/石化石油集团	燃气安全生产中的不安全因素分析
	城镇燃气企业安全运营事故分析及防范措施
	北京市城市燃气管网安全管理优化研究
	加油站车道罐操作井湿气排放现状及改进措施
	燃气站安全管理评价分析
街道/企业安全	公共卫生突发事件中社区应急管理工作研究——以北京市北新桥街道为例
	城市居住区噪声污染的危害及预防措施
	智慧工地安全监管平台的设计与应用
	密云区下河村社会运行安全问题及对策研究
	浅论怀柔区某家园社区消防管理工作的重要性及开展模式

三、毕业设计（论文）完成效果

从往届毕业生的毕业设计（论文）情况看，基于整个管理模式的不断优化，参与毕业设计（论文）的学习者完成率以及合格率较高。具体如表 6-7 所示。

表 6-7　历届毕业学习者毕业设计（论文）完成情况统计

学习者年级	参加毕业设计（论文）人数	完成人数	完成比例	合格人数
2018 春季学习者	244	239	97.95%	233
2018 秋季学习者	246	224	91.06%	223
2019 春季学习者	45	40	88.89%	39
2019 秋季学习者	38	35	92.11%	35
2020 春季学习者	218	212	97.25%	208
合　计	791	750	94.82%	738

四、问题及改进措施

客观来看，由于学习者从事的工作内容主要集中在基层社区，也有一部分学习者在安全生产责任重大的企业基层工作，如加油站、加气站等，导致学习者在专业毕业设计（论文）环节进行数学运算和模型研究的能力有所欠缺，尤其是对所选案例进行分析计算和参数设计时的能力不足。虽然学习者整体论文完成率较高，但尚未达到优秀的程度。以 2020 春季学习者为例，本年级学习者第一批正式审核毕业生 187 人，其中 148 人平均学分绩点达到或超过 3.5，但在 148 人中，申请学位的只有 36 人，未申请学位的学习者大多数是由于论文成绩不够理想而放弃学位申请和论文答辩（注：学位申请的基本条件是所有课程成绩及格且平均学分绩点达到 3.5 及以上，论文答辩通过且答辩成绩在一定分数之上）。

另外，学习者对专业术语驾驭以及文字处理能力欠缺，也有个别学习者不重视毕业设计（论文）任务，甚至存在利用管理过程中的漏洞借用外力完成毕业论文的现象。整体而言，本环节尚存在许多亟待解决的问题，需要逐步解决和完善。

（一）强化毕业设计（论文）环节管理，提高学习者重视程度

做好思想动员工作可能是比较有效的应对办法之一。由于部分在职学习者的学习动机是基于提高工资薪酬和晋级升职的考量，对除专业知识以及技能学习外其他方面内容的学习积极性并不高，他们更倾向于对学历的需求，对学位论文并不重视。针对此问题，学校需要对学习者进行专业的培训，改变其错误的思想认识，提升学习者对毕业设计（论文）的重视，促使其能将整体专业课程的学习同工作任务结合，深刻认识学习是提升个人综合能力的过程，不是简单为了工资或者晋级而学习专业课程。

（二）加强指导教师管理，提升专业引导力度

学习者将自己工作同毕业设计（论文）结合的最大困难是利用科学的量化模型完成计算，分析问题并制定出解决问题的办法。量化分析工具的专业性太强，学习者利用平时的业余时间仅能完成课程内容和知识任务的学习，很难有精力进行量化研究分析并开展实践训练。这需要学校在指导教师的选聘和管理环节重视教师在技术分析方面的能力要求，在指导教师选聘文件及选聘过程中对急需的技能型指导教师予以名额上的倾斜，实现所有指导教师都能提供技术分析模型指导。

（三）持续提升行业专家指导水平

学习者的毕业设计（论文）更多的是结合自己所在行业、企业的实际工作内容，若

此环节能借助更多的行业、企业的技术性骨干或"大师"进行技术和技能设计指导，再请专业的论文教师进行撰写过程的指导，从而实现"双导师"模式，必将使行业、企业学习者的毕业设计（论文）质量得到直线式提升。近些年，我国在行业和大中型企业广泛开展了"技能大师"或"导师"工作室建设，学校如果能借助此类"技能大师"或"导师"指导开放教育学习者，那么既能实现企业自己传帮带的引领作用，也能提高企业在职学习者的综合业务能力。

（四）加强过程管理，优化各类信息技术手段

如何提高论文撰写过程的科学性，将论文布置、教学指导、过程资料指导、过程实施、成绩管理、查重管理、答辩等流程以及相关平台进行更科学的设计，提高整体管理效率，也是今后需要不断在实践中研究和改进的重要工作。需要开展学校、学院等多元主体研讨和探索，借助学校整体软硬件教育资源的优化，逐步完善论文管理过程。

第七节　实践课程预计运行效果综评

针对实践课程运行现状，未来的改进策略需要智慧和思考，笔者预计学校实践课程整体体系建设将进一步规范，逐步达到教育部文件要求，并向工程质量认证体系的标准靠近，未来将稳步实现专业实践课程在学校和开放教育领域的示范引领。

首先，实践课程体系完善。实践课程包括专业课程的实验和实训，也涵盖独立课程运行（也被称为专业实践）的社会综合实践、创新创业、实习（工作实践）、毕业设计（论文）等门类齐全、内容丰富的课程形式。

其次，企业实践内容扎实，行业与企业专家广泛参与。目前，学校基本满足了全部学习者在安全工作岗位上开展实验和实训的要求，让学习者在专业培训、资格获取、社会服务、创业等职业生涯过程中，以独立课程方式参与到实践课程中来。此外，学校已经建立起强大的指导教师团队，团队中有专业教授，有行业专家，也有来自企业的技术技能型专家。

再次,实践课程的实施密切结合学习者的工作实际。实践课程基于学习者的安全本职工作进行设计,专业课程中的实践任务和独立运行的实践课程任务设计考虑了首都安全生产领域学习者的实际需求和现状,体现了"学以致用、学有所用"的理念。

最后,学分数与课时数明确,且完整达标。持续开展的实践课程建设与改革任务将使综合实践和创新创业课程逐步得以落实,以独立课程方式实现的实践教学将明确达到教育部相关文件要求,总体实践课程的课时数不低于总课时的25%,具体如表6-8所示。

表6-8 预计实践课程运行的量化统计

| | 课程内实践任务 | | 独立课程运行 | | 行业、企业 | 结合学习者 |
	课时	学分	课时	学分	专家参与	工作实际
实验	≥60	—	—	—	是	是
实训	20	—	—	—	是	是
综合实践	—	—	80	4	是(预期)	是
创新创业	—	—	*80*	*4*	是(预期)	是
培训实习 专业实习	—	—	80	4	是	是
毕业设计	—	—	160	8	是	是
小计	≥80	不单独计学分	≥320	≥16		
合计	学分≥16分,占比≥20%;学时数≥400,占比≥25%					

说明:专业总学分80学分,1600课时;
斜体画线数字表示部分学习者选择,故不能全部计入总量。

虽然专业实践环节任务的落实取得了一定的成绩,也得到了认可,但持续狠抓实践课程改革将是未来专业发展的常态。实践课程的改革与研究有过去式,有进行时,也有对将来工作的思考。通过课程研究和课程改革的紧密结合,不断改进教学实践工作,才能促进专业更科学运行,提升开放教育的办学质量。

参考文献

[1]郝克明. 跨进学习社会的重要支柱：中国继续教育的发展[M]. 北京：高等教育出版社，2011.

[2]韩民. 中国教育改革大系（终身教育卷）[M]. 武汉：湖北教育出版社，2016.

[3]吴遵民. 改革开放 40 年来中国终身教育的历史回顾与展望[J]. 复旦教育论坛，2018(6)：12-19.

[4]张有声. 中国改革开放 40 年的成人教育. [EB/OL].(2019-03-19).https：//www.caea.org.cn / newsinfo/952290.html.

[5]段丽萍. 谈远程开放教育中实践教学模式[J]. 河北广播电视大学学报，2008(1)：22-24.

[6]李文斐，王学珍. 远程开放教育实践教学模式的研究[J]. 中国远程教育，2007(7)：35-42，79-80.

[7]陈素琴. 远程开放教育课程实践性教学的研究[D]. 南京：南京师范大学，2007.

[8]金英玉. 谈电大开放教育会计学专业课程设置[J]. 吉林广播电视大学学报，2004（4）.

[9]陈丽，李芒. 论"开放教育"和"远程教育"的本质及其关系[J]. 中国电化教育，2001(2)：49-52.

[10]孙黎，朱武祥. 轻资产运营[M]. 北京：中国社会科学出版社，2003.

[11]王晶. 轻资产运营模式及操作要点分析[M]. 北京：企业管理出版社，2006：1-15.

[12]戴天婧，张茹，汤谷良. 财务战略驱动企业盈利模式：美国苹果公司轻资产模式案例研究[J]. 会计研究，2012，301(11)：23-32，94.

[13]周泽将，邹冰清，李鼎. 轻资产运营与企业价值：竞争力的角色[J]. 中央财经大学学报，2020，391(3)：101-117.

[14]王智波，李长洪. 轻资产运营对企业利润率的影响：基于中国工业企业数据的实

证研究[J]. 中国工业经济，2015，327(6)：108-121.

[15]黄博翔. 广播电视大学向开放大学转型升级中国有资产管理的几点思考[J]. 实验技术与管理，2017，34(11)：272-278.

[16]郭文革. 再论在线学习的灵活性：教室将变成一种"轻"资产[J]. 中国远程教育，2017，504(1)：15-19，79.

[17]金丽霞. 开放大学师资队伍状态与教师成长实现路径[J]. 现代远程教育研究，2016，143(5)：89-95.

[18]谭璐,张春华. 论开放教育的概念、特征及意义：基于相关概念的解读与辨析[J]. 成人教育，2020，40(11)：7-12.

[19]丁兴富. 远程教育学基本概念与研究对象之我见[J]. 开放教育研究，2005(1)：32-41.

[20]陈昌曙. 技术哲学引论[M]. 北京：科学出版社，2012.

[21]杨瑛霞,田爱奎,夏天. 从技术哲学看教育技术的内涵与本质[J]. 电化教育研究，2007，167(3)：17-21.

[22]陈丽,林世员,郑勤华. "互联网+"时代中国远程教育的机遇和挑战[J]. 现代远程教育研究，2016，139(1)：3-10.

[23]中华人民共和国教育部. 高等学校数字校园建设规范（试行）[EB/OL].(2021-03-16).http://www.moe.gov.cn/jyb_xwfb/gzdt_gzdt/s5987/202103/t20210326_522685.html.

[24]郝克明. 开放大学：我国新型大学的诞生与思考[J]. 天津电大学报，2013，63(1)：1-5.

[25]徐辉富,魏志慧,李学书. 开放大学五年：总结与反思："开放大学建设进展与成效研讨会"综述[J]. 开放教育研究，2017，23(6)：21-26.

[26]崔新有. 开放大学试点：困境与突破[J]. 开放教育研究，2020，26(4)：12-17.

[27]张世明,袁玥赟,彭雪峰. 我国开放大学开放教育资源可持续发展研究[J]. 中国电化教育，2020，403(8)：119-126.

[28]孙传远,张瑾. 我国开放教育政策的发展阶段、演进规律和未来趋势[J]. 职教论坛，2021，37(4)：109-116.

[29]王竹立. 开放大学如何打造真正的"互联网+大学"[J]. 电化教育研究，2021，42(5)：5-13.

[30]荆德刚. 开放大学改革：使命、发展与挑战[J]. 开放教育研究，2020，26(4)：4-

11.

[31]孟亚玲,魏继宗. MOOC本质新界说[J]. 电化教育研究,2016,37(7):43-49.

[32]欧阳河. 帮学课堂:从"跟我学"到"帮你学"的课堂革命[J]. 职教论坛,2021,37(1):49-55.

[33]陈蓓蕾,张屹,杨兵. 技术支持的教学交互策略促进交互深度研究[J]. 中国电化教育,2019,391(8):99-107.

[34]教育部,中宣部. 教育部等部门关于进一步加强高校实践育人工作的若干意见[EB/OL].(2012-01-10). http://www.moe.gov.cn/srcsite/A12/moe_1407/s6870/201201/ t20120110_142870.html

[35]张根乔,李雪,国兆亮. 网络课程的教学督导指标体系构建[J]. 开放学习研究,2020,25(1):48-55.

[36]王海东,邓小华. 我国学分银行与资历框架建设探索:进展、问题与对策[J]. 中国远程教育,2019,40(12):55-60,93.

[37]梁海兰,赵聪,李焱. 省域职业教育学分银行建设的成效、问题及对策[J]. 教育与职业,2021(2):19-26.

[38]李林曙,鄢小平,王立科. 我国学分银行制度建设的模式、途径与策略[J]. 现代远程教育研究,2013(6):33-38,49.

[39]朱龙博,郭翠. 长三角地区开放教育学分银行建设的实践困境与思考[J]. 中国职业技术教育,2021(10):68-74.

[40]汤书波,陈梅艳,李志平. 开放教育学分银行系统设计方案探讨[J]. 电化教育研究,2011(8):78-82,87.

[41]郝克明. 终身学习与"学分银行"的教育管理模式[J]. 开放教育研究,2012,18(1):12-15.

[42]李惠康. 上海市终身教育学分银行的构建[J]. 开放教育研究,2012,18(1):46-49.

[43]江丽. 学分银行建设中学习成果认证转换模式的研究与实践[J]. 中国职业技术教育,2021(31):40-44,83.

[44]李锋亮,张非男. 学分银行的收益分析与估计[J]. 中国远程教育,2014(6):49-55,96.

[45]吴卓平,陈小艳,李肖岚. 利益相关者视角下学分银行建设的动力机制探析[J].

北京教育(高教)，2018(9)：19-21.

[46]曹影，耿成义. 基于利益相关者理论的学分银行建设[J]. 中国成人教育，2017(22)：75-78.

[47]厉以宁.关于教育产品的性质和对教育的经营[J].教育发展研究，1999(10)：9-14.

[48]袁连生，王善迈，崔邦焱.高等学校学生培养成本计量的案例研究[J].教育研究，2005(6)：6-12.

[49]布鲁斯•约翰斯通. 高等教育成本分担[R]. 纽约：美国大学入学考试委员会，1986.

[50]韩世梅. 我国教育信息化促进教育公平的政策演进、问题分析和发展建议[J]. 中国远程教育，2021(12)：10-20，76.

[51]王善迈. 论高等教育的学费[J]. 北京师范大学学报(人文社会科学版)，2000(6)：24-29.

[52]王善迈. 教育公平的分析框架和评价指标[J]. 北京师范大学学报(社会科学版)，2008(3)：93-97.

[53]姚伟，黄卓，郭磊. 公司治理理论前沿综述[J]. 经济研究，2003(5)：83-90，94.

[54]刘红光. 利益相关者视角下的现代大学共同治理机制探析[J]. 黑龙江高教研究，2020，38(8)：34-38.

[55]池春阳. 利益相关者视角下高职教育产教融合长效机制研究[J]. 教育理论与实践，2021，41(33)：16-20.

[56]王亚军. 利益相关者视域下高校继续教育治理机制探究[J]. 成人教育，2018，38(9)：20-24.

[57]于莎. 利益相关者视域下高校继续教育治理的博弈分析[J]. 职教论坛，2022，38(1)：105-111.

[58]李锋亮，伊莲娜，王亮. 对韩国学分银行体系的成本分担分析[J]. 现代教育技术，2020，30(4)：88-94.

[59]杨晨，顾凤佳. 国外学分银行制度综述[J]. 中国远程教育，2014(8)：29-39.

[60]姜长云. 生活性服务业现状、问题与"十四五"时期发展对策[J]. 经济纵横，2020(5)：87-99，2.

[61]谢妙忻，吴晓辉. 学分银行理念下开放教育综合实践教学改革初探[J]. 继续教育研究，2021(1)：33-36.

附 件

附件 1

开放教育专业实践教学环节开展情况问卷

尊敬的专业责任教师：

您好！

感谢您在百忙之中参与我们的调查。请基于您所在专业的实践教学环节开展情况回答如下问题。对您提出的宝贵经验及建议，我们深表感谢！

注：根据教育部相关文件，实践教学环节包括实验、实训、实习、社会实践（专业实践或综合实践）、就业指导、社会调查、创新创业、毕业设计、毕业论文等。

×××课题组

2021 年 1 月

1. 专业基本情况

（1）您所管理的专业属于下列学科大类中的哪一类？

    A. 社会学   B. 理学类   C. 工学类   D. 其他

（2）您所管理的专业学历层次为何？

    A. 本科   B. 专科   C. 本科与专科

（以下 2—8 题请您在第 1 题选择基础上回答）

2. 该专业是否设有实践教学环节？

    A. 是   B. 否

3. 该专业的实践教学环节包含以下哪些形式？

    A. 实验课   B. 实训课   C. 专业实践或实习   D. 创新创业   E. 社会综合实践

    F. 毕业设计（论文）   G. 其他

4. 该专业是否针对上述形式的实践制定了相应的实践教学环节实施标准体系或方案（该体系应当包含实践教学环节的实现模式、各形式的课时或学分数量、课时或学分比重、毕业要求等）？

　　　　A. 是　　　　　　B. 否

（如选"否"请跳过 5、6 两题继续作答）

　　5．在上述实践教学环节的实施标准体系中，实践教学环节占专业总学分或学时比例为__%（实践教学环节的总学时或学分/专业总学时或学分）。其中，各实践教学形式的占比为：（某实践教学形式的总学时或学分/实践教学环节总学时或学分）实验课__%；实训课__%；专业实践或实习__%；创新创业__%；毕业设计（论文）__%；社会综合实践__%（社会综合实践为专业实践外的其他社会实践活动，如志愿者活动等）。

　　6．您对已有实践教学环节的实施标准体系或方案的看法是：

　　（1）您认为该实施标准体系是否完整？

　　　　A. 是　　　　　　B. 否

　　　　如选否，请简单描述存在的问题，并提出改进建议。

　　（2）您认为该实施标准体系是否科学？

　　　　A. 是　　　　　　B. 否

　　　　如选否，请简单描述存在的问题，并提出改进建议。

　　7．请对专业已开展的实践教学形式分别做评价。

　　　　如已开展，请简要说明开展的现状、问题及解决对策。

　　　　如未开展，您认为是否有必要开展？计划如何开展？

（1）实验和实训课（在校模拟实训或工作现场实训）

（2）专业实践或实习

（3）创新创业

（4）毕业设计（论文）

（5）社会综合实践

　　8．对于专业实践教学环节的开展，您有何补充或者建议？

附 件

附件 2

开放教育实践课程开展形式的重要性问卷

尊敬的各位老师、学习者：

您好！

感谢您在百忙之中参与我们的调查。请基于您对开放教育与工学类专业实践课程环节的理解，认真阅读问题及注释后针对北京开放大学安全工程专业（专升本）实践课程开展的情况回答如下问题。对您提供的宝贵经验，我们深表感谢！

注：根据教育部相关文件要求及相关高校（包括普通高校、高职院校、成人教育院校）经验，实践教学环节的课程包括实验、实训、实习、社会实践（专业实践或综合实践）、创新创业、毕业设计（论文）等形式，且教育部文件要求本科阶段实践课课时量通常不能低于总课时量的20%，但对具体每种实践课程的课时量没有统一要求。另外，实习和毕业设计（论文）是必须环节。

×××课题组

2021.2

1.针对安全工程专业（专升本）或您熟悉的工学类专业实践教学环节各种课程形式的重要性，请您对下面7类实践课程形式在专业实践应用能力培养方面的重要性进行选择。

（注：实验指课程实验，针对某一门课程知识点利用实验仪器、特殊场地、角色设计、案例设计等方式完成操作并掌握知识；实训指课程实训，包括校内实训和校外实训基地实训。相对实习而言，实训是非系统性的，是阶段性、短时间的，是为了掌握某一部分专业知识在接近实际工作环境下完成相关知识操作过程的学习活动；社会综合实践指参加校外社会活动或社会工作，如参加安保等志愿活动等；创新创业指从事独立的非所在单位职务性的发明创造、经营等相关活动；培训实习指参加与专

业工作相关的脱产或非脱产培训活动；专业实习指有偿或无偿完成与专业相关的正式工作任务；毕业设计这里包括毕业论文撰写。）[矩阵量表题]

	1.非常不重要	2.不重要	3.一般	4.重要	5.非常重要
实　验					
实　训					
社会综合实践					
创新创业					
培训实习					
专业实习					
毕业设计					

2.针对上述第1题，将7种实践课程形式进行细分，每种课程再细分为3个维度，请你继续针对每种课程3个维度的判断进行选择。

（注：①形式必要性指该实践课程对专业实践能力培养是否必要，同时考虑国家对学历教育人才培养的要求；②实现难度指考虑开放教育办学模式的基础条件、远程网络教学特点、师资、学习者工学矛盾等因素后该实践课程的客观执行难度，不包括课程本身在学习上的难度。如毕业设计或论文撰写对学生而言是比较难的课程，这不视为实现难度问题；③可替代性指该实践课程形式是否能被其他6类实践课程中的一种或几种替代。）[矩阵量表题]

	1.非常不认可	2.不认可	3.无法判断	4.认可	5.非常认可
1.1 实验　形式必要性强					
1.2 实验　实现难度大					
1.3 实验　可替代性强					
2.1 实训　形式必要性强					
2.2 实训　实现难度大					
2.3 实训　可替代性强					

附　件

续　表

	1.非常不认可	2.不认可	3.无法判断	4.认可	5.非常认可
3.1 综合实践　形式必要性强					
3.2 综合实践　实现难度大					
3.3 综合实践　可替代性强					
4.1 创新创业　形式必要性强					
4.2 创新创业　实现难度大					
4.3 创新创业　可替代性强					
5.1 培训实习　形式必要性强					
5.2 培训实习　实现难度大					
5.3 专业实习　可替代性强					
6.1 专业实习　形式必要性强					
6.2 专业实习　实现难度大					
6.3 专业实习　可替代性强					
7.1 毕业设计（论文）形式必要性强					
7.2 毕业设计（论文）实现难度大					
7.3 毕业设计（论文）可替代性强					

附件3

安全科学与工程类教学质量国家标准

1 概述

安全是人类进行各种活动的客观需要，是人类社会发展的必然趋势。人类要生存和发展，需要认识安全的一般规律，为自身的生存和发展提供保障。同时，生产力的不断发展，也促进了安全科学技术不断发展。特别是进入20世纪后，随着世界各国工业化进程的不断加快，安全问题越来越突出。在煤炭、化工、建筑等传统工业、食品卫生、环境及其他新兴工业领域，安全问题日益凸显，传统的单一学科已经难以解决这些问题。安全科学与工程发展成综合理、工、文、法、管、医等学科的交叉学科，应用领域涉及社会文化、公共管理、行政管理、检验检疫、消防、土木、矿业、交通、运输、航空、机电、食品、生物、农业、林业、能源等行业乃至人类生活的各个领域，并与上述学科都有交叉。

同时，安全科学与工程具有理论、技术与管理的融合性，要解决安全问题一方面需要依赖科学技术，另一方面由于经济条件的制约，对一时做不到本质安全的技术系统，则必须用安全管理来补偿。

安全科学与工程学科是以安全学原理为基础，以信息论、系统论、控制论为先导，包括安全科学理论、工程技术和管理在内的一门宽口径综合学科，主要内容包括人类在劳动生产和防御各种灾害的过程中所采用的、以保证人的身心健康和生命安全、减少物质财产损失、降低事故风险为目的的安全技术理论及专业技术手段。

安全科学与工程学科的主要任务是研究人类生产和社会活动中面临的共同的安全科学理论、技术问题，目的在于揭示安全科学的一般规律，直接指导安全科学与工程技术的研究和发展。

我国的安全科学与工程类专业本科教育始于20世纪50年代。1954年北京劳动干部学校成立，开始培养工业劳动保护人才，1956年2月该校设立劳动保护、锅炉检查和劳动经济3个专业。1958年升格为北京劳动学院后，进行专业调整，设立了工业安全技术、工业卫生技术2个专业。

20世纪50年代以后，部分高等院校开始培养矿山通风与安全方向的专门人才；1983年部分高校创办了矿山通风与安全本科专业。

此后经多次本科专业目录调整，安全科学与工程类专业也不断整合，安全工程成为综合性专业，不仅为矿山行业培养人才，而且开始为各行各业培养安全人才。

2011年，国务院学位委员会将安全科学与工程列为一级学科，归属于工学门类；2012年，教育部颁布《普通高等学校本科专业目录（2012年）》，将安全科学与工程单列为一个类，下设安全工程专业。

2 适用专业范围

2.1 专业类代码

安全科学与工程类（0829）

2.2 本标准适用的专业

安全工程（082901）

3 培养目标

3.1 专业类培养目标

安全科学与工程类专业的培养目标是根据现代经济和技术的发展要求，培养能从事安全科学研究、安全技术开发、安全工程设计、安全风险评估、安全监察与监管、安全检测与监控、安全生产组织管理、安全教育与培训、事故应急救援等方面高级工程技术和管理人才。

3.2 学校制定专业培养目标的要求

各高校应根据专业类培养目标和自身办学定位，结合本校学科特色，在对行业和区域特点以及学生未来发展需要进行充分调研与分析的基础上，准确定位并细化人才培养目标的内涵，以适应社会经济发展对多样化人才的需要。

各高校还应对人才培养目标与科技、经济、社会持续发展需要的吻合度进行定期评估，建立适时调整专业发展定位和人才培养目标的有效机制，确保有效实现培养目标并符合社会需求。

4 培养规格

4.1 学制

基本学制4年，实行学分制的学校可以适当调整为3～6年。

4.2 授予学位

工学学士。

4.3 总学时或学分要求

总学分为140～180学分，总学时为2 100～2 500学时，各高校可根据具体情况做适当调整。

4.4 人才培养基本要求

4.4.1 思想政治和德育方面

按照教育部统一要求执行。

4.4.2 业务方面

（1）掌握从事安全科学与工程类工作所需的数学、物理学、化学等自然科学基础知识，具备基本分析计算能力。

（2）掌握基本的法学、文学、哲学、伦理学、艺术学、社会学、心理学等人文社会科学基础知识，能够为所从事的安全科学与工程类工作提供支撑。

（3）掌握从事安全科学与工程类工作所需的力学、工程制图、机械设计、电工电子及相关行业等工程技术基础知识，具备基本安全设计分析能力。

（4）掌握行为科学、经济学、管理学、保险学等管理科学基础知识，具备基本安全经济分析能力。

（5）掌握安全原理、安全系统工程、安全人机工程、安全管理、安全法规、安全技术、职业安全健康、行业安全工程等方面专业知识，对于即将或主要从事的行业及领域，熟悉其工艺特点、流程、工艺设备等，具备基本安全技术管理能力。

（6）掌握外语、计算机及信息技术应用、文献检索、方法论、科技方法、科技写作等工具性知识，能阅读本专业外文资料，具有一定的国际视野，具备交流与合作能力。

4.4.3 体育方面

按照教育部统一要求执行。

5 师资队伍

5.1 师资队伍数量和结构要求

专任教师数量和结构满足本专业教学需要，生师比不高于18∶1。

新开办专业至少应有10名专任教师，在120名学生基础上，每增加20名学生，须增加1名教师。

专任教师中具有硕士、博士学位的比例不低于50%。

专任教师中具有高级职称的比例不低于30%。

5.2 教师背景和水平要求

5.2.1 行业背景

从事本专业主干课教学工作的教师的本科和研究生学历中，必须有其中之一毕业于安全科学与工程类或相近专业。部分授课教师应具有安全领域研究背景。

5.2.2 工程背景

所有授课教师应具备与所讲授课程相匹配的能力（包括设计能力、分析能力和解决问题能力）。

讲授工程与应用类课程的教师具有工程、项目科学研究背景，有教师承担过工程性项目或具有企业工作经历。

5.3 教师发展环境

为教师提供良好的工作环境和条件。教师承担的课程数和授课学时数合理，保证在教学以外有时间和精力参加学术活动、工程和研究实践，不断提升个人专业能力。有合理的师资队伍建设规划，为教师培训、进修、从事学术交流活动提供支持，促进教师专业发展。实施青年教师培养计划，建立高效的青年教师专业发展机制。

拥有良好的相应学科基础，为教师从事学科研究与工程实践提供基本的条件、环境和氛围。鼓励和支持教师开展教学研究与改革、学术研究与交流、工程设计与开发、社会服务等。使教师明确其在教学质量提升过程中的责任，不断改进工作，满足专业教育不断发展的要求。

6 教学条件

6.1 教学设施要求（实验室、实践基地等）

（1）教室、实验室及设备在数量和功能上满足教学需要。有良好的管理、维护和更新机制，实验器材及相关设施完好，安全防护等设施符合国家规范。与企业合作共建实习和实训基地，在教学过程中为学生提供参与工程实践的平台。

实验开出率不低于教学大纲规定的90%；有一定数量的综合性、设计性实验，有开放性实验室。

（2）计算机、网络以及图书资料资源能够满足学生的学习，以及教师的日常教学和科研所需。资源管理规范、共享程度高。

（3）学校能够提供达成培养目标所必需的基础设施，包括为学生的实践活动、创新活动提供有效支持。

（4）实验教学人员数量充足、结构合理，能够有效指导学生进行实验。

（5）因地制宜建设校内外实习基地，能为参加实践教学环节的学生提供充分的设备使用时间，有指导教师对学生的实践内容、实践过程等进行指导，有明确的与理论教学密切结合的实践教学目的和内容。校外实践基地中参与教学活动的人员应理解实践教学目标和要求，工程实践的平台和环境能满足相关专业人才培养的需要。

（6）建设大学生科技创新活动基地。

6.2 信息资源要求

配备各种高水平、充足的教材、参考书和工具书及一定数量与专业有关的图书、刊物、资料、数字化资源和具有检索这些信息资源的工具。师生能够方便地利用，阅读环境良好，且能方便地通过网络获取学习资料。

学校图书馆及安全专业所属院（系、部）的资料室中应有必要的安全工程类图书、期刊、手册、图纸、电子资源等文献信息资源和相应的检索工具等。

6.3 教学经费要求

教学经费投入较好地满足人才培养需要，专业生均年教学日常运行支出不少于 2400 元［教育部《普通高等学校基本办学条件指标（试行）》］。

7 质量保障体系

应对主要教学环节（包括理论课程、实验课程等）建立质量监控机制，使主要教学环节的实施过程处于有效监控状态；各主要教学环节应有明确的质量要求；应建立对课程体系设置和主要教学环节教学质量的定期评价机制，评价时应重视学生与校内外专家的意见。

7.1 教学质量监控系统

（1）人才培养目标

主要监控人才培养目标定位、人才培养模式、人才培养计划、学科专业调整和发展方向等。

（2）人才培养过程

主要监控教学大纲的制定和实施、教材选用、师资配备、课堂教学质量、实践性环节、教学内容和手段的改革、考核方式和试卷质量等。

（3）人才培养质量

主要监控各项竞赛获奖、创新能力和科研能力、毕业率、学位授予率、就业率、用人单位和社会评价、人才培养目标达成度等。

7.2 教学质量监控组织和制度

各高校应建立学校、学院（系）、系（教研室）三级监控体系，根据管理的职能，在不同层面上实施质量监控。

应建立听课制度、评教制度、试讲制度、教学督导、专项评估等质量监控制度，并有相应的监控手段和方法。

7.3 毕业生跟踪反馈机制要求

各高校应建立毕业生跟踪反馈机制，及时掌握毕业生就业去向和就业质量、毕业生职业满意度和工作成就感、用人单位对毕业生的满意度等；应采用科学的方法对毕业生跟踪反馈信息进行统计分析，并形成分析报告，作为质量改进的主要依据。

附 件

7.4 专业的持续改进机制要求

各高校应建立持续改进机制，针对教学质量存在的问题和薄弱环节，采取有效的纠正与预防措施，进行持续改进，不断提升教学质量。

安全科学与工程类专业知识体系和核心课程体系建议

1 专业类知识体系

1.1 知识体系

1.1.1 通识类知识

通识类知识包括军事理论、法律、伦理、外语、人文、体育等基本内容；除国家规定的教学内容外，人文社会科学、外语、计算机与信息技术、体育、艺术等内容由各高校根据自身办学定位及人才培养目标确定。

1.1.2 基础知识

基础知识教学内容必须覆盖以下知识领域的核心内容：高等数学、线性代数、概率与数理统计、物理学、化学、力学、工程制图、机械设计基础、电工电子、计算机基础。具体教学内容由各高校自行确定，并应符合教育部相关规定。

1.1.3 专业知识

专业知识包括通用专业知识和行业专业知识。通用专业知识包括：安全原理、安全系统工程、安全人机工程、安全管理学、安全法学、安全经济学、安全心理学、安全行为学、职业安全健康、事故调查与处理、安全监管监察、应急管理等；行业专业知识包括：矿山安全、冶金安全、化工安全、建筑施工安全、火灾爆炸防治、机电安全、特种设备安全、噪声控制、通风除尘、防毒技术、辐射防护、交通运输安全等。

1.2 主要实践性教学环节

具有满足教学需要的完备实践教学体系，主要包括实验课程、课程设计、实习、毕业设计（论文）等。积极开展科技创新、社会实践等多种形式实践活动，让学生到各类工程单位实习，取得工程经验，基本了解本行业状况。

（1）实验课程

包括一定数量的软硬件及系统实验，包括安全设备及测定仪器仪表、相关软件和系统的使用方法。

（2）课程设计

根据课程性质，不少于2门专业主干课程安排课程设计。

(3) 实习

建立相对稳定的实习基地，便于学生认识和参与生产实践。

(4) 毕业设计（论文）

须制定与毕业设计（论文）要求相适应的标准和检查保障机制，对选题、内容、学生指导、答辩等提出明确要求，保证课题的工作量和难度，并给学生有效指导。选题应结合本专业主要就业领域的工程实际问题，有明确的应用背景，培养学生的工程意识、协作精神以及综合应用所学知识解决实际问题的能力，同时注意培养学生的创新意识和能力、责任感和敬业精神，注意引导学生在工程设计中综合考虑经济、环境、社会、法律、伦理等各种因素的影响。

对毕业设计（论文）的指导和考核应有企业或行业专家参与。

2 专业类核心课程体系建议

2.1 课程体系构建原则

课程设置应能支持培养目标的实现，课程体系设计应有企业或行业专家参与。课程体系必须包括：

(1) 人文社会科学类通识课程（至少占总学分的15%），使学生在从事工程设计时能够考虑经济、环境、法律、伦理等各种制约因素。

(2) 与本专业培养目标相适应的数学和自然科学类课程（至少占总学分的15%）。

(3) 符合本专业培养目标的工程基础类课程、专业基础类课程与专业类课程（至少占总学分的30%）。工程基础类课程和专业基础类课程应能体现数学和自然科学在本专业应用能力的培养，专业类课程应能体现系统设计和实现能力的培养。

(4) 工程实践与毕业设计（论文）（至少占总学分的20%）。主要指集中实践环节、单独设课课程学分，课内实验、实践学时不予计入。应设置完善的实践教学体系，应与企业合作，开展实习、实训，培养学生的动手能力和创新能力。

2.2 课程类别及其内容

2.2.1 数学和自然科学类课程

数学：微积分和解析几何、常微分方程、线性代数、概率和统计、计算方法等基本知识。

物理学：力学、振动、波动、光学、分子物理学与热力学、电磁学、狭义相对论力学基础、量子物理基础等。

化学：无机化学、分析化学、有机化学基础知识及其基本实验等。

2.2.2 工程基础类课程

工程力学：理论力学、材料力学。

工程流体力学：流体静力学、流体动力学、明渠流、堰流与闸孔出流、渗流、气体动力学基础、湍流射流。

工程热力学：热力系统、热力平衡、热力状态、热力过程、热力循环与工质、热力发动机、制冷机与热泵的工作循环、热能利用率和热功转换效率。

电工与电子技术：直流电路、正弦交流电路、动态电路的分析、磁路与变压器、三相异步电动机、继电-接触器控制、工厂供电与安全用电、电工测量、运算放大器、直流稳压电源、逻辑门电路、触发器、D/A 和 A/D 转换器。

机械基础：投影、三视图、机件的表达方法、零件图、装配图、计算机绘图。机械工程材料、金属热加工基础、机械传动、液压与气压传动、机械加工等。

2.2.3 专业基础类课程

安全原理：事故发生的社会、自然科学机制及事故发生、发展规律，事故致因理论。

安全系统工程：主要研究产品、产品系统或生产系统中物的不安全因素及解决策略。

安全人机工程：人体参数、人的感知与反应、人的心理特征、人的作业特征、显示器设计。

安全管理工程：以组织为研究范围，管理体系、事故预防的管理科学方法、组织与个人（不）安全行为解决方法。

安全法学：安全生产法律体系、宪法、劳动法、安全生产法等安全生产基础法规的重点内容，我国安全生产立法的改革趋势。

2.2.4 专业类课程

安全检测与监控：安全检测与工业运行状态信息的关系，安全检测系统的组成和分类，安全检测技术与方法，安全监测技术与方法。

电气安全：电气事故机理，通用防触电技术，电气线路与电气设备的安全技术，电气防火防爆工程。防雷安全与静电安全，电气安全管理。

火灾爆炸：燃烧与爆炸的机理，防火与防爆技术的基本理论，防火与防爆基本技术措施。

机械安全：机械安全的基本规律，常见危险机械的安全技术。

通风安全工程：作业场所有害物的来源与危害，通风原理与通风技术，有毒有害气体净化原理与方法。

压力容器安全：压力容器的分类与结构，压力容器工作原理，压力容器质量控制，压力容器安全装置，压力安全缺陷检验。

2.2.5 实践环节

具有满足安全工程专业本科教育需要的完备的实践教学体系，主要包括课程设计、专业实验、计算机应用及上机实践、认识实习、生产实习、科技创新、社会实践、毕业设计（论文）等多种形式，是培养学生工程实践能力和创新精神的重要环节。

（1）专业实验

专业实验课程是本科教学的重要环节。各高校可根据具体情况至少选择下列实验中的 1/3 进行安排：安全管理实验、环境参数测定、人机工程实验、设备的安全检测、气体检测与分析实验、防火防爆实验、安全信息采集综合实验、安全远程监测实验、火源监控实验、构件缺陷检测、电气设备安全检测实验、粉尘检测与分析实验、通风与除尘实验、工业装备安全在线监测实验、灾害防治仿真实验。

必开实验包括安全人机工程、设备的安全检测、防火防爆等。自选实验由各高校根据办学特色和教学计划安排。

各高校可根据办学特色和教学计划安排其他实验。

(2) 认识实习

认识企业事故发生状况，生产工艺与设备的主要危险与有害因素，基本的安全技术措施和管理措施。时间安排1～2周。

(3) 生产实习

熟悉安全生产工艺流程，掌握部分关键生产设备、装置的安全技术，主要是所选的行业背景的生产工艺流程和生产设备、装置的安全技术措施，运用所学知识进行在企业进行应用实践。时间安排4～6周。

(4) 毕业实习

应结合学生准备从事的专业方向，有侧重点地进行。熟悉实习单位的安全技术和管理体系，熟悉安全管理部门的职责及安全技术人员的职责和工作程序。主要搜集毕业设计（论文）所需资料。时间安排4～6周。

(5) 课程设计

专项事故预防方法的专门设计，可以安排如人机工程学方法、安全管理学方法、安全风险评估、事故调查分析、通风工程技术、防火措施、防尘技术等。也可安排综合性设计。

(6) 毕业设计（论文）

毕业设计（论文）可安排10～15周，学生选题紧密结合生产和社会实际，难度、工作量适当，能体现专业综合训练要求；一般毕业设计（论文）50%以上应在实验、实习、工程实践和社会调查等社会实践的基础上完成。

课程设置由各高校根据自身的专业特色自主设置，本专业标准只对数学与自然科学、工程基础、专业基础、专业课程四类课程的内容提出基本要求。各高校可在该基本要求之上增设、调整课程。各种实习环节具体类型和周数由各高校自行根据教学需要安排，总的实习周数一般不得少于10周，实践环节学时应满足20%比例要求。

课程体系的设置应有企业或行业专家参与。

2.3 部分核心课程体系示例（括号内数字为建议理论学时数＋实验学时数或者习题课学时数）

安全工程专业示例一（煤矿方向）

流体力学与流体机械（36+4）、安全系统工程（40）、安全管理学（32）、安全心理学（32）、安全经济学（32）、防火防爆理论与技术（36）、矿井通风（50+6）、矿井瓦斯防治（28+4）、安全监测监控（36+4）、安全人机工程（28+4）、矿山开采（38+2）、安全法规（32）、安全评价技术（32）、矿井火灾防治（28+4）、矿井粉尘防治（20+4）、专业计算机应用（20+20）、专业英语（32）、煤矿安全监察（24）、矿山救护（36+4）。

安全工程专业示例二（工业方向）

流体力学与流体机械（36+4）、安全系统工程（40）、安全管理学（32）、安全心理学（32）、安全经济学（32）、工业通风与除尘（30+2）、防火防爆理论与技术（36+4）、机械安全工程（28+4）、电气安全工程（24）、应急救援理论与技术（36+4）、安全监测监控（36+4）、作业环境空气检测（28+4）、工业防毒（32）、灾害学（32）、特种设备安全（32）、化工安全工程（36+4）、安全法规（32）、安全人机工程（28+4）、安全评价技术（32）、专业计算机应用（20+20）、专业英语（32）。

安全工程专业示例三（石油方向）

工程力学（56+8）、机械设计基础（56）、电工电子学（56+16）、计算机测控技术（52+4）、安全监测与监控（36+4）、安全系统工程（40）、安全评价技术（32）、安全人机工程（28+1）、工程热力学与传热学（36+4）、石油加工概论（32）、油气储运概论（32）、石油安全工程（或化工安全工程）（32）、工业安全技术（32）等。

安全工程专业示例四（设计、评价、咨询方向）

工程制图（80）、基础化学（56）、基础化学实验（24）、大学计算机基础实践（16）、微积分ⅡA(48)、微积分ⅢA(24)、线性代数Ⅰ（32）、大学物理Ⅱ（120）、C++程序设计基础（48）、有机化学Ⅲ（40）、C++程序设计实践（32）、工程力学（64）、经济学基础（32）、概率论B(32)、数理统计Ⅱ（24）、流体力学（32）、电工学Ⅰ（64）、物理实验Ⅱ（24）、工程热力学与传热学（48）、物理化学Ⅲ（48）、数据库技术及应用（32）、安全信息工程（32）、安全经济学（32）、可靠性分析（32）、电工电子实践Ⅱ（16）、制造工程训练Ⅱ（金工实习）(32)、机械设计基础Ⅱ（56）、安全人机工程（32）、资产评估概论（32）、环境工程（40）、安全监测技术（32）、安全系统工程（40）、安全教育学（24）、安全学原理（40）、工程CAD(计算机辅助设计)（40）、安全法规（24）、爆炸与冲击（32）、可靠性分析（32）、地下结构可靠性（24）、消防工程（24）、职业卫生及工程（32）、压力容器安全技术（24）、工业通风与空调（32）、安全心理学（32）。

上述示例仅供参考，各高校可根据相关规定和培养目标自行设置核心课程。

3 人才培养多样化建议

安全科学与工程类专业作为综合性、交叉性学科，涉及领域非常广泛，知识体系庞大。各高校应结合自己的行业特色、目标定位和社会需要，以适应社会对多样化人才培养的需要和满足学生继续深造与就业的不同需求为导向，积极探索研究型、应用型、复合型人才培养模式，建立多样化的人才培养模式和与之相适应的课程体系、教学内容、教学方法，设计优势特色课程，设置一定比例的选修课程，由学生根据个人兴趣和发展进行选修。

4 有关名词释义和数据计算方法

4.1 名词释义

（1）教师人数

教师人数指从事本专业教学（含实践）的专业教师队伍。承担安全工程专业政治、英语、体育、数学等公共课教学的教师及担任其他行政工作（如辅导员、党政工作）的教师不计算在内。所有教师均为专任全职教师。如果有兼职教师，每2名兼职教师折算成1名专任全职教师，且兼职教师不超过专任教师总数的1/4。

（2）专任教师

专业的专任教师是指承担学科基础知识和专业知识教学任务的教师。

专任教师一是要具有高等教育教师资格证书，二是要在统计时段承担教学工作。具体包括：

①具有高校教师资格且在统计时段承担教学任务的专职任课教师。

②具有高校教师资格且在统计时段承担教学任务的"双肩挑"（行政、教学）人员。

③具有高校教师资格且在统计时段承担教学任务的非高校教师专业技术职务系列人员。

④具有高校教师资格且在统计时段承担教学任务的分管学生工作的正副书记、学生辅导员。

⑤由于学历原因未能取得高校教师资格证，但具有高校教师专业技术职务并一直从事教学工作的教师。

已经调离教学岗位不再承担教学工作，专职担任行政领导工作或其他工作的原教学人员，以及兼任教师和代课教师均不属于"专职教师"。

4.2 数据计算方法

（1）折合在校生数

折合在校生数＝普通本、专科（高职）生数＋硕士生数×1.5+博士生数×2+留学生数×3+预科生数＋进修生数＋成人脱产班学生数＋夜大（业余）大学学生数×0.3+函授生数×0.1。

（2）学分与学时换算标准

理论课程每16学时计1学分；实验课程每24学时计1学分；集中实践每1周计1学分。

学时学分比例各高校可根据自身实际进行微调。